古典文獻研究輯刊

三四編

潘美月・杜潔祥 主編

第 15 冊

續經義考・周易之部
（第十冊）

周懷文 著

國家圖書館出版品預行編目資料

續經義考‧周易之部（第十冊）／周懷文 著 -- 初版 -- 新北市：
花木蘭文化事業有限公司，2022〔民111〕
目 10+222 面；19×26 公分
（古典文獻研究輯刊 三四編；第 15 冊）
ISBN 978-986-518-870-2（精裝）
1.CST：易經 2.CST：研究考訂
011.08 　　　　　　　　　　　　　　　　110022682

ISBN-978-986-518-870-2

9 789865 188702

古典文獻研究輯刊
三四編　第十五冊　　　　　　ISBN：978-986-518-870-2

續經義考‧周易之部（第十冊）

作　　　者	周懷文
主　　　編	潘美月、杜潔祥
總 編 輯	杜潔祥
副總編輯	楊嘉樂
編輯主任	許郁翎
編　　　輯	張雅淋、潘玟靜、劉子瑄　美術編輯　陳逸婷
出　　　版	花木蘭文化事業有限公司
發 行 人	高小娟
聯絡地址	235 新北市中和區中安街七二號十三樓
	電話：02-2923-1455 ／傳真：02-2923-1452
網　　　址	http://www.huamulan.tw 信箱 service@huamulans.com
印　　　刷	普羅文化出版廣告事業
初　　　版	2022 年 3 月
定　　　價	三四編 51 冊（精裝）台幣 130,000 元　　　版權所有‧請勿翻印

續經義考・周易之部
（第十冊）

周懷文　著

目

次

X

奚之迪 周易講義 佚

◎光緒《黃州府志》卷三十二《藝文志》:《周易講義》,廣濟奚之迪撰（《縣志》）。

◎奚之迪,湖北廣濟（今武穴）人。著有《周易講義》。

夏曾傳 周易集解疏證 □卷 殘

湖北藏清末稿本（存卷一）

◎夏曾傳（1843～1883）,字薪卿,號笏牀、醉犀生。浙江錢塘（今杭州）人。夏鳳翔子,夏之盛孫。江蘇候補通判。諸生。夏氏本世家子弟,濡染家學,有詩文名,譚獻以為小友。然科場失意,後棄諸生,捐納試用江蘇通判。少隨宦,歷遊燕秦晉楚。太平軍起,以幽憂死。又著有《音學指明》、《音學緒餘》、《文選擷腴》、《四海記》一卷、《隨園食單補證》、《水經注指掌》、《在茲堂詩》、《駢文》諸書。

夏疇 易經文 佚

◎民國《高密縣志》:《易經文》,夏疇撰。

◎夏疇,山東高密人。又著有《風閣詩鈔》四卷、《濰川集》。

夏鼎 周易同人錄 二卷 存

鈔本

◎《黃巖縣志》卷二十五《藝文志》:《周易同人錄》二卷,國朝夏鼎撰。

皆糾正先儒易說之失，曰同人者，謙辭也。歿後門人姜文衡為之校定。

◎夏鼎，浙江黃巖人。著有《周易同人錄》二卷。

夏封泰 周易直本中觀 不分卷 存

遼寧藏嘉慶十八年（1813）貽穀堂刻本

◎《南潯志》：夏封泰（見《人物傳》）：《周易直本中觀》七卷（刊本存。上經二篇，下經二篇，後附編類一篇，《繫辭》一篇，《文言》《說卦》《序卦》《雜卦》一篇）、《尚書宗要》六卷（刊本存）、《毛詩注疏學》三十一卷（刊本存）、《春秋參壹》（佚）、《夢囈編》一卷（刊本存。承重孫耀曾跋）。

◎周學浚等《湖州府志》卷七十三《人物傳·政蹟》：於《周易》《尚書》《毛詩》皆有著書。

◎夏封泰（1686～？），字冠東，號心谷。浙江烏程（今湖州）人。夏光遠長子。雍正二年（1724）進士。授直隸任邱（今屬河北）知縣。以事解任，尋開復，補湖北麻城知縣，以明允稱。甲子丁卯湖北同考官，甄拔皆知名士。告病歸，究心經學，老而不倦。與紀寅、陸士渭、潘尚仁號「歸田四老」。

夏葛 易曉 三卷 卦圖一卷 存

北京師範大學藏稿本

山東藏鈔本

浙江藏鈔本（二卷。無卦圖一卷）

北京師範大學藏稿抄本叢刊影印稿本

夏錫疇 讀易私鈔 不分卷 存

鈔本

◎道光《河內縣志》卷第十九《經籍志》：《讀易私抄》，夏錫疇撰。

◎道光《河內縣志》卷第二十六下《先賢傳》：其學於易最深，所著有《讀易私抄／私說》、《強學錄》《功過格》《訓兒編》《強識錄》《強恕堂家範》。

◎道光《河內縣志》卷第二十六下《先賢傳》：王在寬字敷五，性誠愨，讀書務身體力行……平生教學以《小學》《近思錄》為宗。其弟子皆循循雅飭，望而知為禮法之士。蓋其淵源皆本於夏錫疇也。

◎夏錫疇，字用九。河南河內（今沁陽）人。乾隆癸卯舉人。

夏錫疇 讀易私說 佚

◎道光《河內縣志》卷第二十六下《先賢傳》：其學於易最深，所著有《讀易私抄／私說》、《強學錄》《功過格》《訓兒編》《強識錄》《強恕堂家範》。

夏炘 易君子以錄 二卷 存

遼寧藏同治十三年（1874）景紫山房王光甲等刻景紫堂全書本

1921年重刻景紫堂全書本

安徽藏清紅格鈔本

◎光緒《重修安徽通志》卷三百三十五《藝文志》：《易君子以錄》（夏炘著）。

◎民國《當塗縣志‧人物志‧文學》：左宗棠屬集各種彙為一編，書《景紫堂全書》於首，《全書》外，復有《易君子以錄》二卷、《聞見一隅錄》三卷、《聖論》十六條附《律易解》一卷、《墨稼堂詩鈔》二卷。《自訂年譜》一卷，門人胡肇智侍郎以《附律易解》及《述朱質疑》、《檀弓辯誣》三書進呈，奉「年屆耄耄，篤學不倦」之諭，著武英殿將《易解》刊刻頒發，餘留覽。

◎民國《當塗縣志‧藝文志》：《易君子以錄》二卷（清夏炘著，是編成於同治癸酉，年八十三，有自序署言深山學易，寡過未能，乃取伏羲六十四卦大象，直發兩體，不言占筮吉凶，而歸重於君子之觀卦修省。曰以曰君子以者，深切著明，即偶不及君子而曰先王、大人者，其體易而用之，與君子之以無異也。因演其義，用此修省，以希於古之君子焉。歙縣門人汪廷棟有後序，民國十年曾孫正淋重刊《景紫堂全書》，十七種之外，復刊補是編殘板行於世，今板藏青山夏族）。

◎夏炘（1789～1871），字心伯，號弢甫。安徽當塗人。夏鑾長子。與夏炯、夏燠、夏燮四兄弟為青山「四夏」，分長理學、經學、音韻、治史。道光五年（1825）舉人，任武英殿校錄。後任吳江、婺源教諭十八年。研精朱學，考證諸經，詩、禮尤有造詣，晚歲潛心玩易。又著有《朱子詩集傳校勘記》一卷、《詩章句考》一卷、《詩樂存亡譜》一卷、《讀詩劄記》八卷附錄五卷、《學禮管釋》十八卷、《三綱制服尊尊述義》三卷、《檀弓辨誣》三卷、《學制統述》二卷、《六書轉注說》二卷、《古韻表集說》二卷、《漢唐諸儒與聞錄》六卷、《訏謨成竹》一卷、《息游泳歌》一卷、《賈長沙政事疏考補》一卷、《陶主敬先生年譜》一卷、《景紫堂文集》十四卷、《易君子以錄》二卷、《聞見一隅錄》

三卷、《聖諭十六條附律易解》一卷、《墨稼堂詩鈔》二卷、《自定年譜》一卷，彙刻為《景紫堂全書》。又著有《養痾三編》八卷。方宗誠嘗稱其《檀弓辨誣》三卷有功孔子、《述朱質疑》十六卷有功朱子、《三綱制服尊尊述義》三卷實於古聖制禮以維繫綱常之意有所發明。

夏應銓 周易詮疑 八卷 附總說 存

北大、復旦、上海、山東、湖北、南京藏道光十年（1830）高學濂江安縣署桂香書屋刻本

◎光緒《續修廬州府志》卷四十四《儒林傳》：專心易學，著《周易詮疑》四卷、《春秋標旨》十卷。

◎嘉慶《無為州志》卷二十《人物志・文苑》：攻經史，尤專心易學。

◎嘉慶《無為州志》卷二十六《藝文志・書籍》：《周易詮疑》《春秋標旨》（孝廉夏應銓著）。

◎劉聲木《萇楚齋隨筆》卷五：吾郡文學素衰，惜無人提倡，更無人收輯前人撰述刊行於世，以資鄉邦觀感。予擬編輯《廬州經學叢書》，欲搜羅七八種即行付刊，僅有四種，一為明廬江盧雲英《五經圖》十二卷，二為廬江李光瓊《韻書音義考》五卷，三為無為夏應銓《周易詮疑》八卷，四為合肥袁海山《羲經庭訓》二卷，寥寥不能成卷帙。不知此願何日能償。予力不能致，徒嘆奈何！

◎夏應銓，字衡玉，號雪亭。安徽無為人。乾隆壬午舉人。主芝山書院，督勉生徒有法。卒年六十一。

夏與賢 周易讀本 六卷 存

山東藏光緒三年（1877）陝西乾陽官舍刻本

◎孫葆田《山東通志》卷百二十七《藝文志》第十：是編見《三續淄川縣志》，云燬於火。

◎政協定西市安定區委員會《重修定西縣志校注》卷二十八：馬佩珂字玉因，由拔貢舉同治癸酉鄉試。匪亂時遊幕關中，得免於難。山左夏與賢任乾州，刊《周易讀本》，佩珂實與校讎之役。

◎《乾州志稿》卷十二《官吏傳》：著有《周易讀本》刊行。

◎夏與賢，字承甫，號敬亭。山東壽光人。夏中言子。博聞強記，咸豐壬子由拔貢中式舉人，以在籍防勦出力選淳化令，尋陞乾州。涖任五年，以老

歸。又著有《綠筠書屋文存》二卷。

夏中言 易徵 二卷 佚

◎民國《壽光縣志》卷十四《藝文志》：夏中言《易徵》二卷（按前人言易，拘理多蹈虛，泥象近附會。中言深於易，於史尤精。是書舉史內賢奸往事，與易中吉凶悔吝之精義一一印證，理象愈顯明。一名《讀史釋易》。《山東通志‧藝文》載其目）。

◎民國《壽光縣志》卷十二《儒行》：尤邃易學，於荀、虞之物象，王、程之名理，靡不融液貫串，觸處洞然……教人喜以史釋易，俾隱象奧理，顯豁呈露，聞者易曉……著有《讀史釋易》《講易山房雜記》《歷代詠忠編／詠孝編》《輿地圖考備要》《韻語》若干卷。

◎夏中言（1763～1821），字騫若，號渠舫。山東壽光人。乾隆壬子舉人。初館溫處道李琬家，讀其藏書。凡禮樂、兵刑、漕運、河防、錢幣諸大端，鈔錄成帙；各省山川險要、關塞邊防，皆有劄記，並繪為圖。初以大挑知縣用分發山西，不就，改教職。嘉慶十五年（1810）官長清訓導。

夏宗瀾 六十四卦詩 一卷 存

北京圖書館分館藏清鈔本（易卦劄記附）

◎或誤題為夏宗沂。

◎夏宗瀾（1699～1764），字起八，號震軒。江蘇江陰（今無錫）人。雍正間，由拔貢生薦授國子監助教。乾隆五年（1740）任保定蓮池書院山長，詩文雄健，善擘窠書。

夏宗瀾 易卦劄記 四卷 存

北京圖書館分館藏清鈔本（潘永季評點）

北大藏清鈔本（不分卷）

國圖藏鈔本（不分卷）

◎易卦劄記序〔註1〕：子程子序《易傳讀》，謂學者求言必自近。夫易廣矣大矣，聖人之所以極深而研幾、開物而成務也，求諸近足蔽其義乎？曰：《易》者寡過之書也，擬之而言，議之而動，言也、動也，君子之樞機也。易

〔註1〕又見於尹會一《健餘先生文集》卷二，無末句。

於近能不禦於遠乎？蓋嘗反覆而觀玩之，至著者象，恆苦其頤也；至備者辭，恆患其雜也。強探焉恐失之鑿，旁行焉恐失之流，約而取之又懼所守之寡要也。垂老而對韋編，一言一動無日不在悔吝之中，然後歎易之不可為典要，而淺深惟視乎人之所見，烏知見深者之非淺而見淺者之非深耶？則求言自近之義也。讀震軒夏君《易卦劄記》一書，實獲我心矣。曩者震軒嘗以《詩》《易》講授示余，余既微窺其淵源之自。茲書之成，則主教蓮池書院與諸生問辨所及，隨筆以志不忘者也。有擇焉而精者；有語焉而詳者；有貫而通之可以發前古後今之蒙者；有引而伸之，觸類而長之，總不離乎性命身心家國天下之實理，而可與好學深思之士相印證者。良由震軒之學無時不以檢身克己為心，以此體易、以此用易，即以此講易。夫是以率其辭而揆其方、鉤其元而并提其要也。彼易於近者，讀此能無廢然返、悠然思、憬然於《易》之為書誠不可遠也哉？頃見合河孫夫〔註2〕子，自謂邇來讀易，漸覺卦爻傳辭枝節雖繁，頗有文從字順之勢矣。夫文從字順則是熟復之後，既有典常，至頤而不可惡也，至雜而不可亂也，庶有合於易簡之理、正大之情、潔靜精微之教矣乎。震軒故嘗從遊合河者，質以此書，其為相長相悅何如耶！乾隆八年秋八月丙子，同學弟博陵尹會一題。

◎秦蕙田序：吾師江陰楊文定公以理學為諸儒宗，心解力踐，蓋不以為經而以為吾性云爾，亦不徒以治經而即窮理以盡性云爾。既默識之，復允蹈之，又發揮而長大之。口講指畫，亹亹不倦，從遊之士日進，然其最尊信而服膺者，稱同邑震軒夏君。後先生四十餘年，不遠萬里，走滇南執經先生側，學成，薦之天子，隨先生司教成均。當是時，多士蒸蒸，尊聞性道，志不在三代下。未幾先生謝世，夏君亦不久去職，掌教於上谷書院。嘗刊先生《詩》易講授於講堂，與學者砥礪。復殫心研慮，自以所見為《易劄記》若干卷。以予嘗從事於易也，走書以質，且屬為序。余唯聖人之道四，而言易者無慮千百家，其不謬於聖人者鮮矣。老、莊虛無，塵羹土飯，所謂辭者非其辭；辟直、世應、卦變往來，所謂變者非其變；錯綜、飛伏、夾畫、半體、肖體，所謂象者非其象；《太元》《方舟》《易林》《潛虛》，所謂占者非其占。嗟乎！其不謬於聖人者鮮矣。語言文字尚如是，而況有進焉者乎？今觀夏君之書，其玩辭也，約其旨於寡過，而像象之精微，則必出於卦爻之自然；復以不為典要之說統變之，全吉凶同患之意、立占之準。蓋其得之先生者深且純，舉千年以來旁

〔註2〕尹會一《健餘先生文集》卷二《易卦劄記序》無「夫」字。

門側徑、支離穿鑿晦蒙此經者，早迸絕而廓清之，不以惑其聰明。而一本潔靜精微之旨，虛其心以相體驗，宜其有得於四聖之旨，而達乎性命之理也。余從仕宦久，舊業日以荒落。猶憶與夏君同受知於朝廷，將分太學一席以教國子。顧以授史職不果，忽忽十年中，無足為夏君道者。而夏君方擁皋比，日與諸生講摩而切究之，其樂為何如也。他日倘歸田里，當繼緝舊聞以竟夙志，其有合於先生窮理盡性之指與否，當從夏君正之。乾隆九年秋日，同學弟梁溪秦蕙田書。

◎四庫提要：是書惟解上下二經，不及《繫辭》以下。前列《易例舉要》一篇、《讀易指要》一篇。其指要有曰：「要明易理，須先將伏羲畫卦次序方位、文王八卦方位及先後天方圓諸圖反覆記看，令其曉然。再《說卦傳》記得極熟，然後讀易方有入手處」，其宗旨不外是矣。

◎尹會一《健餘先生文集》卷九《書夏調元傳後》：楊文定公為夏調元先生作鄉賢傳，條列翔實，而悼其未竟厥施。公於是時被議留滇，越五載以大宗伯攝司成，遂舉先生令子宗瀾為國子監丞，贈先生如其官。君子謂先生有子能象賢也，先生有朋能薦賢也，使先生而在，豈其終老於邱園哉？嗚呼！古道交邈矣難追，紛紛輕薄，固無足數，即或顧念良朋，慨焉歎息，而權力所及，徒增婞阿。一死一生，又奚問焉。文定公獨拳拳故友，俾身後得與榮施，所謂士信於知己者，非邪？余感其事，附記傳後，以論世之乘車戴笠而昧我㩱子佩之義者。

夏宗瀾 易義隨記 八卷 存

國圖、清華、上海藏雍正十年（1732）刻本

乾隆刻本

四庫存目叢書影印乾隆刻本

◎一名《讀易隨記》。楊名時講授，夏宗瀾記。

◎易義隨記序：乙巳九月，夏子起八來滇，與語，輒相契洽，其英分有過人者。因留署中，以時藝作課程，暇則舉經書大意言其梗槩。丁未冬，余解任，移居閒館，手點《周易折中》，逐條講論，以榕邨《易解》交互參質，匝歲乃周。《折中》係文貞先生七十三四時奉旨纂撰；至榕邨解則先生數十餘年來依經訓釋，反覆精研至七十二乃定之本。兼觀之則意理詳明而指歸可得。起八於講誦之下，懼過而易至遺忘也，隨日有所記錄，每有出己見推索而於

要義足相發明者，自是熟之復之，返求而默識於心，隨時而體察於事，此則余之所厚望而亟以之自勉者也。雍正壬子仲春，楊名時書。

◎尹會一《健餘先生文集》卷二《讀易隨記序》：庚申之秋，予陳情旋里，過保陽館於蓮池書院，因得識山長夏君。覘其容貌，聽其言論，觀其立教之日程，循循然莫不有規矩，其諸《詩》之所謂敬慎威儀、《易》之所謂果行育德者耶？嗣迺悉其舊遊於江陰楊文定公之門，由文定以上遡文貞，《詩》《易》之學，師弟間問辨多年，相說相長，義舉其大而旨探其微，爰是筆之於書，得《詩易講授》若干卷，其文集則文定公親筆以授夏君者，尤與經義要義相貫。因并付梓，以志不忘而垂不朽。予讀是書，竊有感焉。道之不明不行也。異學之外，莫甚於俗學。口耳相沿，不專不固，為先生則有講而無應，為弟子則有讀而無問。人師難矣，經師亦罕。習陋成風，道將安寄？有如夏君之傳文定，一如文定之傳文貞也。傳其經解，實欲傳其經解之實用、體道之深心也。以尊師者尊經，是經師也；以尊師者為師，是人師也。善人之多也，天下之治也，淵源似續，澤被無疆也。予未之逮也，心竊嚮往之。

◎四庫提要：是編乃宗瀾恭讀御纂《周易折中》，意有所會即標記之，多因《集說》而作。時宗瀾方從楊名時於雲南，以修《周易折中》時李光地為總裁官，而名時為光地門人，故參互以光地《榕村易解》，就正於名時，以成此書。其體例在講章語錄之間，凡問者皆宗瀾語，答者皆名時語也。〔註3〕兩江總督採進本內末有附刻一卷，皆從名時文集中採錄。其《鄉賢夏君傳》一篇即為宗瀾之父調元作。此本無之，殆以其疣贅刪除歟？

仙振衢　易繫真詮　佚

◎民國《寧國縣志》卷十二《藝文志》上：《易繫真詮》（仙振衢著）。
◎仙振衢，安徽寧國人。著有《易繫真詮》。

向德星　易義便覽　三卷　佚

◎一名《周易便覽》。
◎四庫提要：是書前有乾隆丙寅德星自序，大旨以朱子《本義》為主，附采《大全》、《蒙引》、《存疑》諸說，取初學易於循省，故以《便覽》為名。其卷首六十七圖，則德星因舊說而推衍者也。

〔註3〕《庫書提要》無此下諸文字。

◎民國《漵浦縣志》卷二十六《藝文志》：《周易便覽》三卷（向德星撰。《四庫全書》存目）。

◎向德星，字雲路。湖南漵浦人。又著有《春秋集覽》、《大學中庸便覽》、《四書本文注解》、《三十六字母詩韻》、《劉子錄》二卷。

項淦 周易家訓 佚

◎嘉慶《太平縣志》卷六《文苑》：著有《六息齋文集》，歿後散佚，今存惟手編《字韻批註》《周易家訓》二書。

◎嘉慶《寧國府志》卷二十九《人物志‧文苑》：有《六息齋文集》及手編《字韻批註》《周易家訓》等書。

◎項淦，字素澄。安徽太平（今黃山）人。篤志力學，博極羣書，尤邃於易。年逾四十補邑庠生。嘗夜觀乾象，知明祚將終，遂隱居養親。性耿介不妄交，教人先德行而後文藝。

項思宏 周易本義解 八卷 佚

◎一名《易經本義解》。

◎同治《遂川縣志》卷十二《人物志》：其論文講義一取衷東鄉而尊信考亭，詮易則由蔡晉江以歸宗於《本義》。嘗云四聖十翼之旨盡於「懼以終始」之一言，其由博返約即是可類推矣⋯⋯所著《四書註解》《周易本義解》《引端要錄》等集，參之漢箋宋註中無多讓云。

◎光緒《江西通志》卷九十九《藝文略》一《國朝》：《周易本義解》，項思宏撰（《龍泉縣志》）。

◎項思宏，字儀甫，號雲生。江西遂川鳳崗人。康熙二十八年歲貢。又著有《四書註釋》十二卷、《引端要錄》六卷〔註4〕、《炳燭山房詩文集》二卷。

項應選 易測篇 佚

◎嘉慶《太平縣志》卷八《著述》：《易測篇》（項應選著）。

◎項應選，安徽太平（今黃山）人。著有《易測篇》。

〔註4〕或誤題《周易本義解引端要錄》。《周易本義解》《引端要錄》實為二書，卷數亦不同，《解》八卷，《錄》六卷。

相永清 周易指掌 四卷 存

山東藏光緒二年（1876）臨淄桂香齋刻本

◎或題永相清撰。

◎一名《易經指掌》。

◎相永清，字海同。山東臨淄人。

蕭邦泰 周易詳解 佚

◎光緒《撫州府志》卷七十六《藝文志》：《周易詳解》（蕭邦泰撰）。

◎光緒《江西通志》卷九十九《藝文略》一《國朝》：《周易詳解》，蕭邦泰撰（《臨川縣志》）。

◎紀大奎《雙桂堂稿續編》卷十二《縣志處士傳補》：所著《周易詳解》《大學要義》《中庸括義》《詩十五國世系考》《歷代名臣考》等書。

◎蕭邦泰，字虞韶，別號鳳谷。江西臨川東灘腰里郡庠生。篤學潛修，嗜古不懈。卒年八十六。

蕭程儼 思寤堂易說 三十二卷 佚

◎光緒《增修登州府志》卷四十《選舉志》：著有《思寤堂易說》《易經識略叶音》。

◎光緒《增修登州府志》六十一《藝文》：自序為乾隆二年閏九月朔，年七十有五。言自康熙乙丑，三易槀而後成。首二卷為圖說、筮法；三卷至二十二卷為經傳正文，畫冊為二截，列經於上列傳於下，仿《本義》原編法，其《文言》及《繫辭》諸傳則仍坊刻式；二十三卷至二十六卷為卦變圖，本來氏《綜卦》義而解之；二十七至三十一卷為雜說；三十二卷為易叶音，分經傳各叶，而於傳校密，以毛氏《古今通韻》為主，亦不能悉合也。

◎民國《福山縣志‧藝文志》第六：國朝蕭程儼《思寤堂易說》三十二卷、《周易識略叶音》□卷（據《光緒登州府志》錄入）。

◎孫葆田《山東通志》卷百二十七《藝文志》第十：《府志》載是書云：首二卷為圖說、筮法；三卷至二十二卷為經傳正文；二十三卷至二十六卷為卦變圖，本來氏《綜卦》義；二十七至三十一卷為雜說；三十二卷為易叶音，以毛氏《古今通韻》為主，亦不能悉合也。

◎蕭程儼，本名嚴，字長經。山東福山人。蕭文蔚侄。康熙己卯舉人，官遂平知縣。以孫榕年贈奉直大夫。

蕭程儼 易經識略叶音 佚

◎一名《周易識略叶音》。

◎光緒《增修登州府志》卷四十：著有《思寤堂易說》《易經識略叶音》。

◎民國《福山縣志·藝文志》第六：國朝蕭程儼《思寤堂易說》三十二卷、《周易識略叶音》□卷（據光緒《登州府志》錄入）。

蕭德驊 蕭氏易說 二卷 總論 一卷 存

山東、天津藏光緒鉛印本

◎蕭德驊，字滌凡。蕭世本三子。陝西候補知縣。

蕭鳳儀 易經參解 佚

◎康熙《贛州府志》卷三十八《文儒》：著有《佘經堂文集》《修崖詩集》《易經參解》《書紳要語》，藏於家。

◎康熙《贛州府志》卷六十七《書目》：蕭鳳儀著《佘經堂文集》《修崖詩集》《易經參解》。

◎同治《贛州府志》卷六十三《藝文志》：蕭鳳儀（會昌人，有傳），《畲經堂文集》《修厓詩集》《易經參解》《書紳要語》。

◎光緒《江西通志》卷九十九《藝文略》一《國朝》：《易經參解》，蕭鳳儀撰（《白志》）。

◎光緒《江西通志》卷九十九《藝文略》一《國朝》：《易經參解》，葉鳳儀撰（《贛州府志》）。

◎張尚瑗《潋水志林》卷之六《文學》：著有《畲經堂文集》《修崖詩集》《易經參解》《書紳要語》。子師諤，康熙五十七年（1718）進士。

◎周按：光緒《江西通志》卷九十九《藝文略》一《國朝》著錄二處此書，一題蕭鳳儀撰，一題葉鳳儀撰。

◎蕭鳳儀，字來巢（朝），號修崖，學者稱修崖先生。江西會昌人。諸生。好學敦行，長於詩古文詞。卒年五十一。與雩都舉人易學實修《府志》，分曹載筆。晚尤邃易，究心性理，自為《修崖傳》。又著有《畲經堂文集》《修崖詩集》《書紳要語》。

蕭瑾 周易法義 佚

◎或著錄作《周易清義》。

◎光緒《江西通志》卷九十九《藝文略》一《國朝》：《周易法義》，蕭瑾撰（《吉安府志》）。

◎蕭瑾，字非砥。江西泰和人。又著有《四書要旨》。

蕭光遠 易字便蒙 一卷 存

咸豐三年（1853）刻遵義蕭氏遺書本

貴州藏光緒刻本

楊兆麟重刻鹿山先生全集本（無倪應復序）

國家圖書館出版社 2018 年譚劍鋒主編遵義叢書影印光緒刻本

◎一名《易字便蒙均語》。

◎易字便蒙目錄：第一條原起。第二條天文地理。第三條近取諸身。第四條遠取諸物。第五條卜筮尚占。第六條諧聲偏旁。第七條諧聲取數。第八條制器尚象。第九條通德類情。第十條總結。

◎倪應復《易字便蒙韻語序》：遵義多積學士，同年蕭吉堂尤孜孜不厭於學者。同治四年乙丑，余來守是邦，吉堂時遊成都。越三年，歸方試士，因延看卷，樂數晨夕，見所著《周易屬辭》、《通例》、《通說》三種，曰：「經師也！」聘主湘川書院講席。余旋調署黎平篆，別近十年，吉堂讀易未倦，新著有《易字便蒙韻語》一卷，取易中不同之字，類分十條，編成韻語，以便初學誦習，而易理仍融貫其中。囑余為文弁言其首，辭不獲。受而讀之。夫易理廣大深奧，神明變化原非初學者所能取耳！何以不宗漢宋諸儒而沾沾焉泥於易字？有視乎？曰諸儒抉其精，鄙人解其粗耳！易字取旁、取聲、取數，旁如泰乙蠱、騏屬乾是也；聲如頤、夷相諧；卦數頤四九、夷四九；《序卦》履至明夷三九；《雜卦》夷至履四九。履九卦圖、大有圖由此取焉。數則「乾元亨利貞」，五十字爻，凡五十有五，準天地數，爻翼不同字各五百五十，由天地數推廣之，此易之大凡也。余作而歎曰：「有是哉？」信手拈來，都成妙諦，即一字一畫之間而至理寓焉。以是知吉堂講易之精，而易理之包含萬有，變動不居也！蓋自一畫開天，六位成卦，《連山》首艮，《歸藏》首坤，周監二代，孔承三聖，十翼而後，注疏夥矣！國家四庫所收易類一百六十餘部，證吉堂所言不無小異，其《屬辭》、《通例》、《通說》三種頗傷煩瑣，讀難竟卷，《韻語》十條自成一家，簡而該，明且易，誠便蒙也。由此鑽堅而入於易理，不無有得。僅曰易字云乎哉？便蒙云乎哉？因此為序。時在光緒五年乙卯春

三月三日，賜進士出身誥授通奉大夫知貴州遵義府（兩任）事年愚弟倪應復頓首拜書。

◎蕭光遠《易字便蒙》自序：六十四卦八十字，不同七十二字；文王卦辭，不同百六十四字；周公爻辭，不同五百五十字；孔子十翼，不同五百五十字；蓋即天地數五十五引而申之為五百五十，除三百八十四爻與九、六為公字，餘乃百六十四，與卦辭同也。公述文，孔贊文、周，三聖人之易如出一手。光遠僭注《周易屬辭例說》，曾逐字推求，茲以千三百三十六字，略為韻語，課音孫讀，意在便蒙，故韻不拘今古，亦有不用韻者，不敢於易外增一字，亦未嘗漏一字，粗成定稿，大人先生指教為幸。光緒四年夏五望二日，遵義蕭光遠吉堂自識於鹿山書屋。

◎蕭光遠《鹿山詩鈔‧辛酉予生之次日，鄭子尹攜句見贈，次韻答之》附鄭珍原詩：「說者誰盡義文意，吾知必傳大有圖。醞舫老人儻得見，應道自來談易無。」附唐鄂生跋語：「吉堂、子尹皆與余契，今年冬余納節還蜀道播州，吉堂過訪出示子尹此紙，向為吉堂壽者，距子尹沒已七年矣。學禮、吉堂學易，皆專家有成書。異時搜求遺逸，固卓然為南中文獻，而余讀書無成，功業不就。年甫逾四十，又衰且病，以觀兩君懼且新。」

◎《鄭珍全集‧吉堂老兄示所作鹿山詩草奉題道意（題贈）》（節錄）：晨起讀君詩，一二已心訝。再進眼忽開，益讀益予嚇。世久少此聲，今乃遇之乍。不能盡陽元，信有如此射。君本學道人，苦志求羲畫。思極神鬼通，孔子告深夜。我觀《大有圖》，不在九師亞。半世寒餓中，失小得者大。六經何鏗鏗，德容又醞籍。規行而矩步，使我愛而怕。每言及六詩，輒以不敏謝。由來挈經徒，吟詠非所暇。我因信其然，豈謂特自下。此氣韓之氣，此話杜之話。君胡不早出？令我得避舍。交米三十年，始知真可詫。

◎貴陽舉人、仁懷教諭司煜滋挽蕭光遠：求實際以讀書，與子尹子偲鼎足並稱鄉耆舊；悟天性而講易，溯康成康節抗心克紹古經師。

◎蕭光遠（1804～1885），字吉堂，別號鹿山野人。貴州遵義北鄉毛石龕人。道光五年（1825）舉人。為人沉篤寡欲，不屑仕祿。設帳講學三十餘年，後主遵義湘川、啟秀、培英等書院十餘年。「教人必宗洛閩」，門人弟子來去常數百人，盛況「甲於西南」。博通經史、小學，於《易經》研究尤深，獨闢蹊徑。又著有《禹貢揀注》二卷、《毛詩異同》四卷、《漢書匯鈔》二卷、《六行家譜》三卷、《鹿山雜著》二卷、《鹿山雜著續編》一卷、《鹿山詩鈔》

四卷。子永京善書〔註5〕。

蕭光遠 周易屬辭 十二卷 存

遵義藏道光二十九年（1849）稿本（八卷）

貴州、貴州師大、貴州博物館藏咸豐三年（1853）刻遵義蕭氏遺書本〔註6〕

續四庫影印湖北藏咸豐三年（1853）刻遵義蕭氏遺書本

國家圖書館出版社 2018 年譚劍鋒主編遵義叢書影印咸豐三年（1853）刻本

◎卷一末題受業唐起尉、李友鸞校，受業羅人驤刊，男永京書。卷二末題受業張其詔、涂際陞校，受業晉自誠刊，受業趙炳揚書。卷三末題受業陳遵先刊，受業劉兆彭、姚文斌校，受業梁振邦書。卷四末題受業牟元熙、亨校，受業韓紹琦、璋刊，受業蔣鴻賓書。卷五末題受業劉鍾毓、周際龍刊，受業張炕、馬宗益校，受業蕭廷銓書。卷六末題受業劉元熙、盧天澤校，受業李方琳刊，受業賈廷楨書。卷七末題受業李方琳刊，受業馮兆濂、張繼仲校，受業杜學先、牟元弼書。卷八末題受業歐陽琛、冷光裕、劉兆樽、牟襄朝校刊。卷九末題受業鍾鳴豐、涂奎光校，受業楊尹衡刊，受業陳爾廉書。卷十末題受業馬宗周書，受業馮堃刊，受業楊蔚林、饒明煊校。卷十一末題受業向寵光李文泮、弟馨遠英遠同校，受業馬宗周書，受業李國璸刊。卷十二末題受業馬猶龍、陳廷君刊，受業黃文藻書，受業周光鑑蔣鴻賓、男永京永莰同校。

◎周易屬辭八卷手稿本目錄：首卷：乾、坤二卦。二卷：屯、蒙、需、訟、師、比、小畜、履、泰、否、同人、大有、謙、豫十四卦。三卷：隨、蠱、臨、觀、噬嗑、賁、剝、復、無妄、大畜、頤、大過、習坎、離十四卦。四卷：咸、恒、遯、大壯、晉、明夷、家人、睽、蹇、解十卦。五卷：損、益、夬、姤、萃、升、困、井、革、鼎、震、艮十二卦。六卷：漸、歸妹、豐、旅、巽、兌、渙、節、中孚、小過、既濟、未濟十二卦。七卷：繫辭上傳、繫辭下傳。八卷：說卦傳、序卦傳、雜卦傳。

〔註5〕蕭永京（1828～？），字景東，一字子祁。貴州遵義北鄉臺上村人。蕭光遠子。咸豐辛亥（1851）試入遵義縣學，乙卯（1855）以團練軍功保舉府經歷。書法擅顏體。蕭光遠《周易屬辭》第一卷、《周易通例》第四卷、《周易通說》全卷木刻印版文字為其所書。

〔註6〕一名《吉修草堂所著書》。

◎周易屬辭十二卷本錄目：首卷乾坤二卦。二卷屯蒙需訟師比六卦。三卷小畜履泰否同人大有六卦。四卷謙豫隨蠱臨觀噬嗑賁八卦。五卷剝復無妄大畜頤大過坎離八卦。六卷咸恒遯大壯晉明夷家人睽八卦。七卷蹇解損益夬姤萃升八卦。八卷困井革鼎震艮漸歸妹八卦。九卷豐旅巽兌渙節中孚小過既濟未濟十卦。十卷上繫。十一卷下繫。十二卷說卦序卦雜卦。家君述易，未箸凡例，已有通例也。其每爻象注加△者，爻變爻直也；變直所推出之卦與小象相關者則○目別之；上繫下繫說卦及通例中加○示彼此聯屬，例與爻象同。男永京謹識。

◎邑矦楊雲甫先生示馬宗周、唐起尉、劉兆彭書：遙遙數千年間，四聖人共訂一經。其理與數，百家莫殫。故自漢以來，《易》之訓詁浩如煙海，學者第仍其說而安之於理數真際，豈盡確有所見耶？蕭吉堂先生大箸《周易屬辭》，獨能屏除諸說，就象與辭潛心觀玩，觸類旁通，無非廬山真面目可見。注經無他奇巧，只於白文中作探討，則妙義環生矣！國朝李文貞公注易，多出自心靈，不泥舊義。斯編窮理言數，並有文貞公所未見及者。易學津梁，舍此其誰與歸？！學使丁虛園先生按臨在邇，諸生急宜請序行梓以公同好，所深望焉。道光丁未荷月上浣，湘川游人楊兆奎識。

◎吉堂蕭君見示所箸《周易屬辭》，因集《易林》句為讚，題其簡端即就雅正：乾坤利貞，上配太極；陰陽變化，終不離忒；三聖茂承，與道合契；德義既生，各樂其類；暗昧冥語，因無所據；未得入室，相傳詿誤；愛子多材，日就月將；握珠裹玉，富如敖倉；通理大道，不失其節；曠然大通，簡易理得；配合相迎，乍盈乍虛；精誠所在，不離其居；充實益有，誰與共言；周旋馳驟，六藝之門。時道光丁未孟秋，昆陵丁嘉保。

◎李蹇臣周易屬辭序：憶自束髮受書，略通章句，先贈公即授目赤崖彭東壁所集《百家注易》，眾說雜糅，罔知決擇。稍長乃專授目程朱《傳》《義》，合併參詳，雖頗有所得，然時方留心舉業，于三聖人之精蘊仍未能有所發明也。同年友蕭君吉堂與余先後從學於森齋李先生，其為人淵默靜深，喜治經，而其所專致力者尤莫若《易》。始則博覽漢唐來百數十家之傳注目究厥旨歸，繼乃憬然於易說之不盡是也。爰屏去眾說，冥心搜討，偶有所得，輒手錄之。歷十數寒暑，今乃戛然成帙矣。受而讀之，初嫌自創新例，非漢儒篤守之道。徐閱，皆有經文足證。如「三極三才」，讀易者不過謂易具天地人之道耳，吉堂則溯源於卦位、卦字，謂：「兌從兒，介乾坤間，有三才之義。」又目卦名

證之，泰、否、乾、坤合卦，繼目同人、明夷上稱天地，繼目家人、豐應天地數，繼目旅、旅從二人。又目卦數字旁證之，謂天地數五十有五，大過次二十八得數之中。象爻三棟，例取三極，目《說文》極棟互訓為據。其說「元」謂：「元，從一兀，兀亦從一，是元有兩一，一天一地，其下人也。元統三才。故文王繫卦，元第一字。」又目大象證之，謂：「乾稱天、坤稱地、咸稱人、恒稱易，二篇之首特示易兼三才」，咸前卦離稱大人、恒後卦遯稱小人、《大象》此三人字惟《泰・大象》三天地與三人配。又目諧聲證之，謂「頤夷卦數六十三爻在泰三，小象惟泰三一天地」，又目字數證之謂「卦象爻人字五十有五，兼天地數。十翼地字百有二，天字倍地字數。人字百五十，三倍之，同天地數」，觸類引申，如合一契，他說之奇闢巧合類是。余思吉堂吶吶而說經，竟敢目一家之言成一家之學，蓋其三十年舌耕苦心孤詣，鬼神默牖其靈，故能為羲經鑿險鎚幽如是。余自謝病旋里，從學諸友有舉是經目質者，或漫無目應之。今得此書，亦可不窮于應矣。昔森齋師《格致編》多說易，則是書之成，不誠足目輔翼師說而張吾同門友講學之幟乎哉！咸豐三年陽月，同學年愚兄李蹇臣。

◎莫友芝周易屬辭序〔註7〕：易自漢儒象數，遠而譏祥，別而先天；又自輔嗣清言，醇以儒理，印以史事〔註8〕。兩派六宗之書盈箱累棟，後人極研，殆無出其範圍者矣。吾友吉堂蕭君獨謂六宗中切人事者前賢已明，不切者又非本旨，作易起象數，孔子〔註9〕讀之乃至韋編三絕、鐵撾三折、漆書三滅，必非漢諸家義例所能括也。當吉堂始治此經，亦僅集眾家為解，既疑象爻翼字句何以不厭相襲，即分條甄比，帖壁鱗鱗。然又計卦名八十字，不同字七十有二；象不同卦名字百六十有四；爻不同卦象字、翼不同卦象爻字各五百有五十，亦昔人未言。遂屏去舊說，取全經千三百三十有六字，依《說文》求其故訓、析其偏旁、諧其聲紐，一切從本經比例索解。開卷茫無入處，目有乾爻五龍往來胸中，忽觸六龍字，以四龍爻變小過，見飛鳥象而得仰觀例，睡中若有告經中字數非苟然者。亟起坐取卦爻、天地、大衍、筮策諸數乘除，按之皆應，大雷雨集潦入室不覺也。以漸得凡例若干條，旁推交通，妙義環起。

〔註7〕又見於莫友芝《邵亭遺文》卷第一，題《周易屬辭序》。

〔註8〕「漢儒象數，遠而譏祥，別而先天；又自輔嗣清言，醇以儒理，印以史事」，《邵亭遺文》卷第一作「漢晉來」。

〔註9〕莫友芝《邵亭遺文》卷第一「孔子」作「而」。

乃著《屬辭》十二卷，別為《通例》五卷、《通說》二卷先後之。其據《繫辭》所舉二十二卦十九爻，準天地數，為《大有圖》以綱領全易。又于二十二卦中三陳之履九卦就《序卦》《雜卦》次序，以通明夷之蘊，與大有相發明。又于十九爻中以中孚七爻七乘之應大衍，用數證大衍章古本所以直接七爻，尤大義卓卓，能闡不盡言、不盡意之秘。唯其逐字求象及於助語，逐卦爻字求數，頗疑簡易之道當不爾。然而持之有故，言之有理，古人言象數亦各就條例伸己說。吉堂沈思獨往竭十六年，忘食忘寢，十易其稿以成此書，專精極矣！易道廣大，亦烏足為病乎！友芝始見吉堂《大有圖》，嘗擬以陳希夷；見其別四聖取象，嘗擬以胡雙湖；見其比例經文字句，嘗擬以焦里堂。然《龍圖》緣三陳九卦自悟位數，論者以為易外別傳，《卦象圖》略為表識，未及推闡。吉堂因經求義不襲前人，與里堂《通例》《章句》專比異同以通古義者分道揚鑣，庶幾匹敵，而其用心之苦、成功之難殆過之而無不及也！今年夏，其門人輩醵錢梓行，吉堂命為序，因述其致功之始終與成書之大旨如此。咸豐三年秋九月，獨山莫友芝。

◎鄭珍《周易屬辭序》：孔子之贊易也，曰：「聖人繫辭焉而明吉凶，聖人繫辭焉以盡其言，繫辭焉所以告。」又曰：「聖人之情見乎辭，鼓天下之動者存乎辭。」又曰：「其辭文，其辭危，辭也者各指其所之。」詳哉於辭乎！所以諄復詔人者，以庖犧氏畫六十四卦渾渾然無文字，學者欲憭其象、貫其數、會通其理以成己而成物，非求之文王、周公所繫彖、爻之辭不能也。而因思孔子作傳，乃所以發明文王、周公所繫彖、爻之辭者也。宋儒謂有伏犧之易、有文周之易、有孔子之易者，吾惑焉。爰是由孔子之辭以求文周之辭，而孔子之辭所謂十翼者，自呂成公更次王弼本，朱子據之作《本義》。如其說於古似合，然張守節《史記正義》稱：「上象卦下辭、下象爻卦下辭，上象卦辭，下象爻辭。」以之斠楊子《太玄》用方州部家擬卦、七百二十九贊擬爻為經，其八十一首擬彖爻者與攡、瑩、掜、圖、告、測、文、數、衝、錯諸擬孔子《象傳》《文言》《繫辭》《說卦》《序卦》《雜卦》者並在經外。似楊子生西京所見易即是張氏云者，比之呂、朱本為確。而思之數十年，所謂卦下辭、爻卦下辭，究不知於今之易中何居也？然則其為辭者，且不能辨。何由知其所以為辭？噫！讀易其難哉！吾友同里孝廉蕭君吉堂，乃獨能冥精潭思，執經傳所用凡一千三百三十六字，析之合之、迻之錯之，縱橫鉤釽；謂文王、周公、孔子用字各有定數，因匯著其所以為辭者，成《周易屬辭》十二卷、《屬辭例說》

七卷。余讀其書，徒驚怖其都與昔言易者異，所說蓋十之八茫如也。夫力數十寒暑乃得之，而余欲知之旬日，聞其茫如也固宜。然亦有知為說易家所不可無者。如：初上往來例，困初往豐上，故同云「三歲不覿」；賁初往渙上，則賁五為渙四，故賁五云「邱園」、渙四云「有邱」；賁上來歸妹，初則賁二為歸妹三，故賁二云「賁其須」、歸妹三云「歸妹以須」。餘以此例求之多合。又以乾五天德稱「天」、坤二地道稱「無不利」，唯大有上爻兼繫「天祐、無不利」。周公以此爻兼乾坤。故孔子曰：「易，窮則變，變則通，通則久」。是以「自天祐之、吉無不利」。黃帝、堯舜垂衣裳而天下治，蓋取諸乾坤，而天祐一爻又於繫辭上傳特明之，意蓋以此繫辭傳所以特說。「鶴鳴在陰」七爻、「憧憧往來」十爻、及離十三卦而三陳履九卦，又始履終巽者，皆有說，至為曲奧。因成《大有圖》。以中孚七爻為一六居下；履九卦為二七居上；咸十一爻為三八居東；離十三卦為四九居西；大有上爻兼乾坤為天五、地十居中。即孔子之言具河圖之數，無餘無欠，不假強為，實有莫知其所以然者，可不謂之獨得乎哉？仲翔氏之言易也，世推於漢魏最精。而為其學者，如「終日乾乾，夕惕若厲」意以夙夜憂勤云爾，而謂離為日、坤為夕、坎為惕，否三體接乾生乾，故曰乾乾。又「首出庶物、萬國咸寧」亦兆賴一人云爾。而謂：「乾為首，震為出，坤為國、為眾、為安」諸它解，例若是。壹似文王、周公、孔子之於辭，字字必有一定排置而不可略假者。恐聖人立言以詔天下後世之心不拘曲若是。而以其例通求之，又似苟不如是即其辭不必如是云云者，吾不及見聖人而面問之也。今吉堂此書，其求聖人之辭、之法不與仲翔氏同，而求得於辭之意則仿佛與之等。於易家足名一氏也已。雖然中如傳合二十八宿、十二律辰及六書諸說，余頗疑為鑿。可割汰不令無精善。吉堂雖長余二歲，精力十倍予，學養誠篤逐年以增，於里中獨所敬畏。其學易必不以此書為止也，可知矣。咸豐九年歲次已未十月，同學弟鄭珍拜手序。

◎蕭光遠周易屬辭自序（十二卷本）：自道光戊戌友唐君子固、子英伯仲招館其家，答諸子弟問易，欲精揀眾說，手輯一編目便講習。艸稿過半，私怪象爻翼何目一語而再見、數見、十數見，此中必有義例。乃悉屏舊說，專取經文觀玩。初如面牆，積久倡得端緒，因將同句、同字、同旁、同音及不同字分匯鈔集。又目全易一千三百餘字據許叔重《說文》逐一比勘，漸次推出義例十數條。不揣愚蒙，僭編《易例》、《易注》若干卷。莫君偲見之，謂：「舊義新解時或閗襍。不若離之兩美」，乃略刪節成稿，續改例增例，頻增頻

改，最後得直卦例，遂逐爻變直為主。舊稿存者十不過二三，今定《周易屬辭》十二卷、《周易屬辭通例》五卷、《屬辭通說》二卷。大要卦、彖字為母，爻、翼字為子，析及偏旁諧聲，見六十四卦三百八十四爻互相關通，故曰《屬辭》也。初時《屬辭》繁，乃箸《通說》目分之，又于通例中箸解目分之，又於通例中箸十數類目分之。三編離合棄取，冥思默索，獨往獨來，遂閱十六寒暑，中間一質。學使丁虛園先生獲正音韻之偽；朋友中莫君子思，點定商量，始終無間，偏旁諧聲，補救尤多；及門唐生起尉常有參悟，至鈔錄之功則前後來遊數百人咸與厥事，十易槀始成今本。自疑頻年拘牽象數，且藏諸篋，寬目居之，當更有進于此者。而學者慮槀久失遺，遽取鋟梓。夫易廣矣大矣，象數、義理，前人之說備矣。光遠錐指管窺，何足言易哉？惟目經證經，時有符合，是或易中一說。略述原委，就正有道云爾。咸豐三年蒲月望二日遵義蕭光遠書於畬經艸堂。

◎蕭光遠書《周易屬辭》八卷手稿本自記：伏讀大《易》有年矣。每遇疑難，隨手標記，終莫能釋。然一日思古人注疏，皆由白文生出，不揣愚蒙，暫擱舊說，專取經文觀玩。初如面牆，無隙可通。困衡既久，似得端緒，因將同句、同字、同旁、同音各匯一處，反覆比勘，首尾十二寒暑，勉注八卷。自知錐指管窺，無與廣大之旨，惟以經證經，聊存易家一說云爾。道光二十有九年己酉孟冬，吉堂蕭光遠書於郡城南門唐氏之畬經山房。

◎成都學使楊秉璋序：古之學者，博習乎六藝之文而能通一藝，亦足專門名家，漢儒林諸經師是也。予膺簡命視學成都，思自文翁倡教，蜀學已比齊魯，都人士當必有好古窮經足備輶軒之採者。適周西屏司馬以其同鄉遵義蕭吉堂孝廉所著《周易屬辭》《通例》《通說》請正，試士暇略觀大意，諸家河圖、洛書、太極、先天圓圖、方圖、橫圖都不載，獨用乾坎艮震巽離坤兌八卦方位，昔人所謂後天圖者，迺特立大有圖。竊異之曰：「此宋儒之河圖也？何名為大有也？」其圖取上下《繫傳》二十二卦十八爻分佈四方，以大有一爻居中，一、六，二、七，三、八，四、九，五、十位數自然巧合，因思洪範五行舉生數終於五曰土，月令舉成數土，獨不言其數十，以五統十也。太元五五為土，重五亦以五統十也。孔子說卦，坎為水、離為火、巽為木、乾為金，獨不言土，虛中五十也。茲圖以大有一爻兼天五地十之數，不誠一以貫之哉。鄭康成注大衍五行，各氣並氣，並而減五。《通例》曰：「非減五也，五為母也。」乾元亨利貞五字，爻辭五十字，五為母，五十為子也。卦名四大一有，

合大有彖爻五十字，亦五為母，五十為子也。是天地五十有五之數，文王、周公已於首卦、大有卦寄之孔子，又於二十二卦、十九爻藏之，但後人未細心推求耳。《屬辭》註多精當，如云：「日星垂象在天，象之仰觀天文；河洛呈祥在地，則之俯察地理。宋人圖書九數、十數之辯可以息矣。」通說卦名八十字因八而取八十也。爻不同字五百五十，翼不同字五百五十，因天地數五十五而取五百五十也。合觀全書，言理常不離數，蓋易主卜筮，假像數以見義理、推天道以明人事者也。國朝稽古右文，大《易》一經冠四庫之首。御纂《折中》《述義》聖聖相承，易道大興，偏隅之士，亦各研窮眈玩。夫易自漢九師、宋五子以來，箋註無慮百千，要莫越兩家門戶，是編獨從卦、彖、爻、翼探索，雖其逐字求數安排一定而不可易，議者或不免病其拘曲，而以經證經，實足發前人所未發。遵義舊蜀郡，程子云「易學在蜀」，豈其然乎？此書自道光戊戌起稿，至今垂三十年，雖已鑴成，尚隨時改定，意必有更進於是者。爰題簡端示讀易者，知所取焉。時同治六年丁卯，督學使者懷寧楊秉璋敘。

◎馬宗周讀周易屬辭書後：歲壬寅，宗周受業吉堂師之門，時師方注易，苦心孤詣，無閒寒暑，有所得輒命同門鈔錄，至丁未而編次成。適宗周縣試，受知於邑侯楊雲甫先生，詢業師，答及易注，因同唐君起尉以全稿質先生，復以書再與劉君兆彭進質學使丁虛園先生，先生題讚，同門請付梓，師以解經非尋常文字弗許。此後仍隨時改易。而宗周西遊蜀省、北上都門，未親講席。今四年矣。晚秋歸來，先後同門已力請授梓，雕工過半，逐隊校錄，猶得與此書之成。師生之際，非若有神契者然哉！師注易，先由八卦字推求，次及六十四卦字，次及《彖》《爻》《翼》字，反覆求其形聲乃定義例。以來氏錯綜即先儒反對，注中錯綜字用舊說，自同而異。例有所謂直對者，以六十四卦輪直三百八十四爻，周而復始。以上經對下經，下經餘四卦。中孚另起，再以咸、恒接上經之末。而以遯、大壯對乾坤；咸、恒對既濟、未濟。正注多不外此。又據《說文》坤注「土位在申」、羌注「西南僰人、僬僥在坤地」，證漢學無先天之說。其解「天垂象，見吉凶，聖人象之；河出圖，洛出書，聖人則之」云：「日星懸象，在天象之，仰觀天文；河洛呈祥，在地則之，俯察地理。以明易不專則河圖。」蓋凡不用舊說，皆非無據者。宗周頻年奔走，未獲留心經訓，書成，校讀一過，昭然若發蒙矣。至有合於三聖人立言之旨與否，則當世君子自有定評。區區之見，敢多贅焉。咸豐癸丑陽生月，

受業馬宗周謹識。

◎唐起尉周易屬辭書後：師吉堂先生注易，起訖十六年，尉與焉。稿初成，適先子英叔丁先王父福田公憂自蜀歸，常執舊義相駁難，師乃揭其作注之義例，今《通說》首二條是也。叔謂尉曰：「知先生此書自成一家，固駁之以求其當耳。」時先子方伯來遵省墓，取全稿觀之，謂：「說理根據象數，不漢不宋，是必傳者。」談次及《皇清經解》，叔赴省，因載回。師取易數種，略觀條例，專取段氏《說文注》比勘二徐本，於稿中增引之。師注易，用功甚苦而趣甚甘。嘗謂：「數千年來古人尚留此滋味，朝夕咀咽不盡。」故十數改稿，樂此不疲，若將終身從事焉。去年夏，尉乃及同學請付梓。冬，尉適赴省，歸時印裝成矣。師慨然曰：「書成置案上，對之病臥數日，念平生於易道毫無踐履，今虛有著書名，益增愧懼。乾二言誠、坤二言敬，一字可以終身行之，何著述為？」又謂尉：「自今仍讀《程傳》《本義》。宋儒理學有益身心。予注不過少補易家之缺漏耳。」尉承命謹識之。咸豐四年甲寅仲春，受業唐起尉。

◎黎庶昌《拙尊園叢稿‧蕭吉堂先生墓誌銘》：黔有經師曰吉堂蕭先生，神明於易。先生治易不求諸傳注而求諸本經，不求諸本經之象數而求諸其辭其字。其始若極穿鑿可怪笑者，取本經經傳之辭，除其重複，得字一千三百三十有六。大體以卦象字為母、爻翼字為子，依《許氏說文》求其訓故，離其偏旁，諧其聲紐，茫如涉大水無津涯而觸牆壁也。先生益不自悔，窮探力索，研幾極深，神謀鬼諏，放其橐籥，竟契元解，久之，得直卦例若干事，因而旁推交通，恢遊餘刃，凡十易稿，積十六年而成《屬辭》十二卷、《通例》五卷、《通說》二卷，最數十萬言。又取《繫傳》中孚七爻為一六居下，履九卦為二七居上，咸十一爻為三八居右，離十三卦為四九居左，大有一爻兼乾坤為五十居中，成《大有圖》。即孔子之言，具河圖之數，以為綱領。又於二十二卦中三陳之履九卦，取履至明夷三九，明夷至履四九，為《履九卦圖》，以應《序卦》《雜卦》之次第。又於十九爻中，以中孚七爻七乘之，以應大衍用數，證大衍章古本所以直接七爻之義。其說以乾、元、亨、利、貞五字、爻辭五十字，卦名四大一有、大有象爻五十字，為五十有五，準天地之數。爻辭十翼不同字，各五百五十，由天地之數推廣而出，文周統舉於卦爻，孔子分配於《繫傳》，皆不假強為一，若三人聖者之於易、卦、傳、爻、翼，用字皆有定程，度其只心，不當拘曲若是。而先生卒以是上契書不盡言之旨，推見天地之心，

自然之妙，不歉不溢，為漢九師、宋五子陳摶、劉牧、鄒予、來知德諸儒所未著。因漢而悟宋，由因而得亨，可不謂神乎，其知變化之道者乎……先生之書，別有《易字便蒙均語》、《毛詩異同》、《漢書匯鈔》、《詩文集》若干卷，皆非其至。至者《易圖》，要之，先生以易名也。銘曰：易道坦然自明白，鉤河摘洛數乃僻，諛夫鑿之益乖格。詎知至理目日覿，三聖心源並一跡。卦象爻翼義各適。字匯苟用有定式，數位乃與天地則。先天之圖在孔翼，聖伏神徂誰為摘。鑽仰高堅守以墨。窒極得通卦途辟。三千年間見真易。

◎遵義楊兆麟《重刻鹿山先生全集序》（《守拙齋集》）：先生所為書曰《周易屬辭》十二卷、《周易通例》五卷、《周易通說》二卷、《易字便蒙》一卷、《禹貢揀注》二卷、《毛詩異同》四卷、《漢書匯鈔》二卷、《鹿山雜著》二卷《續著》一卷《詩鈔》四卷，惟殘缺太半，今匯為一卷，末附李森齋先生《格致篇》二卷。當咸同之際，吾鄉鄭子尹、莫子偲、黎伯庸三先生以樸學鳴海內，世推為黔中三傑。子尹、子偲以經、小學，伯庸以詩詞，名列國史《文苑》，公論定矣。先生行輩在鄭莫黎之次，年亦相若，晚歲與子尹、子偲尤欣合，以學行本切劇。顧名不出里閈，惟唐鄂生中丞雅重之，延致蜀幕數年，歸而主講郡城書院三十年，授徒至耄耋以歿。蓋先生之學專力於易。《易》之為書，獨主陰陽象數，承學者少。自漢初梁邱、施、孟，其傳已微。近世若來矣鮮之奧深、張惠言之精確，亦復聲聞闃寂而流俗耳目。又惟文字為易見才。先生詩文，晚年始出緒餘，故傳播未遠。且當其時，伯庸以貴公子出宦鄂疆，與眉生、子貞往來唱和，而湘皋、性農亦謦欬遙通，名字特顯。厥後張文襄公至推其詞凌駕三百年。子尹、子偲則以曾、胡宏獎風流，推許備至。而邢文端公疏舉人才，至登諸十四名士之首，皆可謂顯矣。先生窮經數十年，其為學堅苦卓絕，睥睨三傑間殆無怏愧色。即其所為詩，氣骨直追昌黎，亦與子尹軌轍相合。而安貧樂道，志節皎然。徒以伏處窮鄉，無大力者為之標榜，身後子孫凌夷，門人故舊復罕能推闡其學，以致遺書雖有鏤板，迄未行世。昔曾文正公記聖哲畫像，謂學者術業同、深淺同，而或傳或不傳皆有命焉。意者其說殆信然耶！戊午，兆麟承乏志局，搜得先生書已繡梓者八百餘板。筱仙縣公慨然出資排印數十部，雖區區者不足以廣先生之傳，然東南亂未定，水火刀兵為文字之厄者久矣，多一傳播即多一留，夫安知百年後不有篤嗜先生之書如芑譚其人者乎！則存什一於千百者，今日筱仙力也。戊午五月。

◎蹇闓序識《鹿山雜箸續編》：同治辛未季冬，蕭吉堂年丈，以續著記序

諸文見示，且商去取，自維廢學久，何知文？顧年丈為先君執友，平時待闓最厚，闓之知文也亦最深，敢以淺陋故逆長者命乎！雪夜兀坐窗下，倚檠莊誦，竟卷作而歎曰：昔人以言為心聲，又曰「有諸內必形諸外」，豈欺我哉！年丈之為學也，醕故立言正，宅心厚故持論平。而於鄉人遭賊之慘死事之烈尤反復言之，倘所謂仁義之人其言藹如者，非歟。慨自三代以前為文皆以明道，暨乎漢魏楊馬之徒，始以此專門名家，而考其生平，或浮華無實，行不踐言，雖長篇巨制，典麗喬皇，終為有識者所不尚。至昌黎、韓子負瑰偉之質，起八代之衰，歐陽、文忠鑒五代文弊，復力尊韓子，同時若柳、若李、若蘇、若曾，世所稱為八家為十家者，彼其經術、政事、人品卓卓皆足自表見，故其文亦因以傳。後之學古文者，竊褐忘繡，往往於格調、字句求之，其法益密、論益工，自負為文者，日益眾而一軌，諸聖人立言之旨、昔賢明道之心，吾不知其果有合焉否也！年丈經明行修，設帳者三十餘年，主郡講席又十餘年，教人必宗洛閩，門人之眾甲於西南，其所著《周易屬辭》二十卷、《漢書匯鈔》二卷皆必傳之作，早已梓行，雜文特其餘事，然實大聲宏言皆有物，此不當與世之古文家較工拙，亦安用去取為也。後之讀是編者，即丈人之言以知文之德，法文之行而不徒求工於格調、字句間，其為學術，人心之幸，不尤鉅哉。同邑年家子蹇闓謹識。

　　◎蕭光遠《莫郘亭徵君誄並序》：君辛卯中式後，令置科舉而肆力於古。聚書甲吾郡，著書喜搜地方故實，表彰前人。自《遵郡志》四十八卷、有明《黔詩紀略》三十三卷外，如周漁璜、謝君采詩集，皆為考訂；刊布石子重《中庸集解》久佚，君讀《戴記》檢衛氏說，考校鑴板。志高尚，頗不諧俗。予聞其率弟讀書能咬菜根，竊慕之。一日遊自田偕歸偶遲，城門閉，同坐門下，縱言及漢、宋兩家之學，君笑謂：「自有此門，曾有人深夜講學否！」勸著書，謂：「吾輩不偶於時，著述立言，庶幾不朽。」時予方注易，就宿唐塾，出稿商量，此為訂交之始。時道光己亥也。君旋卜居碧雲峰下，望衡對宇，往來遂密，易注偏旁諧聲補救實多。

　　◎蕭光遠撰《鄭子尹徵君誄並序》：咸豐戊午冬，子尹赴唐鄂生南谿約，過城聚談數日。至魁崖（桐梓），寄予《周易屬辭序》。

蕭光遠 周易屬辭通例 五卷 存

　　稿本（四卷）

貴州藏咸豐三年（1853）刻遵義蕭氏遺書本

續四庫影印湖北藏咸豐三年（1853）刻遵義蕭氏遺書本

國家圖書館出版社 2018 年譚劍鋒主編遵義叢書影印咸豐三年（1853）刻本

◎一名《周易通例》。

◎卷一末題受業唐際盛、弟馨遠同挍，受業姚文斌刊。卷二末題受業馬宗周、男永京同挍，受業牟元春刊。卷三末題受業姚廷芝、李桂芳、唐樹森、羅應文挍，受業劉光麟、張其詔刊，受業饒文欣書。卷四末題受業涂步陞、王耀先挍，受業舒燦章刊，男永京書。卷五末題受業陳國杰、張霖挍，受業鄧熙春、何鍾杰刊，受業葉春臺書。

◎稿本目錄：首卷八卦圖、原圖起卦附中位、初上、錯綜、中爻、對卦、直卦、卦數爻數。二卷天地之數、八卦準天地正數、八卦準天地全數、中孚七爻、大有一爻、離十三卦、咸十一爻、履九卦、二十二卦十九爻準天地數大有圖、二十二卦十九爻變準天地數大壯圖、履明夷位數、序卦八月、序卦七日、先甲後甲、先庚後庚、先天後天、先迷後得主、先否後喜、先張後說、先號後笑、先笑後號、先難後易。三卷卦名、卦名雙字、卦名同字、卦名同旁、卦名干支星象、卦名諧聲、彖爻卦名、孔繫卦名、卦名連繫、彖辭連卦、迭字、同字、同句、同句分繫合繫、大象同字、小象九六同字、彖不同字、爻不同字、孔繫與彖爻不同字、孔繫與卦爻可附字、數目字。四卷字數直卦、乾坤爻直卦字、大有爻直卦字、字旁、乾字旁注、坤字旁注乾坤字旁注、困字旁注、夷字旁注、恒履字旁注、四方謙圖、四時、五行、五聲、五色、五味、五常、天文、地理豫圖、天榦、地支、八風、八音、十二律、十二辰。

◎刻本目錄：一卷八卦方位、中位卦、初上、錯綜、序卦上下篇對、序卦上下篇再對，直卦。二卷天地數、八卦準天地數、大有圖、履九卦圖。三卷卦名、卦名同字、卦名雙字、彖稱本卦名、彖稱別卦名、爻稱本卦名、爻稱別卦名、六爻稱卦名、六爻不稱卦名、孔繫卦名、卦名疊字、彖爻疊字、複字、彖爻同句、孔繫同句、同句分繫合繫、大象同字、小象同字、彖辭不同字、爻辭不同字、十翼不同字、六十四卦屬字、附易音數條。四卷：同字分類。五卷四時四方、五星五行、五聲五常、五色五味、天干地支、天文地理、豫圖、八風八音、十二律、十二辰、二十四氣。

◎五卷本序：易為道也，變動不居焉。用例曰奇偶，兩畫重之為八為六十四，使其無例，不將亂雜無章乎？其例奈何？曰：卦位有先後例；卦體有錯綜例、中爻例、初上例；六十四卦有直例；上下篇有對例；小畜、大畜、大過、小過卦名同字例；坤、坎偏旁例；頤、夷諸聲例；乾、咸對天幹地支例；井、豫對天文地理例；旅三虎、小過三鳥、屯三馬、大壯三羊象例。乾用九坤用六、臨八月復七日數例。以上皆易例之大凡。三聖人依例繫辭，重見疊出，通計：彖不同字百六十四，每卦未得三字；爻不同字五百五十，每爻未得二字；十翼不同字五百五十，與爻同。蓋雖畫前有易，既分卦爻則形上之道已箸於形下之器，羲皇不能不循乎陰陽奇偶之例，文周不能不循乎羲畫奇偶之例，孔子又不能不循乎彖辭、爻辭與羲畫奇偶之例。其辭重複，皆義例所在，非聖人別無他說。如是煩複，其字數多寡又當非隨意筆削、自然符合者。子曰：「假我數年，五十以學易。」蓋孔子贊易亦殫數年之功。昔人所以謂「韋編三絕、鐵撾三折、漆書三滅也」。但聖人言理必根象數，跡似膠滯。要歸不易、變易之旨，如天之于眾形匯物，物刻而彫之而自各從其類。光遠初時推求義例，觸類以經文印證，少不合輒置勿用，茲輯成帙。首卷大要已具，三、四卷詳推字例，二卷《大有圖》與五卷幹支星象各匯，尤易道之範圍天地，竊恨不能窺其萬一者。至卦氣、爻辰、納甲、消息、旁通、飛伏、遊歸諸條例，不敢勦說，為前人已發，無待贅也。咸豐三年癸丑正月朔九日，遵義蕭光遠吉堂氏書於吉修草堂。

蕭光遠 周易屬辭通說 二卷 存

稿本（一卷）

貴州藏咸豐三年（1853）刻遵義蕭氏遺書本

續四庫影印湖北藏咸豐三年（1853）刻遵義蕭氏遺書本

國家圖書館出版社 2018 年譚劍鋒主編遵義叢書影印咸豐三年（1853）刻本

◎一名《周易通說》。

◎卷一末題受業楊炳宗、李友鑾按，受業唐起典刊，男永京書。卷二末題受業何文熙、沈清漣按，受業王燦奎刊，男永京書。

◎稿本目錄（十二條）：變直對錯綜上中爻、諧聲、象數、元亨利貞西南東北仁義禮知吉凶悔吝無咎、天地陰陽剛柔消息盈虛動靜雷風水火、道德時

位、易象筮數變占辭、合字合句、文言彖傳大象小象、上下內外左右、地名人名、字旁。

◎刻本錄目（二十條）：上卷對直初上錯綜、諧聲、象、數、數、數、八月七日、初筮原筮大衍、元亨利貞西南東北仁義禮知、吉凶悔吝無咎。下卷天地陰陽剛柔雷風水火山澤、道德時位、易象卦爻、中正貞用、三極三材、帝神大極、先後上下、天子帝王公侯君臣父子夫婦昆弟朋友、地名人名、字旁。《通說》即《通例》《屬辭》之零星而總貫之，故多複前文。二十目略分次序，大概前數條說例，目後取易中常用字觸類比勘，見聖人繫辭皆有例可推。其各條不離卦爻字數，易中確有此例，不厭詳也。《通說》箸最後，定橐最先，亦有《例》《辭》中要義，《通說》曾未及者。三編詳略互見。咸豐三年中秋，遵義蕭光遠書。

◎摘錄上卷：《通說》即《通例》、《屬辭》之零星而總貫之，故多複前文。二十目略分次序，大概前數條說例，以後取易中常用字觸類比勘，見聖人繫辭皆有例可推。其各條不離卦爻字數，易中確有此例，不厭詳也。《通說》箸最後，定稿最先，亦有《例》《辭》中要義《通說》曾未及者。三編詳略互見。

蕭洪治 明易圖 佚

◎嘉慶《常寧縣志》卷十九《人物志‧方技》：國朝蕭三式本名洪治，郴州宜章人。祖由廬陵徙郴，至洪治再徙常寧。身通天地人三式，因以為號焉。及鼎革詔下，三式聞知，喜曰：「天下太平矣，今而後我可無事。」更號傘扆主人，隱於形家⋯⋯晚年築舍五十居，以易之道不外一五一十、兩五兩十、四五四十，雖萬有一千五百二十，而皆本生於一五一十，著《周易復古》《明易圖》《學易圖》。衡、郴二州之士從之遊，皆得嫻於易。又著有《金玉圖傳》、《字字金略解》《羅針解》凡七十餘種。乾隆十八年有山南貢使過衡至書肆求三式所著書，其名動外夷如此。子致良字法和，文學，亦善形家，為人卜遷言休咎無不驗（從《王勉亭文集‧蕭三式傳》節錄）。

◎長洲顧奕芬序〔註10〕：六經皆載帝王道法，而天人之旨、性命之原、開物前民之用、通變盡利之神，其理莫精於《易》，是以立象設卦繫辭，經四聖人而始集其成。蓋生物者天地也，一覆一載，萬彙並處於其中，而甄陶含

〔註10〕錄自同治《續常寧縣志》卷上，題《蕭洪治學易圖明易圖敘》。

盖、鼓舞出入之機罔或息、大無外矣。然一奇一偶《易》且舉天地而包括之，吉凶消長進退存亡其明徵也。昔尼父學易韋編三絕，爰有加我數年之嘆。聖人且然，矧其次焉者乎？！歷代理學名儒窮易理者指不勝屈，其於圖章之義概未深究。迨邵子康節補先天四圖，而千餘年未發之蘊始闡其秘。宋淳熙間考亭朱子始推尊邵子之學，知其有功於易也。然猶數百年來鮮有窺其奧者。宜陽蕭先生，高年碩儒也，生平不慕榮祿，雅志林泉，經史百家靡不究心玩索，雖齒登期頤而手不釋卷。歲庚午蒲月，命長公法和持所著《學易圖》《明易圖》一刻屬予弁言，披讀數過，洵極深研幾，發康節所未發。直揭河洛別譜，而《周易》全部融貫於心目之間，予亦不覺恍然悟曰：圖象即大德之敦化，《繫辭》即小德之川流，溯萬殊於一本，圖象為《繫辭》之宗；推一本於萬殊，《繫辭》為懸象所衍。唯因《繫辭》而索圖象，本圖象以證明文，然後知求四圖以探其源，求五圖以識所衍也。先生四聖人之功臣矣，豈特有補於邵子哉！今天子蒐羅藏書，將必有起而徵之者，蒲輪之召，旦暮俟之。是為敘。

◎同治《常寧志》卷九《藝文・經類・國朝》：蕭洪治《周易復古》《學易圖》《明易圖》（嘉慶《通志》）。

◎蕭洪治，字自本，號三式。湖南常寧人。縣學生員，博學多才藝。生當嬗替之際不求仕進。吳三桂慕其名，遣人訪之。蕭預知其必敗，婉言謝絕，潛心著述。齒登期頤，手不釋卷。著有《學易圖》《周易圖》《周易復古》《字字金註解》《雪心賦發揮》《金玉圖傳》《羅針解》諸書。嘉慶《續常寧縣志》卷下有《五十以學易》一篇，可考知蕭氏易學思想。

蕭洪治 五十居易學 佚

◎嘉慶《常寧縣志》卷二十二《藝文志・經籍》：《周易復古》《五十居易學》，國朝蕭洪治撰。

蕭洪治 學易圖 佚

◎同治《續常寧縣志》卷上《儒林》：蕭洪治年十六為諸生，精易理，通天地人三式，因以自號。著有《周易復古》《明易圖》《學易圖》。知縣顧奕芬為之敘，稱其有功四聖人。又有《五十學易述》發明易理雖萬有一千五百二十而皆本於一五一十。當鼎革之初，學無所用，隱於形家，以其緒餘著《金玉圖傳》《字字金略解》《羅針解》凡數十種。子孫多能其業。百餘年來人傳其卜

休咎有奇驗，而莫知其儒術之深。故前志採入《方技》，茲為訂正。

　　◎同治《常寧志》卷九《藝文・經類・國朝》：蕭洪治《周易復古》《學易圖》《明易圖》（嘉慶《通志》）。

蕭洪治 周易復古 佚

　　◎同治《常寧志》卷九《藝文・經類・國朝》：蕭洪治《周易復古》《學易圖》《明易圖》（嘉慶《通志》）。

蕭際韶 周易指譌 佚

　　◎嘉慶《合肥縣志》卷二十四《人物傳》：所著有《周易指譌》《三禮補注》《昭明文選補箋》《山海經集解》《館課賦存》《蘭石軒詩抄》《崇德堂詩文集》。

　　◎蕭際韶，字鳴球。乾隆乙酉順天舉人，己丑進士，入詞館充四庫國史館纂修官。庚子會試同考官，尋擢山東河南道監察御史，後遷禮科給事中。又著有《三禮補註》《昭明文選補箋》《山海經集解》《館課賦存》《蘭石軒詩鈔》《崇德堂文集》。

蕭延年 周易審詁 八卷 佚

　　◎民國《增修膠志》卷三十五《藝文志》：《周易審詁》八卷，蕭延年撰。

　　◎民國《增修膠志》卷四十二《人物志》：屢試不售，遂絕意進取，教授鄉里，潛心經史之學。著有《歷代提綱》兩卷、《周易審詁》八卷。

　　◎《增修膠志》卷四十六《蕭退齡傳》：幼從族兄副貢延年讀。延年著《易經訓詁》，退齡為校正其稿，以竟兄志。

　　◎蕭延年，字桂園。山東膠州人。同治十二年（1873）副貢。

蕭寅顯 大易圖解 一卷 存

　　湖南省中山圖書館藏咸豐二年（1852）受業丁取忠刻本

　　◎目錄：河圖圖、洛書圖、伏羲先天八卦次序圖、伏羲先天八卦方位圖、伏羲先天六十四卦次序圖、伏羲先天六十四卦方位圖、文王後天八卦次序圖、文王後天八卦方位圖、卦變圖。

　　◎是書錄其前後所與及門講論者，稿十數易，年七十未嘗稍輟。

　　◎蕭寅顯（1757～1851），字仲虎。湖南善化人。家貧授徒，不事功名，

究心《易經》。為學一以宋儒為宗，而治易則自漢以下講易諸家皆詳覽而研究之。與長沙諸生李彪善。

蕭寅顯 易象闡微 五卷 存

國圖、上海、中科院藏咸豐二年（1852）丁取忠刻本

◎序：《易象闡微》五卷、《大易圖解》一卷，善化蕭仲虎先生纂著。咸豐辛亥八月先生寢疾，以書授其門人長沙丁取忠，取忠跽受而櫝藏之。未幾先生下世，嗚乎惜哉！先生講求經世之務，手錄古名臣言行有關政治而益身心者至數百卷，奮欲有以自樹，迄不得試，以諸生老，然視人世得喪忻戚之事泊如無一足動其中者。蓋其學有本原，治經一以宋五子為宗，而尤邃於易，自漢以下講易諸家無不詳覽而研究之。是書錄其前後所為及門講論，祛各家支離之說，揭畢生心得之蘊，稿經十數易，七十年未嘗稍輟。蓋其生平志事亦具見於此矣。取忠自少從先生遊，駑駘之質，老大無聞，自慙無能發明先生之業，思刊行之以貽來學。會粵匪之警，取忠應寶慶太守魁君聘，佐理戎幕，倥傯惟遑。越明年，逆氛即楚置，取忠又奔母喪歸里。既卒哭，家君命仍來寶慶。墨絰襄事，而逆氛且逼會城矣。大懼負先生付託之重，因亟以授手民。工既竣，乃畧述先生梗概，並識校輯始末於此。痛老成之凋謝，感時事之多故。書竟，益為撫膺太息於不能已也。咸豐壬子九月望日，門人丁取忠謹述。

◎羅澤南撰、郭嵩燾書《蕭處士墓表》〔註11〕：瀏陽朱脣甫先生文炳見而奇之，勉以學。由是折節讀書，於儒先諸集罔不研究，尤殫心於易，反覆經傳，深思力索，務究厥旨。嘗言古今注易家其不合於經者，皆由不細讀孔氏傳義之故。因以所得，著《易象闡微》五卷六卷，自成一家言。晚年識益精進，有所見則易其稿。有謀以付梓者，先生弗之許，意有所待也。

蕭友曹 周易發蒙 四卷 圖說序目 一卷 存

雍正二年（1724）刻本

◎雷夢水《販書偶記續編》著錄。

◎乾隆《天門縣志》卷八《藝文考》：蕭有曹《周易發蒙》。

◎蕭友曹，字敬一。湖北天門人。康熙辛卯舉人。山西永和令。

〔註11〕又見於羅澤南《羅忠節公遺集》卷八。

蕭雲從 易存 無卷數 存

浙江藏清鈔本

◎易存序：易之為道，五行陰陽而已。陰陽五行未嘗一日不在天地，則易固未嘗一日不在天地也。易何以亡？亦亡於人之心也云爾。聖人灼見古今之事雖德類不齊，而莫不本於自然之理，舉一以該萬，即始以見終，於是竭其心思以寄耳目於天下後世。今天下後世皆得以聞其所聞見其所見，而聖人之心思不越是矣。夫易以河洛統數而律曆之用由此以生，聲音象數各協其致而相通焉。後人棄本逐末，穿鑿傅會，釁端褷出，其失益遠，其錮益深，遂使聰明之士束縛於其中而不可解。談理著書，幾如聚訟，將不息之餘蘊數千年而誰抉之乎？無悶先生以絕人之智，運博物之思，深觀天下之理，於是著《易存》一書，凡夫律呂曆象、蓍策占變之法，器數精熟，潛心會悟，臻極其妙，義意深微，一掃前人之藤葛，天道人事，昭然可見。是故由鐘呂而得三合之原，則知本於天日月之相會，而隔八相生為有用之學矣；由律書而得兩截之算，則知備乎律法卦氣，而三九二八無差成之數矣；由律數之統於河洛，則知通夫曆度歲差而十有九章，得盈虛消息之故矣；以七音而奉五聲，而變宮變徵之說誕矣。知黃鍾之無定在而吹氣截琯之術疎矣。探始索源頭，無不出以精微平正之論，豈欲振天下之聾瞶而開其聰明焉？大抵習器以遺理，伶倫之故事；執理而昧氣，儒者之常談。自非本末兼該，烏能合體用而一之以探造化之妙有如是耶？以予之頑鈍，其受益於先生者，如六書五經之學，所著編集，心領神契，皆能獲夫精確之所在。因於是書之奧亦有所窺，姑舉其大略以見誦法之端，要訣指歸，終不外陰陽五行之用，以本於易。尤欲與有志之士講明其說而廣推焉。庶幾神而明之，將天下之理無往而不存矣，孰謂易道之在人心而有異旨哉。新安後學方兆曾拜撰。

◎自序：余自八九歲從師講孟子、六律五音，便欲學習，然亦自解詁章句。自後閱《大全》，益不作解詁，欲深明其事，恨無有共業者，二十五六猶懵懵也。復從《左傳》《國語》《史》《漢》註疏、歷代志論及程朱邵蔡所著，廣為究心，亦只作理道觀。因學算術及歌唱、琴箏、簫管，無不習之精熟，雖優人宮譜、南北韻會亦講習焉。乃至三十六歲為辛未冬矣，忽然悟子產七音六律以奉五聲，寒夜舉火以識其圖，遂為洩古至之秘，而樂律之書雖充棟，何益耶？至六十歲外，終明太史公《律書》以易逆數法得三合四氣五行及十九年七閏、日食、星變占推之法，著有《易存》之書。此書無一人寓目，說及

則掩口而笑。惟方沂夢、汪悔崖讀之，皆透徹底裏，各覃精思，資余不逮。蓋知余之不敢妄作以欺人者。其鈔本者亦數十人，藉是明吾道之不孤也。嘗慨《元史‧天文志》曰：「璣衡之志載於《書》，日星霜雹之災異載於《春秋》。慎而書之，非史氏之法當然，固求合於聖人之經者也。」第輒中亂年衰，不能整齊，徒皇皇也。蓋理本於易，天地定位，八卦為十干十二支六十四氣三百六十五度推以律元，原以卦氣，以兩而起數，律以三起數，表裏致用，因名為《易存》。傳曰「成性存存，道義之門」云爾。

◎四庫提要：是書乃雲從年八十時所撰，以數言易，而其數乃以律呂曆算為宗，旁及於三命六壬之術。前列易存四學一條，稱學者先讀易卦爻詞、大傳著法；次學卦氣以及支干陰陽、五行生克、氣運衰旺；次學算歸除、因乘；次學音律，詞曲、聲調、管弦以及翻切諸法方得，其說頗屬支離。夫奇偶陰陽為萬事萬物之根本，故易道廣大，推之無所不通。律呂為易中之一理，非因律呂作易，亦非因易作律呂也。曆算亦易中之一理，非因曆算作易，亦非因易作曆算也。即以醫術而論，榮衛者，陰陽也。七竅者，奇隅也。心腎者，坎、離之宅也。其消長則姤、復之機，其升降則既濟、未濟之象也。至於五運六氣，司天在泉，無一不與易理通。亦將曰因醫有易、因易有醫乎哉？王士禎《池北偶談》嘗記雲從作《杜律細》一書，凡吳體拗句俱強使協於平仄，如「盤渦浴鷺底心性」句則讀底為高低之低，「江草日日喚愁生」句則讀草為《離騷》之騷。此書言易殆亦類斯。與連江童能靈作《律呂古義》二卷純以河圖、洛書為聲音之本者，均可謂誤用其心矣。

◎摘錄卷首「易存四學」：學者先讀易卦爻辭、大傳著法，精熟方得；次學卦氣如支干、氣、五行生剋、氣運衰旺，精熟方得；次學算歸除、因乘，精熟方得；次學音律，詞曲、聲調、管弦以及翻切諸法方得。

◎嘉慶《蕪湖縣志》卷十三《人物志‧文學》、民國《蕪湖縣志》卷五十《人物志‧文學》：著有《易存》《韻通》《杜律細》等編，援據甚博，門人輯其殘編為《梅花堂遺稿》。

◎乾隆《太平府志》卷四十四《雜錄》：方省齋，蕪湖僑客也〔註12〕。己西秋寓邗江，一夕夢入蕭尺木齋頭，盡出其《易存》《字學》《韻譜》諸書，點次手授，情境與生時不類。覺大異之，紀其事於簡末，且與諸同人言及。不三日凶問至，蓋其平生服膺，及於化去，猶精英相感如此。

〔註12〕嘉慶《蕪湖縣志》卷二十四《志餘》「蕪湖僑客也」作「即沂夢」。

◎乾隆《太平府志》卷二十六《人物志‧卓行》：病將終，執諸同志手曰：「道在六經，行本五倫，無事外求之，仍衍其旨。」賦詩畢，瞑去。

◎民國《蕪湖縣志》卷五十二《人物志‧流寓》：湯燕生，字元翼，號巖夫，自號黃山樵者。寧國府太平縣人。諸生。名播大江南北。史可法及瞿士耜頻以書招之，均謝不赴。明亡後隱居蕪湖東河沿，築補過齋。日所往還惟蕭尺木、陳香士、張東田、沈天士、僧漸江、介庵數輩人。與方沂夢同居十餘年，四方巾車過者造門求訪不絕。其挽尺木文有云：「晚與論易，益復有合，蓋進退存亡，理之交勗者。至失此良箴，是用感懼怕」，其篤志矯矯可尚矣。

◎民國《蕪湖縣志》卷五十六《藝文志‧經部》：《易存》（清蕭雲從著）。

◎蕭雲從（1596～1673，一作1592～1669），原名龍，字尺木，號默思、石人、梅石道人、無網道人、于湖漁人、鐘山老人。姑熟（今安徽蕪湖）人。崇禎己卯副榜貢生，入清不仕。博古，能詩善畫，工山水人物。又著有《韻通》《杜律細》及詩文集。未刊行，藏蕪湖沈氏。其生平另可參民國《蕪湖縣志》卷五十《人物志‧文學》。

小園居士 河洛理數 不分卷 存

山東藏清穎川堂刻藍印本

謝琛 周易合編 佚

◎光緒《重修香山縣志》卷二十一《藝文》：《周易合編》□卷（國朝謝琛撰）。

◎謝琛，廣東香山人。

謝大猷 易經注疏 佚

◎光緒《耒陽縣志》卷六《人物》：著有《易經註疏》藏於家。

◎謝大猷，字熙載。湖南耒陽人。瀘溪令謝世應子。乾隆五十四年（1789）貢生。天姿高邁，博學淹貫。尤精於易。授知於學使姚雪門，錢南園稱為楚南名士。乾隆己酉，膺選貢，卒於京。

謝鼎見 易經析疑解 佚

◎同治《永寧縣志》卷七《選舉志》：著有《易經析疑解》。

◎光緒《江西通志》卷九十九《藝文略》一《國朝》：《易經析疑解》，謝鼎見撰（《永寧縣志》）。

◎謝鼎見，字千易。江西寧岡七保黃夏人。康熙四十一年舉人。

謝復芫 周易纂解 十二卷 佚

◎或誤題為謝復。

◎光緒《吉水縣志》卷之四十八《書目》：《周易纂解》十二卷，謝復芫撰。

◎謝復芫，字菁來。江西吉水人。

謝復芫 周易纂解正宗 六卷 佚

◎四庫提要：其書先列朱子《本義》，以《直解》、《大全》、《蒙引》諸家之說各繫於其下。其子能立以圖說未備，重加纂訂，別為一編附之於後，蓋里塾講授之本也。

◎《皇朝通志》卷九十七：《周易纂解正宗》六卷（謝復芫撰）。

◎《皇朝文獻通考》卷二百十一、光緒《江西通志》卷九十九《藝文略》一：《周易纂解正宗》六卷，謝復芫撰。

◎光緒《江西通志》卷九十九《藝文略》一《國朝》：《周易纂解正宗》六卷，謝復芫撰（《四庫全書存目提要》）。

謝鞏 易經撮要 佚

◎道光《晉江縣志》卷七十《典籍志》：謝鞏《易經撮要》《怡亭詩文集》。

◎謝鞏，榜姓吳，字爾固。福建晉江人。康熙庚子拔貢。詩賦古文皆工妙，尤精於臨池，書法秀逸遒勁，畫事縱橫變化。

謝恆祚 周易集訓 佚

◎光緒《青陽縣志》卷五《人物志》：謝恆祚，歲貢，著有《周易集訓》。

◎謝恆祚，安徽青陽人。歲貢。

謝濟鼎 河圖洛書序說 佚

◎宋世煦等《耒陽縣志》卷六《人物》：潛心性理，著有《易象別鈔》《河圖洛書序說》《性用存遏圖說》《心說》。

◎周按：元周聞孫亦撰有《河圖洛書序說》。

◎謝濟鼎，字新甫。湖南耒陽人。嘉道間在世。為文不趨時好，潛心性理之學。又著有《性用存遏圖說》《心說》。

謝濟鼎 易象別鈔 佚

◎宋世焄等《耒陽縣志》卷六《人物》：謝濟鼎《易象別鈔》。

謝濟世 易在 不分卷 存

上海藏稿本（佚名錄，清沈豫校）

◎世拔跋略謂：書成於羌戎入境、兵戈擾攘之餘，名曰《易在》。在者，未喪之辭也，亦在茲之辭也。書中會合六爻，恢復彖爻原序，皆前人所未發者，濟世可稱知易者。

◎《廣西近代經籍志》：案亦先生儤直經筵時所進本。

◎謝濟世（1689～1755），字石霖，號梅莊。廣西全州橋渡人。康熙五十一年（1712）進士，授檢討。雍正間官御史，以劾田文鏡遣戍。又因注《大學》不宗程朱，坐怨望論死，特旨寬免。乾隆官湖南驛鹽道。著有《古今大學注》、《中庸大義疏》、《論孟箋》、《經史評》、《纂言內外篇》、《梅莊雜著》、《謝梅莊先生遺集》、《以學居業集》、《西北域記》、《離騷解》、《篋藏十經》諸書。

謝家禾 周易鄭氏爻辰 一卷 存

浙江藏嘉慶二十五年（1820）五存齋刻本

◎謝家禾，字和甫，號穀堂。浙江錢塘（今杭州）人。與同里戴熙、戴煦交往甚密。又著有《演元要義》、《弧田問率》、《直積回求》，彙為《謝穀堂算學三種》。

謝來紱 易說 佚

◎嘉慶《大清一統志》：著有《易說》《四書精義》。

◎謝來紱，江西安福人。博極羣書，授徒里黨，一以古學相勖。又著有《四書精義》。

謝培樹 易理心鏡 佚

◎光緒《寧遠縣志》卷第七之四《人物》：究心理學，終身不入公庭。著

有《易理心鏡》。

◎謝培樹，湖南寧遠人。從學先達，屢試不售，閉門授徒。

謝若潮 心易溯原 二十四卷 首一卷 存

中科院、山東藏光緒二十年（1894）夢蕉堂刻本

◎民國《龍巖縣志》卷二十四《藝文志》：《心易溯源》，清謝若潮撰。見家藏本。存。

◎民國《龍巖縣志》卷二十七《文苑傳》：著有《心易溯源》行世。

◎謝若潮，字慕韓。光緒三年進士，改庶吉士。散館分發江西，任安遠、永寧、泰和等縣事，辛卯遷知府。手製星晷、銅漏等事，尤見巧思。

謝善祥 周易撕覺前後集 佚

◎王集吾、鄧光瀛修纂民國《連城縣志》卷第二十《藝文志》：《周易撕覺前後集》（謝善祥）。

◎謝善祥，福建連城人。又著有《春秋易簡》。

謝松齡 易經權衡 六卷 存

山東藏稿本（無卷數）

山東藏寫本

◎一名《周易全部》。

◎卷首題：禹都逸叟謝松齡纂輯，王賜璵峋若甫校正，王餘佑孚先甫訂正，王思澄清遠校閱。

◎卷首有《學易要旨》云：易書雖已詳釋，而學易者必知入門要路，方可漸通其蘊。因舉管見所一得者，臚列於左，以為後學之津梁……學易者每讀一卦一爻，先當反躬自省，非可粗心浮氣，淺嘗而遂云有得也。丙申中秋，後學謝松齡鶴庵氏題於澹寧齋。

◎謝松齡，字鶴庵，號公磐，又號禹都逸叟。山東禹城人。

謝庭薰 洗心泉集 二卷 存

貴州藏清鈔本

◎鄧廷輯序：《洗心泉集》二卷，吾師自南先生之所作也。先生於學無所不究，於書無所不窺，而於《周易》尤深。自婁縣解組歸里，益鍵戶讀易。

所居堂後有泉，名之曰洗心。既自為之記，又集經書及漢魏以來諸名人之句，薈萃而詠歌之。大旨總在闡發易理，與世之風雲月露、抽青媲白者，迥若天淵。先生之於易，章解句釋，挾其精義，撰述數十萬言，尚未出而問世，此特其緒餘耳。廷輯守郡三山，先生不遠數千里遣使來閩，命為之序。廷輯既拜讀卒業，因作而歎曰：易之道廣矣大矣！馬、陸得其象數，取之於物；荀、王舉其正宗，得之於心。物者川流也，心者淵泉也。一畫未鑿，易藏於心；六爻既備，易散於物，一以貫之也。先生以天為遊，與古為徒，性靈浚發，左右逢源。昔賢謂六經皆我注腳，不其然歟？夫京、毛、服、鄭，漢經師也，傳注之外無文字；衛武、吉甫，周詩人也，篇什之外無著述。今先生兼古人而有之，其深造自得之妙，固非所得而測識矣！乾隆甲寅歲初夏，門人鄧廷輯謹書。

◎謝庭薰（1728～1798），字自南，又字蘭谷，號圖莊，別號捧日生、貴築大地主人。貴州貴陽大地村人。歷官畢節教諭、獨山州學正、永寧州訓導、江蘇松江府委縣知縣等職。纂有《獨山州志》，《續永寧州志》、《婁縣縣志》。

謝維岳 易經祕解 存

◎光緒《重纂邵武府志》卷之二十九《藝文》：《易經祕解》、《尚書祕解》，謝維岳撰。

◎周按：明順昌林德聲亦撰有《易經祕解》。

◎謝維岳，字岳生，號古澹。福建邵武人。

謝維岳 易經實義 六十七卷 存

山東藏 1932 年刻龍山叢書本

◎謝維岳，字龍山。湖南邵陽人。又著有《詩經類編》六十卷、《四書類編》六十八卷。又輯有《中道全書》六十二卷。

謝維岳 易象數理分解 八卷 存

山東、山西大學藏宣統三年（1911）中道齋刻本

謝文洊 讀易緒言 二卷 存

光緒十八年（1892）南豐謝鏞刻謝程山全書本

◎光緒《江西通志》卷九十九《藝文略》一：《易學緒言》二卷（謝文洊撰）。

◎謝文洊（1615～1681），字秋水，號約齋，晚又號顧菴，時人稱程山先生。江西建昌府南豐縣大井里人。明亡後盡棄舉業，入香山學禪。繼而避亂居鄉，專志儒學，與友人李騰林、曾有孚、邵睿明、傅與、甘京等會講良知之學。順治六年（1649），又於江西新城（今黎川）神童峰大興講學。又著有《程山遺書》五十六卷、《風雅倫音》二卷、《左傳濟變錄》二卷、《學庸切己錄》二卷、《大臣法則》八卷、《程門主敬錄》一卷、《初學先言》二卷、《義正編》一卷、《兵法類案》十二卷、《謝程山集》十八卷。

謝希曾　易學指南　佚

◎李玉棻《甌鉢羅室書畫過目攷》卷三：著《易學指南》。

◎謝希曾，字孝基，號安山。江蘇吳縣人。諸生。工小楷、山水。

謝友三　周易啟蒙　佚

◎光緒《江西通志》卷九十九《藝文略》一《國朝》：《周易啟蒙》，謝友三撰（《泰和縣志》）。

◎謝友三，江西泰和人。著有《周易啟蒙》。

謝允恭　周易解　佚

◎光緒《耒陽縣志》卷六《人物》：家貧嗜學，手鈔《周易解》數十卷。著《河圖觀化說》一卷、《得心錄》三卷。兼明堪輿，著有《地理統宗》一卷。

◎謝允恭，字（青）靜山。湖南耒陽人。嘉道間在世，縣學庠生。

謝允恭　周易解自辨論　佚

◎尋霖、龔篤清《湘人著述表》著錄。

謝肇清　周易輯要　佚

◎上高進士、湖北知縣晏善澄《周易輯要跋》〔註13〕：易冒天下之道，廣大悉備，變動不居。自朱子參邵程兩家之說而作《本義》，義理象數一以貫之矣。然諸儒之說有異乎《傳》《義》而見解極分明者。安溪先生恆採之，以

〔註13〕錄自道光《信豐縣志》卷十四《藝文志》三。

衷於至當。學易者患其汙漫而失所統宗也，仍守《本義》而棄諸說。吾師渭渠，闡家傳易學，沉潛反覆十有餘年，廼成《周易輯要》一書，匯萃程朱諸儒之說以註經，撮其菁華，歸於易簡。條理精密，融會貫通。而於其說之參差者，一以御纂為斷，洵十二篇之要旨也。澄受是書而讀之，然後知易之廣大，並知易之絜靜精微有如此。吾師嘉惠來學豈淺鮮哉！時乾隆四十四年歲在屠維大淵獻，受業晏善澄謹跋。

◎道光《信豐縣志》卷九《人物志》上：闡父經學，著《周易輯要》。

◎光緒《江西通志》卷九十九《藝文略》一：《周易輯要》，謝肇清撰（《信豐縣志》）。

◎謝肇清，字憲民，號渭渠。進士。官當陽知縣。

謝珍 易學贅言 二卷 存

道光刻酌古準今·踵息廬稿本

光緒七年（1881）刻本

南京藏光緒木活字印本（一卷）

◎張維驤《清代昆陵名人小傳稿》卷五：著《易學贅言》雖未成書，而融會貫通，至數十家，皆能言其大旨。

◎光緒《武陽志餘》卷七《經籍》：《易學贅言》二卷，國朝謝珍實齋撰。實齋一字瑞周，武進羅墅灣人。性孝友，耽理學，終身誦易不輟。是書兵役後缺佚。先生子蘭生批采校正，釐為上下卷刊之，非足本也。大恉宗宋儒易說。李氏兆洛謂剖象辭之蘊、悉卦畫之理，精深宏暢，較各家說論為優。

◎謝珍（1774～1855），字實齋，一字瑞周。江蘇陽湖（今武進）人。幼好學，性樸誠，受業商城程國仁，學問日進，不以科名為念，不希榮慕寵，有隱君子風。性耽易理，終身誦讀不輟。所著有《易學贅言》《踵息廬粹語》。其說易純以宋人義理為宗，其稱述皆先儒舊說。

謝之浩 大易說文 佚

◎乾隆《潮州府志》二十九《文苑傳》、光緒《海陽縣志》卷四十一《列傳》十：晚年邃於理學，多所闡發。著《大易說文》《學庸句解》。

◎道光《廣東通志》卷一百八十九《藝文略》一：《大易說文》（國朝謝之浩撰。未見。《潮州府志》：之浩海陽人，郡庠生，著《大易說文》《學庸句解》）。

◎光緒《海陽縣志》卷二十九《藝文略》：《大易說文》（國朝謝之浩撰。未

見。阮《通志》著錄）。

◎謝之浩，山東海陽人。十歲能文，弱冠入郡庠。歷試二十餘科，數奇不遇，以詩書訓子弟。年逾八十，以壽終。

心齋居士 易說 不分卷 存

山東藏同治稿本

◎心齋居士，生平不詳。

辛本棨 王殿黻 序卦分宮圖 一卷 存

光緒十一年（1885）刻本

◎圖目：一先天八卦相錯為後天序卦綱領圖，二後天八卦相錯為序卦之根圖，三卦對總圖，四卦對為三十六宮圖，五上經第一宮圖，六上經第二宮圖，七上經第三宮圖，八下經第一宮圖，九下經第二宮圖，十下經第三宮圖。末附上下經總論一篇、蓬萊劉奉璋《先天圖為三才說》一篇。

◎是書意在闡發邵子三十六宮之說。書分十圖。每圖之後，採輯鄭康成、李道成、章潢、邵堯夫、汪鈍翁、顏復初、熊夭慵、趙鐸峰、王世業、吳灌先、任啟運、仇滄柱、章本清、邱仰文、李西溪、萬善及《周易折中》等十七家易說加以解說。

◎辛本棨，字載臣。山東蓬萊人。王殿黻見前。

辛炳喬 周易玉海鄭注補 佚

◎一名《易經鄭註補》。

◎龍賡言《萬載縣志》卷十二：《周易玉海鄭注補》，辛炳喬。

◎光緒《江西通志》卷九十九《藝文略》一《國朝》：《易經鄭註補》，辛炳喬撰（《萬載縣志》）。

◎辛炳喬，字朝嶽，號月臺。江西萬載人。少熟經史，有才譽。晚年貢入國子監。著述甚豐，有《最秀園集》、《春秋申議》、《周易玉海鄭注補》、《注疏刪緯》、《讀田間詩學》、《讀胡繩崖通議》、《府志參考》、《讀書割正編》、《不可不知錄》、《袁州舊聞》、《離騷節》等。

辛爾藻 周易繫辭 二卷 存

山東博物館藏 1933 年子辛保鼎鉛印本

◎辛葆鼎印書後序略謂：先君子生平嗜讀易，昕夕寢饋其中者數十年。凡錯綜變互、剛柔動靜、貞悔往來之義，靡不洞其奧蘊。中年曾以專易應鄉試，下弟乃屏棄舉子業，益復肆力於各家注疏，博採廣搜，參以己意，以為藏洗之具。

◎辛爾藻，字春華。山東章丘人。光緒諸生。

辛爾藻 周易翼注 四卷 存

山東博物館館藏 1933 年辛保鼎鉛印本

臺灣文聽閣圖書有限公司 2008 年林慶彰主編民國時期經學叢書影印本

山東文獻集成第四輯影印山東博物館館藏 1933 年辛保鼎鉛印本

◎前有泰安趙新儒、濟南任方同題跋，及爾藻自序。

◎自序略謂：於村蒙之中，問以錯綜而錯綜不知，問以變化而變化不解，甚至太極兩儀自下而上，並不知誰為之始、誰為之終。由是為發蒙之計，以數十年之演究，於諸講義中擇其尤易曉者，輯為成書，庶蒙者不終於蒙矣。

辛紹業 易圖存是 二卷 存

國圖藏嘉慶六年（1801）篤慶堂刻本

南京藏嘉慶二十一年（1816）經笥齋刻敬堂遺產六種本

光緒刻陶福履輯豫章叢書本

山東藏 1936 年上海商務印書館叢書集成初編影印豫章叢書本

上海藏鈔本

江西教育出版社 2006 年江西省高校古籍整理領導小組整理豫章叢書本

◎一名《周易存是》。

◎目錄：

卷上：因重圖解：剛柔相摩圖、八卦相盪圖；卦位圖解：東西南北卦位、左右卦位、甲庚卦位、賓主卦位、附左傳一條；卦變圖解：兩卦成變圖、本卦互變圖。

卷下：互卦圖解：卦爻詞取象之互、十三卦取象之互、左傳筮法之互、大卦解；剛柔陰陽說、卦變說、費直不改易說。

◎序：易義奧賾，圖說汗漫，穿鑿附會，概非本旨。大儒不免斯病，況其他乎？少而學之，蓄疑莫釋。研窮既久，於心有會，爰本經傳彙而為解。一圖

之成必求有據，一義之立求為可通。庶存其是，不致背聖貽譏云爾。萬載辛紹業。

◎翁方綱《復初齋文集》卷十四《國子監助教辛君墓表》：乾隆己酉，予於江西選拔貢生，得萬載辛君紹業從遊南康、廣信諸郡。君成進士，後官國學者又十年。知其經學最深。所與予校勘註疏《說文》諸條手記皆存予篋。近來士大夫有持經說相質者，必與君共研覈之。君證據極博，而能審擇一是，不為矜異之說。今年春見新城魯子嗣光《尚書解》數冊，君為校定之；蓋己酉選拔諸生惟魯與君治經尤精勤。嗣光前十餘年卒，予未得表其墓，孰意今乃表君之墓，可傷也已！君為人誠信篤實，不苟言笑，不輕然諾。《易》、《書》、《詩》、《三傳》、《三禮》皆攷辨補訂，積若干卷，尚待錄梓。

◎光緒《江西通志》卷九十九《藝文略》一《國朝》：《易圖存是》二卷，辛紹業撰（萬載縣志》）。

◎辛紹業（1755～1814），字服（復）先、馥千，號敬堂。江西萬載康樂人。乾隆六十年（1795）舉人，嘉慶元年（1796）進士。博研群書，少時與浮梁鄧傳安齊名，督學翁方綱有「萬載浮梁辛與鄧，說經奪席驚群英」之句。紹業既通籍，官國子助教，宦京師十四年。授國子監學正兼博士廳博士，升率性堂助教，記名以同知用。與方綱校勘、注疏《說文》，有持經說相質者，方綱必與紹業共研討之，紹業證據極博，而能審擇歸於一，是不為泛騖矜異之說，方綱深推服之。著有《易圖存是》二卷、《冬官旁求》二卷、《周禮釋文問答》一卷、《敬堂文稿》二卷、《敬堂詩稿》二卷、《律呂考》一卷、《九歌解》一卷、《古文尚書冤辭辨》、《詩經毛鄭權衡》、《周官官聯表》、《儀禮經注證誤》、《春秋禮存樂存》、《經傳車考》、《古文同聲譜同形譜》、《古字逸義》等。

辛子未 周易易簡 三卷 佚

◎光緒《江西通志》卷九十九《藝文略》一《國朝》：《周易易簡》三卷，辛子未撰（《萬載縣志》）。

◎辛子未，江西萬載人。著有《周易易簡》三卷。

邢子愿 易經圖說 佚

◎光緒《黃州府志》卷三十二《藝文志》：《易經圖說》，蘄水邢子愿撰（《縣志》）。

◎邢子愿，湖北蘄水人。著有《易經圖說》。

熊本 周易管窺 佚

◎光緒《江西通志》卷九十九《藝文略》一《國朝》：《周易管窺》，熊本撰（《南昌縣志》）。

◎熊本，號滌齋。江西南昌人。著有《周易管窺》。

熊春陽 四書周易講義 佚

◎同治《靖安縣志》卷十《人物志》上：著有《四書周易講義》。與同年友新建劉斯組談易契合，組常來山中，約刻時文合稿，並欲敘易義梓之。及春陽下世，組趨弔，急索遺稿，家人不知弄藏，半已霉爛不可讀，組嘆息而去（新補）。

◎同治《南昌府志》卷四十五《人物》：著有《四書周易講義》。與同年友劉斯組談易契合，組常來山中，約敘其易義梓之。及春陽逝，組趨弔，急索遺稿，半已霉爛，組嘆息去（《縣志》）。

◎光緒《江西通志》卷九十九《藝文略》一《國朝》：《周易講義》，熊春陽撰（《靖安縣志》）。

◎熊春陽，字仲和，號石溪。江西靖安棠棣人。雍正甲辰舉人。少師事漆顯略，稱高足。清貧好學，讀書桃源山，二十年不入城市。嘗袖書送客，客別去，春陽誤以去路為歸路，徐步微哦，至沙港始返，則已十餘里矣，其書淫如此。

熊為霖 筮策洞虛錄 十六卷 初一卷 附一卷 存

清華大學、南京藏乾隆四十六年（1781）心松別墅刻本

◎《江蘇省立國學圖書館圖書總目》著錄十八卷。

◎光緒《江西通志》卷九十九《藝文略》一《國朝》：《筮策洞書錄》十六卷附《春秋內外傳占驗》，熊為霖撰（《新建縣志》）。

◎熊為霖（1714～？），字浣青，號鶴嶠，又號心松居士。江西新建人。乾隆七年（1742）進士，由編修官至侍讀，為順天鄉試同考官。典試貴州、陝西，所得知名士頗多。假歸後，累主白鹿洞書院、嶽麓書院山長，又主廣東粵秀書院講席。工金石篆刻。著有《左傳紀事本末》十四卷、《筮策洞虛錄》十四卷、《鶴嶠詩鈔》、《枝辭時藝》四鍥、《紀行詩》十冊，編有《粵秀文蔚》。

徐昂　經傳詁易　一卷　存

山東藏南通翰墨林書局 1947 年鉛印徐氏全書本

山東藏臺北成文出版社 1976 年無求備齋易經集成影印南通翰墨林書局 1947 年鉛印本

臺灣文聽閣圖書有限公司 2009 年林慶彰主編民國時期經學叢書本

◎徐天倪、張慕慈《徐昂詩文選・文選・自述》：拙著易學、音學與雜著凡三十種，都一百卷，約一百二十萬言。易學類：《京氏易傳箋》三卷、《釋鄭氏爻辰補》四卷、《周易虞氏學》七卷、《河洛數釋》二卷、《經傳詁易》一卷、《爻辰表》一卷。音學類：《詩經聲韻譜》八卷、《易音》一卷；《楚詞音》一卷、《石鼓文音釋》一卷、《說文音釋》二卷、《聲紐通轉》一卷、《等韻通轉圖證》四卷、《音說》一卷、《續音說》二卷、《聲韻學史略》一卷、《納音指法》一卷。雜著類：《詩經形釋》六卷、《三教布原》一卷、《佛學筆記》一卷、《楞嚴咒校勘記》一卷、《普庵釋談章咒音釋》一卷、《道德經儒詮》一卷，《讀新約全書》一卷、《演太玄》一卷、《文談》正續編七卷、《休復齋雜誌》十四卷。中華民國三十三年仲冬三月，徐昂志，時年六十有八。

◎徐昂（1877～1953），字亦軒，號益修，別署修復齋。江蘇南通人。南通四才子之一，先後從孫伯龍、范伯子學。江蘇省文史館館員，南通市第一屆人民代表會議特邀代表。曾任職於通州師範、女子師範、杭州之江大學、無錫國專，教授國文、文字學、國文法、日語諸課程。所著輯為《徐氏全書》。

徐昂　河洛數釋　二卷　存

山東藏南通翰墨林書局 1947 年鉛印徐氏全書本

山東藏臺北成文出版社 1976 年無求備齋易經集成影印徐氏全書本

徐昂　京氏易傳箋　三卷　存

山東藏南通翰墨林書局 1947 年鉛印徐氏全書第三種本

山東藏臺北成文出版社 1976 年無求備齋易經集成影印南通翰墨林書局 1947 年鉛印本

臺灣文聽閣圖書有限公司 2009 年林慶彰主編民國時期經學叢書本

◎目次：卷一乾宮本卦、說卦、遯卦、否卦、觀卦、晉卦、大有卦、震宮本卦、豫卦、解卦、恒卦、升卦、井卦、大過卦、隨卦、坎宮本卦、節卦、屯

卦、既濟卦、革卦、豐卦、明夷卦、師卦、艮宮本卦、賁卦、大畜卦、損卦、睽卦、履卦、中孚卦、漸卦。卷二坤宮本卦、復卦、臨卦、泰卦、大壯卦、夬卦、需卦、比卦、巽宮本卦、小畜卦、家人卦、益卦、無妄卦、噬嗑卦、頤卦、蠱卦、離宮本卦、旅卦、鼎卦、未濟卦、蒙卦、渙卦、訟卦、同人卦、兌宮本卦、困卦、萃卦、咸卦、蹇卦、謙卦、小過卦、歸妹卦。卷三京氏學歸納引言、八宮世魂、八宮世魂表、五行、八宮六十四卦五行統計表、五行相向分證、干支、親屬、飛伏、京傳陸注飛伏異同表、八宮飛伏三卦表（有說）、八宮游歸兩魂飛伏表（有說）、世身、建候積算、納長建候干支生剋相比、納辰建候干支相同、八宮六十四卦納爻建候干支對照表、八宮六十四卦建候積算表、星宿、八宮六十四卦五行值位表、八宮六十四卦二十八宿值位表、氣候分數、八宮六十四卦節候數目表、卦主、互卦、附卦氣貞辰、卦氣貞辰表、卦氣貞辰與納辰或建候相同之統計、京氏易傳校勘表。

◎自序：昂在杭州秦望山中，既纂《周易虞氏學》、《釋鄭氏爻辰補》、《周易對象通釋》諸書，將欲上闚京氏，而亂離之際，苦不得其書。去年冬至滬上，見寓廬中有《京氏易傳》，大喜而擎索之。陸氏所注，未能盡詳，其詳者亦非易明瞭。烏乎，人心之不古若，蓋明乎消長得失之機者鮮矣。昂好治漢易，敢以衰邁讔陋而自閟其知乎？乃展卷握管，於卦體象數消息飛伏世應建候積算星宿氣候，變動周流之道，皆一一為之箋釋。傳中所引經文，拙著前書有已釋及者，不復贅也。京氏之學源於孟喜，虞氏亦然，而易文頗有小異者。如姤卦大象傳，孟氏易云：「后以施令誥四方」，京氏易云：「君子以號令告四方」，虞氏易云：「后以施命誥四方」，同一句也，后或作君子、施或作號、令或作命、誥或作告。餘如小畜卦京氏輿說輹，虞氏輿作車；家人卦京氏「父子嘻嘻」，虞氏父作婦。虞異於京者不一而足，其消息節候亦有與京氏不符者。鄭氏爻辰坤卦六爻所配地官次第別於京傳，而列宿則通天地之道布四時，運二十四節，分七十二候，降五星，列二十八宿，其運行變化，莫不基於五行干支。由無而之有，則四方星宿在天成象，水火木金土在地成形，皆昭昭然有迹可循也；自有而之無，則時節氣候干支親屬，皆陰陽兩氣之蘊於無形者也。繇有無對象推究事物之情狀，吉凶悔吝自可會於意象之外。天下之動貞夫一，京氏於豐卦云：「不可執一為定象」，損卦云：「不可執一以為規」，蓋一者其體，不執一者其用。由一生二，變動發揮，推之億萬，極之無量，反而求之，仍歸一本。窮理盡性以至於命，道其在斯乎？京氏之書，自漢

晉隋唐以來，《藝文》《經籍》等志所載，題名各別，卷帙亦殊，代有亡失，存者無幾。當宋之世，文字顛倒舛訛，已有不可訓者。晁氏景迂謂以其象數辨正文字之訛謬於邊郡山房寂寞之中，今讀其書，錯亂訛誤，猶層見而疊出。拙箋訂正外，復就原傳卷葉行數為校勘表，附列於後。昂所不能攷知者，闕之以待來哲，有如晁氏所云也。中華民國二十八年六月，徐昂記於滬濱兆豐別墅寓廬。

徐昂 釋鄭氏爻辰補 四卷 存

山東藏南通翰墨林書局 1947 年鉛印徐氏全書第三種本

山東藏臺北成文出版社 1976 年無求備齋易經集成影印南通翰墨林書局 1947 年鉛印本

臺灣文聽閣圖書有限公司 2009 年林慶彰主編民國時期經學叢書本

◎釋鄭氏爻辰補目錄：卷一：爻辰：八卦分配十二辰、乾坤六子主爻分配八辰、乾坤各六爻分配十二辰得卦氣、六十四卦配辰表、西方列宿十二辰配卦納音圖、六十四卦配辰表、子辰、丑辰、寅辰、卯辰、辰辰、巳辰、午辰、未辰、申辰、酉辰、戌辰、亥辰。星宮。卷二（各宿附星依值卦之先後為序）：星宮，丑宮值星：斗宿、附星天弁、天雞、天淵、狗、牛宿、附星織女、河鼓、天田、女宿、附星十二國、紫微垣天廚、天柱、柱史、句陳、星紀之次、子宮值星、女宿、附星十二諸侯、瓠、天津、河鼓、瓠瓜、虛危兩宿、虛宿、附星司祿、田壘城、危宿、附星造父、天鉤、車府、天駟、杵臼、室宿、附星壘壁陣、羽林軍、鈇鉞、八魁、紫微垣句陳、天柱、天星大帝、天廚、玄枵之次、亥宮值星、危室兩宿、危宿、附星車府、人星、室宿、附星八魁、雷電、壁宿、附星雲、雨、羽林軍、鈇鉞、霹靂、奎宿、紫微垣句陳、諏訾之次、戌宮值星、奎宿、附星王良、閣道、婁宿、胃宿、紫微垣句陳、中宮五帝座、紫宮五帝、內座、星次闕、酉宮值星、胃宿、附星積水、月、天廩、天船、大陵、昴畢兩宿、昴宿、附星卷舌、天讒、礪石天苑、天弓、畢宿、附星五車、參旗、天園、附耳、紫微垣少衛、傳舍、大梁之次、申宮值星、畢宿、附星參旗、五車、附耳、參觜兩宿、參宿、附星天屏、天矢、井附星、天樽、鉞、積水、弧矢、紫微垣天皇大帝、實沈之次。卷三：未宮值星、井宿、附星子孫、弧矢、天狼、鬼宿、柳宿、紫微垣句陳、鶉首之次、午宮值星、柳鬼兩宿、柳星兩宿、柳宿、輿柳、附星酒旗、星宿、附星軒轅、內平、天相、張宿、附星

天廟、紫微垣四輔、文昌、三師、丙階、少微、少微長垣、鶉火之次、巳宮值星、張宿、附星天廟、翼宿、角軫兩宿、角附星帝席、軫宿、紫微垣北斗、北斗天樞、天璇、玉衡、天牢、陰德、天理、內宮天權、太微、太微垣虎賁、太子、少微垣、長垣、鶉尾之次、辰宮值星、軫宿、附星長沙、青邱、角宿、附星天門、亢氐兩宿、亢宿、附星大角、折威、氐宿、附星天幅、斗、南斗、輔星、紫微垣三公、太乙、大理、相星、北斗第五星玉衡、太微、太微垣幸臣、上將、壽星之次、卯宮值星、氐宿、附星天幅、房心兩宿、房宿、附星日、鍵閉、天市、心宿、尾宿、附星魚、龜、紫微垣天牀、句陳、帝星、天倉、大火之次、寅宮附星、箕尾兩宿、尾附星魚、傅說、天江、箕宿、附星木杵、斗宿、附星弁、牛、附星天田羅堰九坎、紫微垣天牀、星次闕。卷四：爻辰四方、爻辰五行、爻辰禽象、星度、斗建、列宿分野、律呂節氣消息諸項、雜釋、爻辰左行右行辨正、（原書）鄭氏爻辰補校勘記。

◎釋鄭氏爻辰補自序：《易大傳》云：「仰以觀於天文」，又云：「仰則觀象於天」，皆先乎地而言天。又云：「天垂象見吉凶，聖人則之」，直言天而不言地，天文關於易象之重要可見矣。鄭氏康成解易，本天象以次爻辰，而易注散失，見引於他書者頗尟。丹徒戴棠逐爻依例，刺取漢魏諸家與宋明清諸儒爻辰解易之說補之，著《鄭氏爻辰補》六卷。謂康成以爻辰釋易，三百八十四爻當無不可通。其博洽流通，洵非淺見者所可企及。易學久晦，漢易之沉淪尤甚。戴氏所著，亦幾無問津者矣。康成傳費氏學，初亦習京氏易。京氏之學，間接得之孟氏。虞氏遠承孟氏之學，其說易也，與鄭氏殊異者頗多，要亦有相通者。《爻辰補》中竝采虞說，消息通於四時十二月二十四節，而合乎十二辰宮所值之列星，固無疑也。昂喜習漢易，由虞氏消息溯及鄭氏爻辰，研索戴氏之所補輯，不自揆度，綜合六十四卦所居爻辰與所值星宿，類列於編。其或有舛誤者，訂之於後。以戴氏學識之卓越，尚未免有可商之處，膚淺如昂，其差謬之亟宜糾正，有竢於博雅君子，又何如耶？！中華民國二十六年五月，徐昂記於杭州秦望山西齋。

徐昂 爻辰表 一卷 存

之江學報 1936 年第 5 期

山東藏南通翰墨林書局 1947 年鉛印徐氏全書本

山東藏臺北成文出版社 1976 年無求備齋易經集成影印南通翰墨林書局

1947 年鉛印本

臺灣文聽閣圖書有限公司 2009 年林慶彰主編民國時期經學叢書本

徐昂 易音 一卷 存

山東藏臺北成文出版社 1976 年無求備齋易經集成影印 1947 年鉛印本

臺灣文聽閣圖書有限公司 2009 年林慶彰主編民國時期經學叢書本

徐昂 周易對象通釋 二十卷 存

山東藏南通韜奮印刷廠 1953 年鉛印徐氏全書本

山東藏臺北成文出版社 1976 年無求備齋易經集成影印 1953 年南通韜奮
印刷廠鉛印徐氏全書本

臺灣文聽閣圖書有限公司 2009 年林慶彰主編民國時期經學叢書本

◎周易對象通釋目次：卷一：元編：象例；乾坤對象一：體用、體、无
體、用勿用、用、勿用（不可用、寧用），龍虎、龍、虎；終始、終无終、終不
可終、終、不終（不可終）、始，初終、初、終（詳終始例），天地、天、地，變
化、化未變、變、未變、化。卷二：乾坤對象二：性命、性、命、未順命（未
受命）、改命，仁義、不仁不義、仁、義，存亡、存、亡、未亡，鬼神、神、
鬼，吉凶、吉、凶，得喪、喪无喪得未得、无喪无得、得、不相得、喪，失
得、得不得失不失、得不失（得无所失）、得未得（得安得）、失未失（失不失）、
不失未得、失、未失（不失）、得（詳得喪例）。卷三：乾坤對象三：陰陽、陽、
陰，剛柔、剛、柔，君臣、君、臣，君民、民、无民、君（詳君臣例），朝夕、
朝、夕，小大、小不可大、大无大（大不可大）、大、未大、小，君子小人、君
子、小人，大人小人、大儒、小人（詳君子小人例），幽明、晦明、幽不明、明
不明、明、不明、幽。卷四：乾坤對象四：治亂、治、亂、不亂（不可亂），善
惡、善不善、善、不善、惡、不惡，好惡、好、惡，愛惡、愛、惡（詳好惡例），
利害、害无不利、利不害、利不利（利无攸利）、利无不利、不利无不利、利、
不利、无不利、害不害、害，父母、父、母，分合、分、合，盈虛、盈不可
盈、盈、不盈、虛、不虛，虛實、虛无實、實，遠實（失實）、虛（詳盈虛例），
馬牛、馬、馬亡。牛、喪牛，爾我、我匪我、我、爾。卷五：乾坤對象五：功
過、功无功、功、无功（未有功）、過，門戶、門、戶，知能、知不知（知未知）、
知、不知、能，晝夜、晝、夜，顯藏、顯、藏，遠近、遠邇、遠、不遠（不可
遠）、近，方圓、圓（圓通）、方、无方，法象、法、象，衣裳、衣、裳，衰盛、

衰、盛，新故、新、故、无故。卷六：乾坤對象六（卦象分見不全）；慶殃、慶、貴賤、貴、不足貴，順逆、順不順（順未順）、順，尊卑、尊，卑高、高，寒暑、寒，榮辱、辱，闢闔、闔，圖書、書，是非、不見是（失是）、非。卷七：乾震對象：先後、先、後，前後、前、後（詳先後例）；乾坎對象：疑信、信未疑、信、不信、不義（勿疑、无所疑、疑亡），險易、易、險；乾艮對象：聖賢、聖、賢，首尾、首无首、首、无首、尾；乾離對象（卦象分見不全者附）；蓍龜、蓍、龜，卜筮、筮。卷八：坤震對象：動靜、動不動（動不可動）、動、不動（不可動）、靜，死生、生、死、不死（緩死），語默、語、默；坤坎對象：窮通、通不窮、不窮不通、窮不可窮、通不可通、窮、不窮（无窮）、通、不通；通塞、塞、通（詳窮通例），安危、安、未安、危，腹心、心，卷九：震坎對象（卦象分見不全者附）；樂憂、樂、憂、勿憂（不憂），從違、從勿違、從、違、不違（弗克違、未違），歌泣、不歌、泣；震艮對象：行止、止、行（詳震卦對象言行例），與求、求弗得（求无與、求不與、求莫之與）、與、未與（不與）、求（詳震巽艮兌對象應求例），兄弟、弟，手足、足；震巽對象（卦象分見不全者附）；草木、草、木，出入、入未出、出、不出（未出）、入、出處、處、不處、出（詳出入例），風雷、風、雷，鼓舞、鼓、不鼓；震離對象（卦象分見不全者附）；甘苦、甘；震兌對象（卦象分見不全者附）；左右、左、右、不右，士女、女（詳震巽坎離艮兌對象男女例），東西、東、西；震巽艮兌對象：應求、應、敵應（不應）、求；震巽坎離艮兌對象（第一例卦象分見不全）：男女、女，子女、子、女（詳男女例），夫婦、夫、婦，夫妻、妻、不見妻、夫（詳夫妻例）。

◎周易對象通釋例言：

拙稿分元亨利貞四編，對象並見，而相對之象又分見於各卦或傳文者，列為元編，分見不全者附焉：遠邇與遠近為類，晦明與幽明為類，弧矢併入弓矢類，同殊併入同異類，車與舟輿之輿為類，亦附見之例也。對象不並著而分見者，列為亨編；舉其一端而別於其前加以否詞者，亦成對象，列為利編；加否詞而成對象，有屬於卦稱者，別成一類，列為貞編。元編十一卷、亨編一卷、利編七卷、貞編一卷，都二十卷。四編條目以元編得失利害兩例為最多，易象之重可見矣。

元亨利貞四編各別為類，而對象頗有相通者：元編晝夜與朝夕通，慶殃與吉凶通，先後與終始通，卜筮與蓍龜通，安危與險易通，隱見與顯藏通。亨編純雜與文質通，強弱與元編剛柔通，視聽與元編耳目通。利編永不永、長

不長與久不久通，懼不懼與畏不畏通，寧不寧與元編安危通，光未光與元編幽明通。餘可類推。

對象名稱配合，或先陽性後陰性，或先陰性後陽性，皆因其自然。如乾坤對象體用例，先乾體而後坤用，終始例先坤終而後乾始。是也。

形容動作之對象，有陰陽兩性，而所取兩卦不限於異性。如先後為乾震對象、樂憂為震坎對象，乾震、震坎皆陽卦也；聚散為坤巽對象，坤巽皆陰卦也。其一卦而具兩象者，如取陽象舍陰象，艮陽卦兼之；進陽象退陰象，巽陰卦兼之。是也。

元編兩卦對象以外，有一卦自成對象者，利編亦然。亨編所列皆兩卦對象，貞編對象多屬一卦。

氣氤氳於太初，形胚胎於太始。氣流形著，體象斯立。經中抽象視具體為多，而有虛實之分。其卦象可指者為實象；渾涵卦象，而不能囿於一卦以實指之者，是為虛象，虛象較尠，列實象後。元編正邪例，乾有正象，而言正者不盡取乾象。亨編征不征例，震有征象，而言征者不盡取震象。皆例入虛象。

各編條目，依經傳先後見者為次第。如元編首體用例，次龍虎例，皆先舉乾初九潛龍勿用。又次終始例，先舉乾九三君子終日乾乾，餘可類推。惟男女夫婦對象次第，依《序卦傳》「有男女然後有夫婦」之說，不以夫婦例首，引蒙卦男女例首，引《繫辭傳》為先後。又如初終、次終始，後失得，次得喪，後皆以類為序。凡卦象提置在前加括弧者，不據為次第，仍依下列之經傳前後見者為序。其有卦象分見不全而附屬者，則別為序。

卦爻彖象等辭，祗擇其要者錄之。經傳文字與句讀，以虞氏易為本。屯彖傳「滿盈」，虞氏「盈」作「形」，不列入元編盈虛例，而附諸法象例。剝上九「得輿」，虞氏作「德車」，不錄入元編得失例，而入之例編德不德例。其餘可以推見。

卦變旁通，皆依虞氏消息。卦象或不見原注，或注僅一二見而不具詳，悉為會歸。至取象消息以外，如賁二之三為節（詳分合例）、遯二之五為鼎（詳進退例），此旁及而會通者也。

各象所從出之卦，其主要卦象或見於《繫辭》《說卦》《序卦》《雜卦》諸傳者，皆提置於前，以顯其象，加括弧識之。惟大半不先於乾坤兩卦，因卦象皆由乾坤生也。

卦中對象並列，而又舉其一象或繫以否詞者，皆併錄一處，卦中取一象或兩象。《繫辭》《說卦》《序卦》《雜卦》所取卦象，有相同而對待者，亦並錄焉。惟元編水火例坎卦水象，與《說卦傳》坎水離火分列。風雷例震卦雷象、巽卦風象，與《說卦傳》震雷巽風分列。山澤例艮卦山象、兌卦澤象，與《說卦傳》艮山兌澤分列。《繫辭下傳》益利與損害對文，入利害例。損益兩卦言利、《繫辭下傳》言耒耜之利蓋取諸益，皆入利害例中之利字例。《說卦傳》一再以終始釋艮卦，入終始例。艮卦上九象傳言終、《序卦傳》釋艮卦後言不可以終止，入終始例中之「終不可終」例。《雜卦傳》家人內與睽外對文，入內外例。《序卦傳》於家人卦前言傷於外，入內外例中之外字例。是皆就一例之中分別者也。

字之元音初義，本有一無二，而義訓或字性更易。其音度或變或否，是編分合配置，視例而定。元編仁義之義與義理之義同為坤象，疑信之信與誠信之信同為乾象，離見兌見（讀如現），而離之見亦有（讀如現）象，併入元編隱見例。醜訓類，或訓恥，而皆屬坤象，併入利編醜匪醜例。征訓往，或訓伐，而多為虛象，併入利編征不征例例。元編言行之行，雖與行止別為兩例，而行字名詞去讀、動詞平讀，則兼該於言行例中，合為一例。利編當不當之當字，動詞平讀、靜詞去讀，亦合為一例。至於消長之長讀上聲，列入元編；長久之長平讀，則列入利編長不長例。險易之易，難易之易，皆去讀，分列元編。變易之易入讀，則列入利編易不易例。元編功過之過，名詞去讀；亨編大過之過，動詞平讀，亦分為兩例。

一卦對象有數見者，小畜九三夫妻連文，入夫妻例。上九言婦，入夫婦例。家人象傳男女對文，入男女例。象傳又言子子，九三言婦子，入子女例（家人象傳父父子子對象分列父母、子女兩例）。又如大過之對象，並見夫婦、夫妻、士女數例；漸卦之對象，並見夫婦、男女、子女數例；節卦之對象，並見窮通、通塞兩例。大畜艮漸三卦，其對象皆並見行止、言行兩例。君子小人與大人小人，例中一卦數見者，不一而足。如乾否困革諸卦皆是。惟乾坤兩卦皆得喪並言，乾文言傳又言不失，乾象傳又言失，併入得喪例，不割入得失例中。《繫辭》《說卦》《序卦》《雜卦》諸傳文與卦象對待者，亦不能盡合為一例。咸象傳相與之與，入與求例。《繫辭下傳》釋益卦上九爻，一再言求、言不與、又言莫之與，入與求例。又言不應，入應求例。歸妹上六士女對文，入士女例。《雜卦傳》歸妹之女與未濟之男對文，入男女例。是皆無從合並者

也。類雖分列，可以和觀。

亨編所取對象，《周易》無兩象相對之明文，總目多加括弧為識。利貞兩編有兩象不並見者，亦標括弧，以示區別。

對象有兩種相通，而一端異形者，或分列，或附列，以其有無分見之象為斷。如元編初終與終始分列，遠邇附列於遠近例中，是也。

案語祇就一句中相對之字加以詮釋，同一句而上一字詳於甲例，下一字則詳於乙例。如「正位居體」一句，正字於元編正邪例釋之，位字於利編位无位例釋之，居字釋於利編居不居例，體字釋於元編體用例，依類求之，分而則合。

同義之字未著對象者，多附於他例。如元亨利貞四字，利與害對象（詳元編）、貞與不貞對象（詳利編），元訓大，附元編大小例。亨訓通，附元編窮通例。元亨利三編多附有同義之字，條目分詳各編象例。

虞注取象，有溢於《說卦》逸象外者，已補詳拙著《周易虞氏學逸象》中，虞氏所未詳之象尚多，謹就研究所得，錄其要者。如乾為存、坤為亡；乾為得、坤為失；乾為法、坤為象；又乾為體、為逆、為爾、為圖，坤為能為殃，皆詳元編。乾為誠，坤為偽；又乾為輕、為勝、為速，皆詳亨編。乾為克，坤為設，坤為常、為服，皆詳利編。震為輿為行人，皆詳元編。震為禮樂之體，詳亨編。震為「為」、為典，皆詳利編。坎為聽、離為視，詳亨編。又坎為感、為懼，皆詳利編。離為外，詳元編。艮為宮人，詳元編。艮為除，詳亨編。艮為受、為禦、為拔、為拯，皆詳利編。巽為散、為薄、為賓，皆詳亨編。至於震足巽木入坎水皆為涉，則合象之宜補者也。

訟上九，虞氏以日出甲上釋朝字。解卦辭，虞氏以日出甲上釋早字，此乃就字體詮詁之例。早字從日在甲上也。觀卦辭虞注云：「坎為水、坤為器艮手臨坤，坎水沃之，盥之象也。」此亦不啻解釋盥字之形體。盥字從水從皿從臼，臼即兩手形。困九二張注：「兌西流坎為酒」，按兌西坎水合成酒字，亦以字形釋卦象。昂釋卦象，於字之形體或聲韻相關者，亦間參焉（形體分見元編門戶、草木、言行、取捨，亨編黑白，利編禽無禽、典不可為典、感未感、平未平各例。聲韻分見元編分合、爾我、遠近、剛柔、從違、草木、進退，亨編禮樂，利編血無血、改不改各例）。

民國二十六年元月徐昂識。

◎周易對象通釋自序：《周易大傳》云：「陽卦奇，陰卦偶」，奇偶，對象

也而一言對象，則重偶不重奇。太極生兩儀，由一生二，偶從奇出，惟太極之一無對。言奇則有對待，不能直稱奇數耳。陽奇陰偶，坤陰麗乾元而生，三才奇數，兼而兩之。奇成為偶，其變化是徵也。《易經》中同一字義，大半取同樣卦象。兩象對待者，取卦亦多相符合，此聖人贊易見象而觀其會通之證。昂本斯旨，綜合六十四卦與十翼之對象，推闡虞義，辨別其變化，會通其形象，繇是而求其相同之義理。推之於羣經朱子，無往而不合。間有出入，同歸而殊塗也。對象有相成者，聖賢是也；有相反者，善惡是也。有屬縱性者，如卑高上下之類；有屬橫性者，如左右內外之類。明夷明入地中，與晉卦明出地上，出入對象；復卦利有攸往，與剝卦不利有攸往，利不利對象。此兩卦成對象者也。一卦中自成對象者尤多，有兩象並舉而又舉其一象者，有一再舉兩象者，兩象或聯綴、或分見；其所舉之象，或取下卦，或取上卦，或取互卦，或取所從生之卦，或取旁通之卦，或取變動後所成之卦。同為一卦，其所自生有從數卦來者，此象取從某卦，彼象取從他一卦，各視其象而殊異。先因後果之句，因果各兩端，有因詳兩端而果畧其一端者。《繫辭傳》「詘信相感而利生焉」，詘信兩端並列，利祇舉一端，而害之對象自見。有果詳兩端而因畧其一端者，《繫辭傳》「文不當，故吉凶生焉」，吉凶兩端並列，祇舉不當一端，而當之對象自見。對象有顯露一端而渾涵其相對之象者，革卦彖傳：「二女同居，其志不相得，曰革」，不相得即是異，此本同異對象。《說卦傳》「分陰分陽，迭用剛柔，故易六畫（虞氏位作畫）而成章」，成章即是合，此本分合對象。偶對之句，有錯綜兩種相對之名稱者。明夷上六「初登于天後入于地」，初即是先，先後對象；後即是終，初終對象。《繫辭傳》「危者使平，易者使傾」，危即是險，險易對象；易即是安，安危對象。象之變化賾矣哉！溯自兩儀既判，由乾坤而震巽坎離艮兌，推之復姤（依虞氏姤作遘）臨遯泰否大壯觀夬剝諸辟卦，極之其他各卦，罔非相對而生。羣經諸子皆源於易，載籍所昭，多包羅對象。其祇言一端者，必有相對之端溢於言外。宇宙萬象皆貞夫一，而一切對象胥由陰陽而生。昂治易以來，微有闚於對象之相因也。歲癸酉病亟時，縈懷著稿以外，了無所障。廓然於死生之際，心至寧靜，言入則出形，言得則失見，無入故無出，無得故無失。得之而在，失之而驚，入焉而喜，出焉而憂，皆妄也。消長循環之道，聖人垂示，亦既昭昭然矣。樂則行之，憂則違之，道之用隨對象而轉移，道之體則貞夫一而不渝。安而不忘危，存而不忘亡，治而不忘亂，對象蓋不可一日去諸懷。剛柔得中，陰陽當位，各

正性命，保合太和，然後由終原始，反之於无思无為之域，則對象亦潛藏矣。易義久晦，人心實危，誠能洞觀對象消息，明吉凶悔吝之所繇生，反身修德，其庶可以寡罪譽而致和平乎？易之為道也至宏，昂以淺見測之，曷敢云有所裨補，惟每日焚香讀易，乾惕之心弗敢少懈。眇不足以有明，而未嘗忘視；跛不足以與行，而未嘗忘履。殘息復蘇，縣悊昏瞀時所迴旋於胸際者，未及沈霾朽壞，猶得於深山風雨晦明中振其未盡之精神。罄攄所懷，以相見於海內，抑亦不可謂非幸。同好之君子，倘不我遐棄而匡正之，共相策勵，以昌明此道，維繫人心，則固夙夜所皇皇以求之者也。中華民國二十五年十月，徐昂記於杭州秦望山西齋。

◎呈請江蘇省人民政府文化教育委員會介紹付印書撮要（一九五三年三月）：世界著名國家，其文化進展，對於宇宙觀念之發揮，必有特異之精采。焜耀于寰中，而輝映于萬禩。英有達爾文之進化論，德與蘇有馬克斯、列寧之唯物論。我中國有伏羲氏之易，皆由世界宇宙觀念成為偉大之造作。進化唯物等論流傳我國，而《周易》在二百餘年前即輸入德國，萊白尼茲尊崇羲聖，辯證易理（詳《德國政治思想影響》一書）。中外學術交流，于茲足證。而先代祖宗創造之文物，不但祖國之子孫愛之，他國且加以愛護，亦由此可見矣。伏羲氏觀物作卦，制器尚象，由物象中發生理想，闡明陰陽消長得失之哲理，推究事物情態變化之規律。《繫辭傳》云：「唯其時物也」，或謂我國用物質演變觀念，創立卦象，是我國古代樸素唯物論之宇宙觀，亦即是恩格斯所說之一種原始自然發生之唯物論（詳《達爾文主義基礎》編者說），其說洵非無見。拙著《周易對象通釋》，以歸納為原則，歸納有二點：一歸納《周易》經傳全部對象，研求卦爻之變化，而條分其系統；一歸納《周易》虞氏義及虞氏消息全部解釋，以貫通其義理，證明對象之有所會歸。就私臆測之，對象分析，與萊白尼茲以二元論排演卦序，其意義當不相悖。二元返本，攝于單元，對象窮源，歸諸太極，其道一也。

徐昂 周易虞氏學 六卷 存

南通競新公司 1936 年排印本

山東藏南通翰墨林書局 1947 年鉛印徐氏全書第三種本

山東藏臺北成文出版社 1976 年無求備齋易經集成影印南通翰墨林書局 1947 年鉛印本

臺灣文聽閣圖書有限公司 2009 年林慶彰主編民國時期經學叢書本

◎目錄〔註 14〕：卷一義釋上。卷二義釋中。卷三義釋下。卷四雜釋、雜說、夏正周正、節候、五行、方正、納甲、月體納甲、遊魂歸魂、權變、發、應、隔爻、利之正、易位。卷五六十四卦取象、六十四卦爻象變化統計表、互體或變爻、成既濟、成家人、互卦、六十四卦互體表、說明、爻之、旁通、兩象、同義。卷六消息、乾坤生卦、復生卦、否泰生卦、生卦各例、復遘泰否與震巽坎離之關係、六十四卦消息配合八宮世魂、說明、卦氣、卦氣圖、卦氣異同表、表說、逸象、卦主、他卦取象。

◎自序：予自少壯時研治聲韻，即兼好易學。於諸家洪先樂親虞氏，孳孳而弗勘。病痔以後，時或輟止。歲癸酉，瀕死昏瞀，猶以易稿為念。既甦之後一年，來秦望山中，課暇賡續舊業，遙望隔江諸山，雲煙迷離間，遐思會稽虞氏之精靈，或未泯沒，有以默啟愚蒙，不禁低回而神往也。漢儒說易，多明消息，其義至虞氏而益顯。變化旁通，歸於乾元。天人之道、性命之理，胥於是乎在。張氏惠言輯李鼎祚《周易集解》所引虞注，求其義例，成《虞氏義》《虞氏消息》等書，論變化之道甚備。惟李書所引，闕漏難免。予既好讀其書，不自度檮昧，擇其深邃難解或義有未合者，依象推闡，披陳管見，使先賢見之，恐將矉頦，曷敢期如阮文達所謂必解頤耶！昔宋咸補注《周易》，歐陽公為之言曰：「自非孔子復出，無以得其真也。」噫！芒乎眇乎，聖人其不可得而遘矣乎！戔戔之私，惟希海內同好之賢人君子有以糾其紕繆已耳。張氏所言消息，有出乎虞說之外者。同歸殊塗，易有明文，或議其武斷，予學識淺薄，未敢和焉。至綜合對象，通貫全經，則別著為書，亦將以質諸大雅。民國二十四年六月，徐昂記於杭州秦望山西齋。

予自海上歸，為里中生徒講授虞氏易，已卒業兩次。整理舊稿，頗有增損。芟汰淺近，增益深切，圖存其一，表增為三，覺往昔一再悟及者，尚不能窮盡其緒。而未至其時，則又研磨探索而不得。邃義潛藏，妙理涵蓄，繭抽蕉剝，層出不窮。鍥之愈深，捫心愈虛。前人謂舊書不厭百回讀，又云讀書有味且從容，誠然誠然。予日就衰頹，展卷之餘，至味醇然。迴旋胸際，垂老精神為之少振。然又曷敢謂今日之領會即能畢宣其奧蘊而無餘邪？虞氏世傳孟氏學，與京氏同源。虞氏雖未明言宮位世數，而予為之推及八宮各世，以見虞氏消息陽盈陰虛諸卦之配合，非漫無規律也。庚寅年仲秋之月，徐昂識於西

〔註 14〕徐氏著述，各本目錄、正文互有異同，此據 1936 年版。

園水木明瑟之館。

徐必泰 經言茹實 二十卷 佚

◎乾隆《當塗縣志》卷十八《人物》、民國《當塗縣志》不分卷：家居十餘年，著有《經言茹實》二十卷、《冠山文集》十卷。

◎光緒《重修安徽通志》卷二百二十七《人物志・文苑》六：所著有《經言茹實》二十卷、《冠山文集》十卷。

◎光緒《重修安徽通志》卷三百三十七《藝文志》：《經言茹實》二十卷（當塗徐必泰著）。

◎民國《當塗縣志》不分卷：乾隆二十年，其婿毛大鵬為泰弟文靖《經言拾遺序》，稱其《經言茹實》闓邑嘉其賢，公請授梓，已告竣，因並請《拾遺》刊刻，以見經學萃於一門云云，可見當時梓行於世，惜今闕如，存目待徵。

◎徐必泰，字和珍，號冠山。安徽當塗人。徐章達次子，徐文靖仲兄。為人耿介。康熙庚午舉人。選授浙江桐鄉縣知縣。

徐炳 易事舉隅 佚

◎徐炳，福建寧化人。

徐步瀛 澹友軒讀易稿 一卷 存

湖南、山東藏 1933 年南昌合羣印刷公司代印本

山東藏 1937 年排印本

◎一名《隨緣讀易稿》。

◎前有魏元曠、徐作哲序，末有徐作哲跋。

◎是書分四編：《易說聯珠》闡易理，每卦下僅注卦名卦畫而不錄經文，其下條列解說以明卦理，並與他卦義貫通聯屬；《易例粹語》述易例，計六十餘則，或通論六十四卦，或專論一卦；《觀象》明象原，先以卦為綱總釋各卦取象，繼以名物為綱分類詮釋；《元會運世表》據《皇極經世》明易數。

◎徐步瀛，原名業煌，字有光，號小蓬。江西瑞昌人；或謂字洛卿，號眉似，生於新倉棣雨。增生。咸同間兩試不第，遂專志著述，不求聞達，構紹德堂藏書。光緒間任廣西平樂知府。善治易，兼通義理、象數之學。詩文具有宗法，與從弟徐介甫並著於時。又著有《南涇集》《隘巷集》、《思補齋雜誌》等。

徐燦 畫前易衍 無卷數 佚

◎光緒《崑新兩縣續修合志》卷五十《著述目》下：徐燦《易範通》《畫前易衍》（見《四庫書目》）。

◎同治《蘇州府志》卷第一百三十七《藝文》二：徐燦《畫前易衍》（《縣志》作《易範通》）。

◎《皇朝通志》卷一百一：《畫前易衍》無卷數（徐燦撰）。

◎《皇朝文獻通考》卷二百二十九：《畫前易衍》（無卷數），徐燦撰。臣等謹按：燦取周子《太極圖說》衍為是編，法用十六事為綱，以十六事相錯得二百五十六，每事各為五兆，合為一千二百八十兆。古來言數者所未有也。

◎徐燦，字朗亭，號玉峯。江蘇崑山人。乾隆辛酉舉人。

徐燦 易範通 佚

◎光緒《崑新兩縣續修合志》卷五十《著述目》下：徐燦《易範通》《畫前易衍》（見《四庫書目》）。

徐超 易說 佚

◎李顒《二曲集》卷十六《答徐斗一》：客冬接來翰并所著《易說》，知玩易洗心，造詣日精日進，嶇區喜慰無涯。蒙卦之解，條暢妥確，大有可觀。原冊璧回，俟所解通完，當兼總條貫，細加商訂。生與斗一睽隔兩地，多歷年所，晤言無由，夢寐徒勞。承諭欲易解完日，親捨至陝，然歟？否歟？果如所約，此生再獲一晤，何快如之！但恐究成空言，使區區徒增悵惘耳。

又：聞問不通數年矣，不知吾斗一近況若何？造詣若何？吾心甚耿耿也。前者書來，欲俟易稿通完，攜以入秦謁吾。彼時渴欲一晤以話積懷，故復書望其必來。既而細思，三千里長途，跋涉維艱，往返資斧措辦甚難，西來之約，談何容易？能來則來，如不能來，不妨封易稿及他著，付貴郡城開鹽店之三原盧修之，令其轉發，見稿猶見吾斗一也。然吾所望於斗一者，非區區著述之謂也。人生吃緊要務，全在明己心，見己性，了切己大事。誠了大事，焉用著述？如其未也，何貴著述？口頭聖賢、紙上道學，乃學人通病。篤實如吾斗一，知必不爾也。張立夫自題畫像云：「年已四十四，此理未真知。晝夜不勤勉，遷延到幾時？」今斗一之年蓋不止四十四矣，其所以日夜皇皇者，吾不知其何如也？吾與斗一睽隔兩地，見面未能，心期有在，千萬努力，勿負吾望。

◎周按：據《二曲先生年譜》卷一：「初八日，應江陰官紳之聘，晚次澄江，念及門徐斗一超、張子邃濬生、吳英武、邵公甫等追隨嗜學，為立學程數則，陸孝標先生卿鵠梓行」，知斗一名超。

◎徐超，號斗一。李顒弟子。

徐澄 易象傳解 佚

◎孫葆田《山東通志》卷百二十七《藝文志》第十：是書見《府志》。

◎民國《臨淄縣志‧藝文》及本傳作徐激。

◎徐澄，字臨清。山東臨淄人。增生。

徐楚觀 周易會解 三卷 佚

◎光緒《黃州府志》卷三十二《藝文志》：《周易會解》三卷，蘄水徐楚觀撰。

◎徐楚觀，湖北蘄水人。著有《周易會解》三卷。

徐大魁 周易集說 佚

◎光緒《增修甘泉縣志》卷十三《人物志》：著有《周易集說》若干卷（《傳略》）。

◎徐大魁，字述菴。江蘇甘泉（今揚州）人。嘉慶二十一年副貢。

徐鐸 易經提要錄 六卷 佚

◎四庫提要：此書不載經文，第摭古今論易之語。前有《總義》一卷又《圖象》一卷，皆不載其圖惟存其說，餘各分卦分章，第取總括大意而止，故以「提要」為名焉。

◎光緒《鹽城縣志》卷十六：徐鐸《易經提要錄》六卷、《書經提要錄》十卷、《詩經提要錄》三十卷（均見《四庫全書提要》）、《滇南詩鈔》（平郡王、秦蕙田、雷鈜為之敘，詩凡百篇）、《學政條教》（凡六條，一立志、二實行、三經學、四性理、五經濟、六文體）。

◎翁方綱《翁方綱纂四庫提要稿》：此書不載經文，第摭古今論易之語。前有總論一卷、圖象一卷，不載其圖而輯其說，應存其目。

◎徐鐸（1693～1758），乳名千里，字令民，號楓亭，又號南岡。江蘇鹽都徐馬莊人（現屬鹽城潘黃街道）。少從徐用錫、蔡文勤學。雍正元年（1723）

舉人。雍正八年（1730）任國子監助教。乾隆元年（1736）進士，升翰林院編修。後歷任山東學政、湖南鄉試主考官、雲南糧儲道、山東按察使、山東布政使。著有《易經提要錄》、《書經提要錄》、《詩經提要錄》三部四十七卷載入《四庫全書》與《國朝耆獻類徵初編》。

徐甘來 炳燭居訂正周易口義 四卷 存

山東藏康熙五年（1666）刻本

◎呂留良《周易口義後序》：昔朱子於《詩傳》自以為無復遺憾，而於《易本義》則意有不甚滿者。趙子欽寓書朱子，謂說《語》《孟》極詳，說《易》則太略。朱子曰：「譬之燭籠，添一條骨子，則障一路光明。若能盡去其障，使統體光明，豈不更好耶？」由是窺朱子之意，則《本義》一書，為先儒說理太多，終翻窠臼未盡，其所不甚滿者此也。自制科頒教，《易》遵《本義》，經生行文嫌《本義》之略而無所依傍，於是間入《程傳》，然猶未離乎先賢之說也。至講章叢出，則又拉雜諸家穿鑿附會之說，而加之以俗陋之己意。學者喜其依傍而可以餂飣也，則益蔓延而不知所返。如近日坊本，其說尤鄙劣，而時之以易名家者，無不宗以為傳。上非是不以取，下非是不以應名奉典制，實則離考亭而畔《本義》者也。蓋朱子之意主於簡，而今則惟恐其說之少；朱子以易為包含活括，而今則一以硬裝死著；朱子之大旨在象占，而今則以象占為駢擾。此其所以離且畔也。惟程子亦云：「三百八十四爻，不可只作三百八十四解。」今則並無三百八十四用矣。此不特畔《本義》，並畔《程傳》也。吾師五宜先生，玩索於此者三十餘年，探窟躡根，與二三子朝夕論說，手抄舌膽，雖時講細曲，亦爬羅補苴，以收其一得。久之，成《口義》一書，遠依雲峰之《通釋》，近涵虛齋之《蒙引》、次崖之《存疑》，同為《本義》之臣翼，淵明所謂「汲汲魯中叟，彌縫使其淳」者也。某從遊最久，近復與先生之從子鈺有子女之屬，同梓是書以發蒙斯世，因請刊落群言，獨存本解，以傳考亭之精意。先生曰：「吾救時世之妄耳，非詮《本義》也。《本義》則朱子且以為多，而吾更為之增其籠燭乎？且今之說易非以求易，求行易之文耳。文雖多而易欲簡，其勢逆而難從，吾故就其說而導焉。朱子自謂於諸家之說只就語脈略牽過，此意惟吾《口義》亦於時說牽過而已。若夫朱子之所不甚滿者，而吾能滿之乎？爾其為我序之。」某竊懼闇鈍，不足以敷張師意，因次述所聞以識於後，庶幾離畔者知所返焉。門人呂某謹序。

◎徐甘來，字五宜。浙江嘉興人。歲貢生。精經學，為呂留良業師。又著有《四書口義》。

徐繼恩 逸亭易論 一卷 存

哈佛、北大、川大、河南大學、華東師範大學、中國人民大學藏康熙三十六年（1697）新安張氏霞舉堂刻檀几叢書二集本

上海書店出版社叢書集成續編影印檀幾叢書二集本

◎篇目：河圖說。洛書說。先天八卦圖說。後天八卦圖說。卦序說（三篇）。策數說。

◎周按：河圖說、洛書說明易始於河圖洛書之義，先後天八卦說明八卦方位，卦序說明六十四卦次序，策數說闡明邵雍之學而明策數之有體有用。

◎徐繼恩（1615～1684），字世臣，號逸亭，又號俍亭；又名正喦，字谿堂；明亡後隱居為雲溪寺僧，釋名淨挺。浙江錢塘（今杭州）人。崇禎副貢。曾以抨擊馬士英獲罪。又著有《毛詩別解》《春秋別解》。

徐繼恩 雲溪問易 一卷 佚

◎《浙江通志》卷二百四十一《經籍》：繼恩又有《周易略解》《雲溪問易》。

徐繼恩 周易略解 一卷 佚

◎《浙江通志》卷二百四十一《經籍》：繼恩又有《周易略解》《雲溪問易》。

徐繼發 周易明善錄 二卷 佚

◎四庫提要：其書專以後天諸圖為主，由占筮、卦氣而蔓衍於律呂、等韻。前有自序謂「後天之道以致用為主，而造化之流行有常有變。常者宰之於帝，變者藏之於神。履其常者以卦為體，通其變者以筮為用。是故帝者流行一定之極，而神者造化不測之機也。」其推闡亦頗極苦心。然與講先天之圖者亦同一關紐，總為易外之別傳而已。

◎同治《貴溪縣志》卷八《人物志》、同治《廣信府志》卷九之七《人物》：甲寅，吳逆亂作，邑西南接閩界，罹害甚慘，著述散失，惟《周易明善錄》行於時。

◎光緒《江西通志》卷九十九《藝文略》一：《周易明善錄》，徐繩武撰（鄧鍾岳序）。

◎光緒《江西通志》卷九十九《藝文略》一《國朝》：《周易明善錄》二卷，徐繼發撰（《四庫全書存目提要》）。

◎徐繼發，字繩武。江西貴溪人。構草堂馥蟾山下講學，不樂仕進，精天官家言。又著有《詩經調》。

徐家綸 讀易隨筆 佚

◎光緒《崑新兩縣續修合志》卷五十《著述目》下：徐家綸《春秋日月表》《讀易隨筆》《家譜續稿》《理學宗譜》。

◎劉聲木《桐城文學撰述考》卷一「徐家綸撰述」：《春秋日月表》《讀易隨筆》《理學宗譜》《家譜續稿》。

◎徐家綸，字宣嘉。江蘇昆山人。諸生。潛心理學及根柢之學，古文辭宗法方苞。又著有《春秋日月表》、《理學宗譜》、《家譜續稿》、《鋤月山房文集》、《鐵谷文稿》二卷。

徐家憲 周易卦畫解 佚

◎民國《潛山縣志》卷二十七《藝文志》：《周易卦畫解》（清徐家憲著）。

◎徐家憲，安徽潛山人。著有《周易卦畫解》。

徐晉熊 新編易學演算法 二卷 存

國圖藏光緒十年（1884）常熟喜雨山房刻本

◎一名《新編易學算法統宗大全》《易學演算法》。

徐開任 易經通論 不分卷 存

華東師大藏清鈔本

中國古籍珍本叢刊本影印華東師大清鈔本

◎周按：明曹雪佺亦撰有《易經通論》十二卷（或作六卷），清皮錫瑞亦撰有《易經通論》，清張自新亦撰有《易經通論》四卷。

◎徐開任，又著有《明名臣言行錄》九十五卷、《愚谷詩稿》六卷。

徐克范 易經演義 佚

◎乾隆《太平府志》卷二十六《人物志·文學》：著有《易經演義》《讀史

記十表》《自好堂詩古文》行於世。

　　◎乾隆《太平府志》卷四十三《藝文志‧郡屬書籍目》：《易經演義》《讀史記十表後》《自好堂詩古文》（庠生徐克范著）。

　　◎道光《繁昌縣志》卷十二《人物志‧文苑》：所著有《易經演義》《讀史記十表》《自好堂詩古文》《時文集》行於世。

　　◎徐克范，字堯民。安徽繁昌人。之駒季子。少讀書馬仁山，博聞強識，為文立追先正，而又旁涉諸家，淹通古學，聲操大江南北，性不肯俯仰依人。學使古田余正健強致幕內，未半載以母老告歸。晚歲郡守李暲廷居西席，以疾歸。

徐恪 周易引說 佚

　　◎光緒《江陰縣志》卷之十七《人物》二：著有《周易引說》《見聞稽疑錄》《桑梓見聞錄》《九鑪山人集》。

　　◎徐恪，字昔民。江蘇江陰人。諸生，康熙丙寅拔貢。初知直隸棗強縣，後令廣西羅城縣，以勞卒。著有《周易引說》《桑梓見聞錄》《見聞稽疑錄》《九鑪山人集》《玉帶翁詩鈔》《白華集》。

徐立綱 易經旁訓 三卷 存

　　北大藏乾隆刻五經旁訓本

　　南京藏乾隆五十四年（1789）懋德堂刻本

　　遼寧藏光緒九年（1883）古香閣魏氏校刻本

　　◎徐立綱，浙江紹興上虞人。乾隆四十年（1775）進士，授翰林院編修，乾隆五十一年改任安徽學政。

徐立綱 易經旁訓增訂精義 不分卷 存

　　光緒十年（1884）四明竺氏毓秀草堂刻五經旁訓增訂精義本

　　◎徐立綱撰，竺靜甫、竺子壽增訂，黃淦精義。

徐立綱 易經增訂旁訓 三卷 存

　　北大藏乾隆匠門書屋刻五經旁訓本

　　天津藏清益智堂刻本

　　◎清□□增訂。

徐立綱 周易讀本 三卷 存

乾隆五十四年（1789）刻五經旁訓辨體五種本

徐梅 周易究 四卷 存

南京、山東藏光緒刻本（三卷）

國圖、江西藏光緒三年（1877）刻本

◎國圖、江西藏光緒三年（1877）刻本題《有離子周易究》，不分卷。

◎目錄：卷一彖本、上傳註、下傳註。卷二利用各三十二卦。卷三琴說、瑟說、音律、卦韻、干支、音韻、人命。卷四宅墳圖訣。

◎《沈氏玄空學》四十八《論諸家得失》：或問：「《周易究》一書，人謂於玄空最要，然否？」曰：「此書嘉善人徐某著，末卷附古人諸名墓圖以證易於玄空之學，實無所發明。」

◎徐梅，字詠華，號有離子。浙江嘉善人。

徐敏政 周易集錦 佚

◎民國《夏津縣志續編》卷八《人物》：著有《乃勖齋稿》《周易集錦》待梓。

◎徐敏政，字衣德，號春浦（蒲）。山東夏津城西花園村人。咸豐壬子恩貢。

徐鵬展 周易引 三卷 存

江西省圖書館館藏咸豐三年（1853）刻本（二卷）

◎同治《永新縣志》卷十七《人物志・儒行》：著有《周易引》行世。

◎同治《永新縣志》卷二十一《藝文志》：《周易引》三卷，徐鵬展撰。

◎徐鵬展，字羽豐，號圖南。江西永新人。聰穎過人，工書畫，尤邃於易。道光戊子鄉舉，年滿例授知縣，弗赴。性剛直，常面斥人過。卒年七十四。

徐銳 易準 佚

◎光緒《江陰縣志》卷之十七《人物》二：著有《易準》《春秋集傳》《一得編》《惜陰齋雜著》。

◎徐銳，字貢（敬）三。江蘇江陰人。優貢生。受業於楊文定。任蘇州府訓導。

徐潤第 敦艮齋說易 一卷 存

山東藏道光二十八年（1848）五臺徐繼畬〔註15〕刻敦艮齋遺書本

山西書局 1934 年據道光二十八年（1848）徐繼畬刻版補刻本

◎一名《說易》。

◎列於《敦艮齋遺書》卷之一。

◎摘錄（五條）：

乾坤相交，坤得乾之中而為坎，坎之中陽即乾德也。於三才象人，於人象心。坎之彖曰：「習坎：有孚，維心。亨。行有尚。」八純卦獨坎彖繫心，指坎之中爻言也。其初、上兩陰爻則小體之象，乾卦後次之以坎，所謂天命之謂性，性統於心者也。

天與人以大體，不能不予之小體以載之，而載大體者，反致累大體。耳目口鼻四肢之欲梏之，反覆，而心之存焉者，寡矣。是亦天之所無如何也。天開於子，地闢於丑，至寅而人事起焉。寅艮同宮，自坎以上其事全歸於天，自艮以下其事全歸於人，故艮之為卦曰背、曰趾、曰限、曰夤、曰輔夾舌，全以人身取象也。大體之被累於小體也，以其陷於形器，如水為岸束、曲灣轉折，不能自由。艮之為象，一陽止於二陰之上，以尊臨卑，則向之拘束大體者，莫不俯而聽令焉。孟子曰：「心之官則思，思則得之，不思則不得也。」此又天之所以與我者，先立乎其大者，則其小者不能奪也。與由乎天，立由乎人。人事無窮，而此為先。古人後天八卦，以艮繼乾、坎之旨，孟氏其得之矣。

陰暗陽明，乾純陽而坎得其中氣，全乾之明屬之矣，是謂明德。初、上兩爻，氣之拘也，物之蔽也，超乎兩陰則明矣。然為知者之樂水，不為仁者之樂山，則其明或不能久常。艮一陽止於二陰之上，其靜如山，不但能明，且能常明而不遷，是為明明德。故艮之象傳曰：「其道光明。」

背者，性地之真境也。其境《大學》以一言狀之曰明，又以一言贊之曰至善。繼善而成者，不獲不見，一物不雜，故至善沖漠無朕之中，萬象森然已具，則以其德之本明也。至善者背也，止於至善者艮其背也。艮其背者其道光明，止於至善者其明德自明。象傳曰：「艮，止也。」故觀於艮，而止至善之止字乃可識也。

〔註15〕徐繼畬（1795～1873），字健南（男），號牧田，又號松龕。潤第子。道光進士，授編修，擢福建巡撫，署閩浙總督。同治官至太僕寺卿、總理衙門大臣。以老歸。著有《瀛環志略》《退密齋詩文集》。

自來講道學者，動以虛無寂滅為異端，其論久成律令，舉世莫不然也。夫虛非無也、寂非滅也：虛如碗之未貯，無則並碗去之矣。寂如鐘之未叩，滅則並鐘毀之矣。謂無與滅為異端，可也；謂虛與寂為異端，不可也。毋意毋必，毋固毋我，無適無莫，無可無不可，非虛乎？與木石居，與鹿豕遊，不睹不聞，無聲無臭，非寂乎？咸之大象曰「以虛受人」，大傳曰「寂然不動」，此兩言者，孔子之言也。曰寂曰虛，即艮背之義，主靜之旨也。不得以二氏亦曾言虛寂，遂並孔子之言虛寂者亦棄之。

◎孫殿起《販書偶記》卷十七：《敦艮齋遺書》十七卷，五臺徐潤第撰。道光戊申刊。經說居多。

◎彭蘊章《歸樸龕叢稿》卷十《書敦艮齋遺書後》：《敦艮齋遺書》為五臺徐廣軒先生書。先生湛深易理，能發先儒未發之祕，其說他經亦往往證以羲畫，左右逢源。在宋人中間或有之，求之近代罕遇其人也。余入閩以來，得見明來瞿塘《易註》，亦多出於妙悟。惟瞿塘止於說易，而先生由易理以鞭迫身心，其道又微異也。

◎顧頡剛《顧頡剛讀書筆記》卷一「徐潤第以易解莊」：《敦艮齋遺書》，五臺徐潤第（繼畬之父）撰。其卷八為《逍遙遊解》，極可笑。潤第一生專研易象，所以拿他的《易》學看到《莊子》上去，說「魚者，坎中之心也」、「鳥者，離中之心也」、「離為雉，有飛鳥之象，其在坎則稱魚，其實一物也」，講「鵬之背不知其幾千里也」一語曰：「背北向南『背』，故不知；若『向』則雖大可知，故有三、六、九之數，而背處即鯤位，不可知也，即艮背也」，如此解《莊子》，大概有《莊子》以後為第一人，亦不會有第二人矣。他又畫了三個圖，鈔第一圖於下〔註16〕。明明白白的幾句話，給他解得這般難懂，可見漢代以來之《易》真不知給他們「無事自授」到怎樣！我們的不懂《易》，並不是《易經》難懂，乃是講究象數的一班《易》學家不許我們懂。中國學問的最難懂得的便是數術，《易》之難懂以此，兵家書之難懂亦以此，醫家書之難懂亦以此。其所以難懂之故，因為他不是可以理解的理，乃是許多無理的繁文，他們裏頭的官繫，必須強記著的緣故。做這種事情，真是走到牛角尖裏去了。「可憐無益費精神」，正可為此輩人詠。

◎周按：《敦艮齋遺書》其他數卷亦多有論易之說，如卷四《臆說》上云：「夫子之學，始於志道，終於明道。明得道字，一部《四書》都歸貫串。夫子

〔註16〕周按：圖略。

之言性與天道不可得而聞，《周易》十翼，乃其專言性與天道之書。自後子思、孟子言性與天道，全本之易。自晦庵作《本義》謂易為筮與卜而設，後之談道學者遂不復及易。殊不知易乃道源，講道而不本於此，說終不明，明亦無據。」又云：「各經書皆係零星散說，其舉全盤而從頭至尾說去，以一部為一篇者，《易經》、《大學》、《中庸》也。學者欲知聖學全盤規模，此三書缺一不可。易自乾起，《中庸》自天起，《大學》自明德起。德即性，其明則所謂昊天曰明者也。天乃乾之成象者。乾乃天之性情也。是三書皆自天說起也。君子務本，本立然後道生。探道之本，不得不知德性，探德性之本，不得不知天。宋時程子說性天，東坡援子貢性與天道不可得而聞之言，譏言性天為不可信。近世顏李之學講六藝經濟，亦譏宋詩儒之講性天。天為道之所自生。欲為人子，乃謂父母可以不必知。東坡、顏、李，乃不世出之大儒，不應糊塗至此。然而為是云云，毋亦講焉者之不無歧誤，而勇於自是，故未足以服其心歟？此事久成聚訟，不必從而再增葛藤，但就孔曾思孟本文，融會尋繹，心求其是。其說之合於本文者，雖世俗常人之言亦取之，況其為先儒，如其不合本文，即語出先儒亦不必狥也。」又如《雜言》云：「象山云『六經皆我注腳』，天下非之。試思四書中，聖賢立論後，旋引經書證之者，非為下注腳耶？我性命於天，我即天也。象山若非真正認的我，焉敢如此說話。」可考知徐氏易學觀點之一端。

　　◎徐潤第（1760～1827），字德夫，號廣軒。山西五臺人。乾隆進士。曾官內閣中書、湖北施南府同知等職。善書法。罷歸後，主平遙書院，授生徒舉子業。善治陸王之學。中歲潛心易學。講授儒學宗旨，證以易象。其生平所撰治易學劄記及遺文雜篇等彙為《敦艮齋遺書》十七卷。又著有《大學古本》《中庸遺語》《敦艮齋時文》等。

徐潤第 圖說 二卷 存

　　道光二十八年（1848）福建徐繼畬刻敦艮齋遺書本

　　◎列於《敦艮齋遺書》卷之二、三。

　　◎圖目：後天八卦端隅圖〔註17〕、心學八圖、往來順逆六圖、全體大用之圖、脩德凝道之圖、降衷達天之圖、甲庚先後巳日之圖、乾道變化之圖、天

〔註17〕子目：心性之圖、人心形神之圖、立大之圖、艮背之圖、著靜之圖、主靜即是執中之圖、主靜得連山歸藏遺意之圖、致良知之圖。

道人道部位之圖、聖學部位四圖、格物之圖、不動心章圖、鬼神之圖、精神之圖、禮樂之圖。

◎摘錄《主靜之圖》圖說：人生而靜，天之性也。主靜者，主性也；定性者，主性之靜也。無欲故靜。周子之自注，恐人之錯會為動靜之靜也。而伊川曰「靜便入禪，靜便是忘說敬」，不說靜，而朱子主之。故桐溪李氏以為濂洛之學至是而稍變。又伊川以繼善之性，非義理之精微，故桐溪以為鄒魯之學至是而大變云。

◎摘錄《致良知之圖》圖說：知之非艱，行之為艱。但知之非良，不可以行。知良而行之，不容已矣。次之以震，於人為足，於德為動，於廣象為大塗，皆行之象也。知失其良，慾累之也。艮其背不獲其身，則內慾不萌而氣不拘。行其庭不見其人，則外慾不接而物不染。知複於良，所謂致也；不徒知，而措之於行，亦所謂致也。人生於寅艮之部位，故艮背以人身取象，而致良知之全功屬之寅人焉。震主行，時行則行，早統於艮，是其義也。然義由象出，象無強設。艮位丑寅之分，丑者歲之終，寅者歲之始。歲終故止，歲始故行。艮位東北之間，丑乃北之終，寅乃東之始，北終故止，東始故行。

徐善　徐氏四易　三十卷　佚

◎徐氏四易序〔註18〕：聖人則圖書以作易，作易之後，不必因圖而易始見也。新安朱子著《易本義》，取河洛先後天諸圖冠諸卷首，今之學者僉謂舍圖書無以言易矣。考先儒之論，多以九為圖十為書，獨西山蔡氏從而反易之，以為河圖之數十而洛書九也。蔡氏之說，稱本邵氏。然邵氏之言曰：「圓者河圖之數，方者洛書之文。」以數之體驗之，則奇為圓而偶為方矣。同州王氏、臨卭張氏、漢上朱氏咸以九為圖十為書，此邵氏之學也。伊川程子曰：「九是純陽，六是純陰。但取河圖見之，過六則一陽生，至八便不是純陰。」是亦以九為圖矣，此程氏之學也。橫渠張子曰：「陽極於九，陰終於十」，又曰：「十者九之偶也。」史繩祖闡其義，蓋即言九圖十書之理，此張氏之學也。朱子《報郭沖晦書》曰：「河圖四正四隅之位、洛書四實四虛之數，所以畫卦也。河圖九疇之象、洛書五行之數，所以作範也。」是年朱子五十有一矣，猶主九為河圖，後與蔡氏再三往復，始從其說。迨作《啟蒙》，又詳述其初說而曰：「安知書之不可為圖、圖之不可為書」，是雖信之而未篤矣。處

〔註18〕錄自《曝書亭集》卷第三十四。

士徐善敬可氏著四易，一曰天易，二曰羲易，三曰商易，四曰周易，凡三十卷。其於圖書博采諸家之論，而一本乎邵氏、程子、張子及朱子之初說。謂反之則四象五行之位皆若枘鑿之不可合，從其舊則不惟位與數各當，因以推夫三易改演之原，洪範、大衍、律歷、運氣、太一奇門之所自出，靡不犁然有據焉。乃或疑其與朱子晚年之說不協，夫圖之可為書、書之可為圖，朱子既言之矣，徐氏特因朱子之說而發揮之爾，亦何悖於朱子哉？於是同里朱彝尊為之序。

◎胡渭《易圖明辨》卷五：秀水徐善敬可，博覽精思，無所不通，而尤深於易。晚著書以發其蘊，有天易、羲易、商易、周易。天易者，河圖洛書也；羲易者，先天古易也；商易者，《歸藏》首坤也；周易者，文王所演也；《連山》無傳，故不著夏易。同縣朱太史（彝尊）名其書曰《徐氏四易》而為之序。敬可與余厚，向在京師，出以示余。其言河圖洛書，以劉牧得希夷之傳，而西山兩易殊可疑。余深以為然，僭作題辭，要不出此意。既而思之，河圖洛書自秦漢以來未有能言其狀者，至五季而始出，何可遽信？學者不能痛絕圖書之謬種，而徒辨劉、蔡之是非，無為也。歲庚午與敬可讀書莫釐峰下，方且效一得之慮，相與更定是書。而敬可尋以病歸，卒於家。吾欲言之，無以為質矣。因復窮究其義，知圖書之形象自古無傳，當姑從漢孔、劉之言而闕其疑。至於宋人之所傳，一槩難信。越七歲為今丁丑，始成此五卷。追念舊好，歔欷者久之。嗟乎，郢人逝矣，誰與盡言！此稊生所以致慨也。

◎《浙江通志》卷一百七十九《人物》六：晚作《易論》及《徐氏四易》。一天易，闡圖書也；二羲易，敘八卦也；三商易，辨十辟也；四周易，明四正八爻之旨也。

◎徐善（1634～1693），一作徐勝，字敬可，號蕅谷，又號冷然子，門人私諡孝靖先生。浙江秀水（今嘉善）人。徐必達孫，徐世淳季子，吳晗淵嶽翁。諸生。棄科舉，閉門著述，講求格物致知之學。晚作《冷然子傳》以見志。卒年六十。著有《易論》、《徐氏四易》、《春秋地名考略》十四卷、《蕅谷遺稿》、《莊子注》、《周髀密法會通》等。

徐善 易論 無卷數 佚

◎四庫提要：書首有沈廷勱序，稱為南州徐敬可，則當為南昌人，而善

自署曰嘉禾。考朱彝尊《曝書亭集》有徐敬可《左傳地名考序》，又閻若璩《潛邱劄記》亦稱秀水徐勝敬可為人作《左傳地名考》云云，其字與里貫皆合，惟名有異，未知為一人二人也。其書成於康熙丙辰，不載經文亦不及十翼，惟六十四卦各為一篇，條舉其義而論之，才辨縱橫而頗浸淫於佛老。

◎光緒《嘉興府志》卷五十一《列傳》：棄科舉不治，從學施博，精求致知格物之學。晚作《易論》及《徐氏四易》。一天易，闡圖書也；二羲易，敘八卦也；三商易，辨十辟也；四周易，明四正八交之旨也。又為《春秋地名考》，家傳《蕭谷集》《流寇紀年》《莊子注》《周髀密法會通》《弧矢六宗疏》《容圓寶珠》《網璇室洞詮》等書。

◎《碑傳集》卷一百二十五丁子夏《徐處士善傳》：閉門著述，經史百家靡不淹通貫達，著有《流寇紀年》《莊子七篇》《周髀密法》等，燼於火。又輯《春秋地名考》十四卷，朱太史竹坨為之序，今所傳高氏本是也。晚邃於易，作《易論》六十篇。

徐世大 周易闡微 一卷 存

山東藏開明書店 1947 年開明文史叢刊排印本

臺灣文聽閣圖書有限公司 2009 年林慶彰主編民國時期經學叢書本

◎目錄：提要。第一章傳說證謬：一傳說、二連山歸藏周易、二伏羲文王周公、四孔子。第二章周易真諦：一治學舉例、二諸卦定義、三人事分析。第三章周易之作者：一偶得、二地證、三名證。第四章作者事蹟：一奉使至愛戀、二被俘及為犧、三囚系與作易。第五章周易之研究：一報告文字、二自敘傳、三人事評判、四三晉思想。

◎摘錄提要：

《周易》一書，童而習之，長而忘之。忽然有觸，時會遭際，得以深入。昕夕以思，一旦豁然貫通，自以為得不傳之祕，於是成《說易解頤》一書。以卷帙繁重，另寫一短篇，曰《周易與其作者》，請益於吳先生稚暉，不幸於二十九年，先生居屋被炸，此稿亦與俱殉。今更寫一篇，稍加擴充，以質賢達。

《周易》之所以作與其作者何人，至今尚未有定論。愚茲所得，認《周易》一經為一整部著作，而非由編纂；為寫社會各方面之分析而非為卜筮；亦非如後儒所謂「順命行道，天人之占，可得而效」者。惟其作者處憂患之

中，假託筮書，隱約其辭，迷亂其跡，重重魔障，迷誤後人。又以秦漢以來陰陽五行之說大盛，方將以此包羅萬象，遂至異說紛紜，矛盾百出，莫可窮詰。今嚴其訓詁，證以史實，自以為不背淹貫。苟有可採，請視此文。

◎摘錄：《周易》，書名。周者周遍，易即其著書之地，望其親友周歷於易以救之也。

◎徐世大（1895～1974），字行健，筆名山石。浙江紹興人。曾先後任教於上海復旦大學、南洋路礦學院、浙江大學、唐山工學院、天津北洋大學與工商學院、中原理工學院。

徐世鐸 周易寡過數 佚

◎光緒《江西通志》卷九十九《藝文略》一《國朝》：《周易寡過數》，徐世鐸撰（《貴溪縣志》）。

◎徐世鐸，字大令。江西貴溪人。著有《周易寡過數》。

徐世錦 大易括言 佚

◎民國《懷寧縣志》卷十一《文藝》：徐世錦《大易括言》。

◎徐世錦，安徽懷寧人。著有《大易括言》。

徐世沐 周易存義錄 十二卷 佚

◎四庫提要：其文與《周易惜陰錄》並同，蓋自覺其冗雜，刪為此本，此別一書也。

◎《皇朝文獻通考》卷二百十一：《周易惜陰錄》四十六卷、《周易存義錄》十二卷、《周易惜陰詩集》三卷，徐世沐撰。

◎民國《江陰縣續志》卷二十《藝文》二引錄《四庫提要》。

◎《清史列傳》卷六十七《徐世沐傳》：他著有《易／書／詩／三禮／春秋惜陰錄》共八十四卷，又《周易存義錄》十二卷、《周易惜陰詩集》三卷，《性理吟》二卷。

◎徐世沐（1632～1717），字肅翰（瀚）、爾瀚，號青麓、青牧。江蘇江陰人。諸生。少孤力學，篤信朱子，切己反求，務有益於身心。其辨別異同、抉擇影響之談，務歸於下學實踐，俾人無惑歧途而後已。少與太倉陸桴亭、無錫高匯旃、武進馬一庵交，往來論學，以資其益。關中李二曲南遊，與深談久之。安溪李公、當湖陸公亟相訂交。又著有《四書惜陰錄》二十一卷、《易／

書／詩／三禮／春秋惜陰錄》共八十四卷、《性理吟》二卷、《江上野吟鈔》十五卷、《心性圖》。

徐世沐　周易惜陰錄　四十六卷　佚

◎四庫提要：《江南通志》列之《儒林傳》中，稱其與陸隴其相契。考隴其《三魚堂集》中有世沐《四書惜陰錄跋》，蓋亦講學家也。其解經皆以變爻為主，蓋宋都絜之緒論，其法為太卜舊法，其說則空談義理，不出語錄之窠臼。

◎盧文弨《抱經堂文集》卷五《惜陰錄序》（丙申）：江雲徐青牧先生，辟學力行之君子也。生平於《易》、於《書》、於《詩》、於《春秋》、於《三禮》、於四子書皆有注解，而皆以《惜陰錄》名之……乾隆三十八年，朝廷求訪書籍，江寧方伯、吳興閔公為鈔其諸經解共四十九大冊進呈，始知中有缺卷（《周易惜陰錄》缺三十二、三十三兩卷，又《周易存義錄》缺第六一卷，《詩經惜陰錄》缺第五六七共三卷），問其家，不知也，是書以未經整比，故未及鈔錄同進。

◎錢儀吉《碑傳集》卷一百二十八《徐先生世沐傳》：先生所著《四子書》、《易》、《書》、《詩》、《儀禮》、《周禮》、《春秋》、《孝經》、小學及《明紀》諸書，統名之曰《惜陰錄》。

徐世沐　周易惜陰詩集　三卷　佚

◎四庫提要：是書取經傳字義分題賦詠，或為四言贊，或為五言、七言詩，多至一千餘首，蓋本張九成《論語詩例》而益曼衍之。其《惜陰錄》用呂祖謙本，此集所列《彖／爻／象傳》次第則仍用王弼本，其文皆體近歌括，不可入於詩集，今仍附之易類焉。

◎《皇朝通志》卷九十七：《周易惜陰錄》四十六卷（徐世沐撰）、《周易存義錄》十二卷（徐世沐撰）、《周易惜陰詩集》三卷（徐世沐撰）。

徐世溥　大易析疑　佚

◎周按：明楊晉亦撰有《大易析疑》十卷、明李士賢亦著有《大易析疑》。

◎徐世溥（1608～1657），字巨源，號榆溪。江西新建佘牟人。明諸生。與艾南英為兄弟交。甲申後隱居，屢辭徵辟。後為盜炙死。又著有《夏小正解》、《夏書三解》、《琴苑》、《雨稗》、《新漚》、《禮因》、《芋談》、《江變紀略》

二卷、《榆溪詩鈔》二卷、《榆溪詩話》一卷、《榆墩集》諸書。

徐世溥 易繫 佚

◎光緒《江西通志》卷九十九《藝文略》一《國朝》：《易繫》，徐世溥撰（盧宜撰傳）。

◎吳德旋《初月樓聞見錄》卷六：所著有《易繫》若干卷、《榆法集》若干卷。

徐淑 讀易參解 二十四卷 存

華東師大藏乾隆五十五年（1790）周文鼎鈔本（周文鼎、程天燾、趙宗建跋）

國圖藏清鈔本

◎徐淑，江蘇昭文（今常熟）人。著有《讀易參解》。

徐堂 周易考異 三卷 存

國圖藏稿本

西北大學藏稿本（不分卷）

續四庫影印國圖藏稿本

◎前有《易學傳受源流》、《漢儒傳易表》。後有補遺。

◎同治《蘇州府志》卷第一百三十八《藝文》三：徐堂《周易考異》四卷、《易經爻辰》二卷、《齊魯韓三家詩述》八卷、《愛日廬詩鈔》五卷。

◎是書多引惠棟、王念孫、王引之、錢大昕諸家之說。

◎徐堂，字仲升。江蘇吳江人。著有《周易考異》四卷、《易經爻辰》二卷、《齊魯韓三家詩述》八卷、《愛日廬詩鈔》五卷、《藉豁古堂集》。

徐天璋 睿川易義合編 十八卷 存

國圖藏宣統三年（1911）鉛印本（九卷）

山東、南京藏1924年鉛印本（正編十卷副編六卷續編二卷）

鳳凰出版社2015年盧佩民主編泰州文獻第四輯泰州文存本

◎敘：《易》名卜筮之書，實則殷周之史。孔子曰：「《易》其當殷之末世、周之盛德邪」，求厥時世，上起高宗、下迄武王也，何以徵之？高宗伐鬼方、帝乙歸妹、箕子以之、文王以之、湯武革命、順乎天而應乎人，此皆經文之顯

著也。至若「公用享于天子」其即史云帝乙享季歷乎？「王用享于岐山」其即《詩》云「天作高山，太王荒之，彼作矣，文王康之」乎？「震驚百里，不喪匕鬯」其即「雷震郊畿，不出周境」乎？「東鄰殺牛，不如西鄰之禴祭」其即帝辛六年西伯初禴畢乎？「密雲不雨，自我西郊」、又曰「富以其鄰」，其即《左傳》云「周饑克殷而年豐」乎？「觀國之光，利用賓王」其即箕子來朝作賓於王家乎？「白馬翰如」其即微子來朝、《詩》云「有客有客，亦白其馬」乎？「不仕王侯，高尚其志」其即伯夷隱於首陽乎？「幹父之蠱」其即武、周、成、文之德乎？此皆時事之隱徵也。又若「盤桓利居，貞利建侯」蓋太王之遷岐也；「屯如邅如，乘馬班如，匪寇婚媾」蓋太王來朝走馬爰及姜女也；「利用行人，用說桎梏，以往吝」蓋傅說本版築胥靡囚役，高宗用以為相也；「見龍在田，利見大人」蓋西伯將田渭陽，卜之曰：「非龍非彲，所獲霸王之輔」，果遇呂尚，載歸為師也；「豚魚之吉」蓋武王渡河魚躍王舟也；「飛鳥遺音」蓋王屋流烏，其聲魄也。此悉象爻之寓意也。秦灰燃熄，漢絕師承，古史既湮，凡在卦爻示著者，人皆以虛象求之，無怪易學流為卜筮也。予幼嗜學易，長益研求，自甲申冬至今三十餘年，著成易義十有八種：曰《卦旨》，探爻畫也；曰《提要》，溯時事也；曰《訓詁》，釋文義也；曰《象數》，觀取譬；曰《變通》，盡發揮也；曰《義理》，解意蘊也；曰《音句》，正字讀也；曰《考證》，辨淆譌也；曰《品物》，明格致也；曰《占應》，寓推測也，以為正編。有若《筮說》，存古法也；有若《集解》，錄眾著也；有若《默參》，悟消息也；有若《德位》，別貴賤也；有若《比例》，權進退也；有若《對待》，論互綜也，以為副編。《緒言》則闡發易辭，《圖說》則演明象畫，以為續編。稿十二削，匯為一書，然後知易無虛象，其事皆信而有徵，其占則上合天宿、下盡物情，其道至大，其理至精，其實即殷周之史也。而後儒泥以卜筮目之，蓋不知周官卜筮掌之於史，焉知羲、文之旨趣哉。辛亥五月夏至日，徐天璋自敘於揚州猗園十畝園林南軒。

◎摘錄卷首：

睿川易義正編十種：

《卦旨》：君子尚消息盈虛，易畫六爻，分之成六十四卦，總之實乾坤兩卦往來變化。首作《卦旨》者，畀識象數之原悉本乾坤為大父母、剝復為小父母也。

《提要》：易多殷周之事，三百八十四爻，太卜所占，繇辭隱與殷周合者，

莫不躍然行圖，次作《提要》，畀識顯仁藏用，實與史冊相輔存焉。

《訓詁》：爻畫非辭不明，辭非訓詁不顯。古人傳注，無非為經釋其義理。予作《訓詁》，猶五經之箋注云爾。

《象數》：形上謂道，形下謂器，遠取近取，象數尚焉。象有約互錯綜，數有消息盈虛，廼作《象數》，畀識爻辭所取者，無一不得之仰觀俯察也。

《變通》：《文言》曰：「六爻發揮，旁通情也。」焦氏（循）《易通釋》徵引太繁，黃氏（道周）《易象正》說義太奧。虞氏（翻）消息、來氏（知德）錯綜，亦非盡合變通之旨，故作《變通》，兩兩比論，讀者可以一目了然。

《義理》：《訓詁》言簡而該，《義理》則盡情暢發，無蘊不宣。凡古今列史中義有與易相通者，觸類引伸，故必據以為炯鑒焉。

《音句》：昔顧氏（炎武）審定音韻、武氏（億）考訂句讀，今即顧氏、武氏考審者語加解說，是者從之，非者易之，無人見、無我見，理取其長，義衷其當而已。

《攷證》：魯魚帝虎，經籍沿譌；文減文增，簡篇互異。但古今之字雖殊，而章句之理自在，折衷審慎，必有不易之義存焉。

《品物》：盈天地之間皆物也，易象取譬，若非深識物情，焉知肖像之神妙乎？遂作《品物》，藉明格致之理云爾。

《占應》：鄭氏（玄）爻辰為占驗之祖，但鄭說存者寥寥耳。迨諸家雖遞增補，執此例彼，往往難通。予因遍求天象，即星辰之懸著者，次第發明，畀見古聖仰觀之遺義焉。

睿川易義續編二種：

《緒言》：注易既成，復即易義紬繹其蘊，觸類引伸，作為《象詮》《類稽》《或問》《典禮》《序緯》《卦變》《時訓》《廣象》諸篇，為易外傳，名曰《緒言》。

《圖說》：易畫非圖不明，圖象非說不醒。予因即消息盈虛發明時行物生之義，庶見象數之精蘊云爾。

◎《國學圖書館圖書總目》卷一：《睿川易義合編》不分卷，今人泰州徐天璋。排印本。經三。

◎徐天璋（1852～1936），字睿川，號曦伯。江蘇泰州人。諸生。湛深經學，於羣經皆有論著。著有《尚書句解考正》《禹貢傳註圖考》《毛詩傳箋考正》諸書。

徐通久 周易輯說 五卷 圖一卷 存

國圖、中科院藏道光七年（1827）抱真書屋刻本

四庫未收書輯刊影印道光七年（1827）抱真書屋刻本

◎一名《周易輯說讀本》《易經輯說》《周易集說》。

◎或著錄不分卷。

◎易經輯說序：易具天地鬼神之奧，統萬事萬物之理，涉世非深，明夫易不能適合乎中正之宜；而講易非深，造乎道不能洞悉夫精微之蘊。是故明利達義者為上，窮象盡數者為末。朱子謂經書難讀，而此經為尤難。然學者固不可因其難讀而遂已也。予自弱冠以後讀易，屢屢絕無蹊徑可入。奔走四方，迄今三十餘載，求欲一明哲以為師而卒不可得。蓋由學鮮專門，經無授受，而易道之失傳也久矣夫！乙酉初秋，攝篆中部，事簡民淳，公餘多暇，復取《易經本義》與諸家註解尋繹而玩味之，始知《本義》之精簡，實本於周邵諸儒而撮其要領。所註卦爻義旨，摘取程子為多。《程傳》既詳，故朱註從畧。學者不讀《程傳》，則於義旨間有不能豁然於心目之處。況《本義》一書，朱子未及修改，故於晚年講解每有不同。《或問》所載，不可不附。即歷代諸儒仁者見仁知者見知，其有關於心身家國之理，亦未可盡廢。爰以《本義》為主，而集《程傳》諸儒與《或問》所說附錄於後，以備觀覽。自審素無師承，去易道遠甚，不敢稍出己意，有玷聖經。而其間有諸家講解各異者，兼存其說，以俟夫極深研幾之君子折中焉。歲經三易，彙輯成編。爰弁數言，付諸剞劂。時道光七年立夏後一日，武林徐通久識於岐山挹翠書屋。

◎徐通久，號抱真。浙江仁和（今杭州）人。道光知陝西中部縣。

徐文靖 周易拾遺 十四卷 存

徐位山六種本（乾隆刻、光緒刻）

山東藏臺北成文出版社1976年無求備齋易經集成影印乾隆九年（1744）志寧堂刻經言拾遺本

◎一名《經言拾遺》、《周易經言拾遺》。

◎乾隆《太平府志》卷二十六《人物志・文學》：所著書進呈外，已刊者有《竹書紀年統箋》十二卷，其《禹貢會箋》《經言拾遺》《皇極經世》等書並《志寧堂詩賦》等集各若干卷，刊未竟，藏於家。

◎民國《當塗縣志・藝文志》：《經言拾遺》十四卷（清徐文靖著。徐氏六

種之一，今板藏湖陽徐族。文靖世傳易學，是書成於乾隆丙子，時年九十，其實祇有《周易》，蓋避宋胡邦衡《周易拾遺》之名也。大旨宗主《程傳》，而其卦爻象象敘次則取趙脊山、徐在漢《易原》舊式，而增益注疏附於下，頗有異同。文靖加以按語，多所折衷，義有未盡，又為補遺一冊繫於後。其姪婿毛大鵬校刻甫竣，仿《周易折衷》臚列兩漢諸儒之治易者，為《易學源流》一卷，並附於末。張文襄之洞嘗稱文靖博綜眾說，確有心得，為漢宋兼採經學家。文靖事蹟俱見《清史》及李元度《國朝先正事略·經學傳》）。

◎民國《當塗縣志·人物志·文學》：淹貫經史，擇善而從，既不墨守先儒，亦不妄加臆斷，而尤肆力於人所不為之學。《竹書紀年》一書，相傳注為梁沈約作，自約以後，能發明此書者絕尟，文靖疏通證明，博考旁證，成《竹書紀年統箋》十二卷。精研星野，服膺一行，著《山河兩戒考》十四卷。又因胡渭《禹貢錐指》而推其所未至，為《禹貢會箋》十二卷。又撰《周易拾遺》十四卷，大旨主《程傳》，而於漢唐諸儒之說多所發明。其《管城碩記》三十卷推原《詩》《禮》、諸經，旁及子史說部，鄞人全祖望極服其精博。又有《皇極經世考》三卷、《志寧堂詩賦集》若干卷。文靖生國家全盛之日，一門兄弟自相師友。所居湖陽饒秔稻菱芰之美，命耕課讀，寄情吟詠，有《語助七字詩》《湖居三十詠》膾炙人口，袁簡齋太守採入《隨園詩話》，學士張入《志寧堂稿》。子位南、姪峙三俱世其家學；婿何庭樹拔貢，工詩文，尤善書，校勘《管城碩記》並序《漢宋學術源流》以弁其首，士林重之（《採訪冊》）。

◎徐文靖（1667～1756），字禹尊（頤珍），號位山。安徽當塗人。食貧力學，困頓諸生。雍正元年（1723）舉人。乾隆元年（1736）試鴻博。乾隆十五年（1750）又試經學，次年會試授翰林院檢討。黃叔琳稱其學博而醇，有今世大手筆之譽。著有《周易拾遺》十四卷、《管城碩記》三十卷、《皇極經考》三卷、《語助七字詩》《湖居三十詠》、《志寧堂詩賦集》、《禹貢會箋》等。子脊樞、榮樞。

徐文靖 皇極經世 三卷 佚

◎乾隆《太平府志》卷四十三《藝文志·郡屬書籍目》：《山河兩戒考》十二卷、《管城碩記》二十卷（經進）、《竹書紀年統箋》十二卷、《禹貢會箋》十二卷、《經言拾遺》十三卷、《皇極經世》三卷、《志寧堂詩賦》（檢討徐文靖著）。

徐珣 闓易大成 佚

　　◎光緒《重修奉賢縣志》卷十二《人物志》三：著有《闓易大成》《重慶堂集》。

　　◎光緒《重修奉賢縣志》卷十七《藝文志》：《闓易大成》（國朝徐珣著）。

　　◎徐珣，字閟峰。奉賢縣人。徐賓長子。諸生，例貢。精易理，工詩文。卒年六十一，南匯顧成天題其墓門曰「醇學粹品」，人以為無愧云。著有《闓易大成》、《重慶堂集》。

徐暹 周易圖說 未見

　　道光十年（1830）徐氏家刻本

　　◎仇效忠《鄉賢徐暘谷先生傳》：著有《生平紀略》一卷，《周易圖說》，《家訓常言》及詩古文行世，皆明心見性，扶翼世教之言。

　　◎道光《貴陽府志》卷七十七《耆舊傳》二：所著有《生平紀略》、《周易圖說》、《家訓常言》、詩集文集。

　　◎徐暹（1680～1766），字東旭，亦字陽谷，號迂愚子。貴州省黔南州貴定縣城關鎮人。幼時家貧，好學能文，性穎異。雍正五年（1727）選內閣書，差辦四川丈量。次年知雲陽縣。雍正七年（1729）知江津縣。雍正九年（1731）出為保寧通判，旋署會理知州，委辦建昌沙溝嶺廠，次年署寧遠同知，駐紮七倪堡，總理兒斯軍糧。乾隆元年（1736）調雲南督辦銅礦，皆以勤慎廉潔著。乾隆八年（1743）八月以病乞歸。歿入鄉賢祠。著有《徐陽谷先生遺集》四卷、《迂愚子集》。道光間，安佩蓮等受徐氏族人之請重輯其殘稿，內收詩文詞及《周易圖說》、《家訓常言》、《生平紀略》。

徐延英 周易直解 四卷 未見

　　◎《河南通志藝文志稿》著錄傳鈔本。

　　◎自序〔註19〕略謂：自孔子後，無善解易者。因采諸家之說，參以己見，名曰《周易指南》。後細閱之，猶嫌其說之歧出，不能匯歸於一，於經之本旨猶多未合，乃作《直解》。有隱括先儒之說者，後人即譏我為蹈襲，不顧也，理之所在，敢不遵也？有獨出己見與先儒大相徑庭者，後人即目我為狂妄，亦不顧也，理之所不存，不敢強從也，惟求其是而已。

〔註19〕摘自《河南通志藝文志稿》。

◎徐延英，號易齋。河南杞縣人。同治歲貢。

徐瑤 周易慎思 佚

◎李兆洛《養一齋文集》卷二《徐怡亭周易慎思序》：易之言思也，說而止之。說所以開之也，止所以閉之也。故于艮曰：「君子思不出其位。」蓋其慎也。于咸曰：「憧憧往來，朋從爾思。」咸九四出艮入兌，以不貞致悔，故曰貞吉悔亡。慎者思之正也，憧憧朋從非所以為思也。江陰徐怡亭先生，沉潛于易，參究漢宋，融會程朱，即象以求理，本理以玩占，不襲陳言，不矜新得，而題其所著曰《慎思》，有旨哉！此其所以能引六十四卦一百八十四爻于行習之間而證之以日用之近，出膺民社入飭言行，粹然為鄉邦之式者歟！夫《易》之為書廣大悉備，千奇萬變，無不包孕，見仁見智，隨所取之。《繫辭》曰：「天下何思何慮，天下同歸而殊途，一致而百慮。天下何思何慮，夫殊途百慮，聖人不禁，而要之千同歸一，致思可不慎乎哉？能慎而後能同歸一致，能同歸一致而後能何思何慮。何思何慮者，精義入神，不思而得也，故擇善固執之功必自慎思入。而世之說易者穿鑿附會，蔑棄古訓，自逞胸臆，以為殊途固同歸、百慮亦一致也。此正憧憧朋從之思，能說諸心而不能研諸慮、出乎其位而不知止者也。試與之讀是書，亦可爽然失矣。

◎民國《江陰縣續志》卷二十：《周易慎思》（徐瑤字怡亭撰。見《養一齋文集》）。

◎徐瑤，字怡亭。江蘇江陰人。著有《周易慎思》。

徐蔭菖 河洛精蘊 佚

◎民國《清平縣志》本傳：生平研究《周易》，著有《河洛精蘊》一書，未梓。

◎徐蔭菖，字萍薌。山東清平人。歲貢生。設帳教授。

徐鏞 周易五行斷 佚

◎光緒《黃州府志》卷三十二《藝文志》：《周易五行斷》，羅田徐鏞撰。

◎徐鏞，湖北羅田人。著有《周易五行斷》。

徐詠和 易象通微圖說 四卷 存

山東藏清鈔本

◎徐詠和，生平不詳。

徐與喬 易辨體 一卷 存

南京藏清敦化堂刻本

◎徐與喬（1619～1691），字揚貢，號退山。江蘇崑山人。順治辛丑進士。從朱集璜遊，肆力經學及古文辭。著有《周易定本》、《增訂詩經輯評》、《五經讀法》一卷、《山陽草堂文集》二十卷《詩集》十卷、《三蘇辨體》、《經史辨體》十三卷、《初學辨體》等書。又輯有《經史鈔》三十三卷。

徐與喬 周易定本 佚

◎光緒《崑新兩縣續修合志》卷五十：徐與喬《周易定本》三冊、《經史初學辨體》、《山陽草堂文集》二十卷《詩集》十卷、《三蘇辨體》。

徐煜 雲溪易纂 八卷 佚

◎孫葆田《山東通志》卷百二十七《藝文志》第十：是書見《採訪冊》。

◎民國《增修膠志》卷三十五《藝文志》：是書已採入《山東通志》。

◎徐煜，字含光。山東膠州人。諸生。

徐煜 雲溪易 三卷 未見

◎《振綺堂書目》著錄鈔本，題雲溪老人筆授。

徐元敏 易經朱囊解 四卷 佚

◎光緒《嘉定縣志》卷二十四《藝文志》一：《易經朱囊解》四卷（徐元敏著）。

◎徐元敏，嘉定（今屬上海）人。諸生。著有《易經朱囊解》四卷。

徐元任 周易雜卦圖解 佚

◎民國《續遵義府志》卷二十二《列傳》四：著有《周易雜卦圖解》，獨山莫友芝為之序。

◎徐元任，字厚山。貴州遵義人。徐覲光子。聰慧篤學，能繼父業。性至孝，屢試不得志，於是無進取意，閉戶著書，省父于甘，往返徒步萬餘里，不以為苦。年三十二卒。

徐元禧 周易廣傳 佚

◎賀長齡《耐庵文存》卷六《復唐鏡海同年書》：近有遵義童生徐元禧，年才三十三，著有《周易廣傳》。其名書之意，蓋以推廣我夫子之傳義而不敢自出意見，其大指則以河圖為太極，而於河圖之數極其推闡，頗有發明。又稱引其先兄某《雜卦圖說》，蓋將雜卦繪圖平列靜玩，悟出我夫子當日所以云云之意。若僅作反對說，則序卦詳之矣，何取乎雜亂各卦復衍一番乎？此說似前人所未及，頗有意義，寸楮不能詳也。

◎周按：浙江歸安（今湖州）又有同名徐元禧，字非雲。亦為康熙四十八年（1709）進士，授內閣中書、名山（今屬四川）知縣，有政聲，旋告歸。生平熟諳吳興掌故，輯有《湖佚》四百餘卷及《殘史》。

◎徐元禧，字祉（址）堂。貴州遵義人。康熙四十八年（1709）進士。與兄元任均以孝友稱。父志清曾主講禹州書院，執經問難者遝邐爭趨，一時名噪公卿。

徐元禧 周易理揆 佚

◎道光《播雅》卷二十一《徐觀光傳》：子元禧，秀才，勤學早卒。著有《周易理揆》，人多稱之。

◎民國《續遵義府志》卷二十二：博覽群書，著有《周易理揆》數卷，莫徵君為之鑒定，均未梓。

徐元倬 易解廣疏 佚

◎乾隆《杭州府志》卷五十七《藝文》一：《易解廣疏》（國朝海寧徐元倬撰）。

◎徐元倬，字為章。浙江錢塘（今杭州）人。為人嚴氣正性，不妄與時流接，與其弟元彪鍵戶讀書，以尊遺經、砭俗學為己任。甲申後足不出戶者幾四十年。著有《壑存集》三十卷、《湛華樓詩集》三十卷、《山圖別集》四十卷。

徐在漢 易或 十卷 存

北大、福建師大、湖北、上海、南京、上虞藏順治十五年（1658）趙振芳、黃儀廣蕉白居刻易原易或合集本

北大藏日本傳鈔順治十五年（1658）趙振芳、黃儀廣刻本

◎卷首題：虎林馬文燦含英氏正，胥山趙振芳、天都徐在漢全述，祝峯孫錫蕃編次，紫陽方國和、建溪黃儀廣全校。

◎易原易或總目：

古本圖書：古圖六章、古周易一十二篇。

釋圖：釋圖——原卦第一、明變第二、會通第三、蓍法第四、五行第五、卦氣第六、律法第七、曆法第八、天行地勢第九、挈本第十。

以上易原。

釋經傳：觀玩要領、上經解、下經解、五傳解、徐子圖說。

以上易或。

◎易或分目：釋經傳：卷之一觀玩要領〔註20〕、乾、坤。卷之二屯、蒙、需、訟、師、比、小畜、履、泰、否。卷之三同人、大有、謙、豫、隨、蠱、臨、觀、噬嗑、賁。卷之四剝、復、無妄、大畜、頤、大過、坎、離。卷之五咸、恒、遁、大壯、晉、明夷、家人、睽、蹇、解。卷之六損、益、夬、姤、萃、升、困、井、革、鼎。卷之七震、艮、漸、歸妹、豐、旅、巽、兌、渙、節、中孚、小過、既濟、未濟。卷之八繫辭上傳。卷之九繫辭下傳、說卦傳。卷之十序卦傳、雜卦傳、徐子圖說。

◎易或自序一：漢生平魯鈍，讀書絕不記憶，隨得隨失，胸中無所存。載籍鮮有發揮，丁《易》尤所不解。己卯春始遇趙子于煙霞山中，朝夕相視不言者累月。一日忽出其所著易解示漢。漢本不解，默默而已。趙子曰：「胸中無宿物，可學易。予之易學有所授，授自丁先生。丁先生者，雲間人，殫精于易數十載，今年八十餘矣。鬚眉皓然，精神穆然。嘗與予終日言而兩相說以解也。子可學易，盍見丁先生？」于是往見而問易焉。先生曰：「予何言哉！夫易廣矣大矣，以言乎天地之間則備矣，以言乎人心一心則神矣。古今賢人君子之論說具在，子自往求之，自信自悟，自發憤自沉思，予又何言哉。」漢默默而退，乃與趙子訪求古今易說數十百家，通者會之、疑者闕之，自己卯夏至辛巳秋，手錄者幾二尺許。擬以成書，名曰《易原》，所以原易也。書未成而漢有梁宋之遊，舟車羈旅中，兵凶觸目，而憂患生心，自發憤，自深思，竊獨念自信自悟者，何在不覺自悔自失？憤無所憤思無所思，所謂訪求數十

〔註20〕條目：易字名義第一、作易三聖第二、易立人道第三、卦德第四、卦象第五、卦變第六、主爻第七、承乘比應第八、剛中柔中第九、陰陽爻位第十、吉凶悔吝无咎第十一、古周易第十二。

百家手錄幾二尺許者，一無所存，獨本來魯鈍之性默默不解者隱然如故耳。
愈不敢自以為信，愈不敢自以為悟。又覺仍有可憤、仍有可思，而此生與疑
相終始者。及明年春仲南歸，則趙子以省親入蜀，並所謂數十百家幾二尺許
者盡攜去，豈獨舟車羈旅中反心于心，一無所存，即今日耳目如故形骸如
故，求一覿聞而不可得，欲求一感通而不可得，自發憤、自深思、自信自悟，
則亦自覿自聞自感自通，丁先生之教，其至矣。漢敢須臾忘哉！于是復取古
今賢人君子之論說而求之，通其所可通，疑其所可疑，自壬午春至甲申秋，
蓋三年于茲矣。彙次成經解圖說共十卷，總名《易或》。仲尼不云乎？或之者
疑之也。亦猶趙子《原易》之志也。或曰易在自信自悟，子何以又集他人之論
說而踵趙子之《原易》以總名書乎？漢曰：凡天下之可以言論可以意致者，
皆下學之事也。而言之所不能論、意之所不能致者即存乎其中。道器寧有二
乎哉？不過形而上下之間耳。涵古今于一息、會動蹟于一心，是在學者善反
之而已。且夫疑者，人心之所以不窮而鼓舞之所以盡神也。不疑則人心息，
人心息則天地之變化不可見而易或幾乎息矣。漢以疑學易、以疑名易、以疑
就正天下萬世之學易者，使天下萬世自疑其所疑，即可共疑其所疑，即可合
天下萬世而盡疑一人一世之所疑。發憤深思，人人有之，而不敢自以為信不
敢自以為悟，則天下萬世無窮之人心皆生生之易爾已。甲申秋九月，後學徐
在漢自識。

◎易或自序二：予學易始于己卯，時與趙子共事。趙子雖先覺而予未有
知，則易趙子之易而非徐子之易也。辛壬之交徐子遊梁宋未歸，而趙子亦入
蜀往而不返。夫趙子往而不返則趙子之易亦與之往而不返，而羲、文、孔子
之易則上下與天地同流，未嘗不躍如于心目之間也。徐子廼喟然嘆曰：此易
之所以為易者乎？此所以為徐子之易者乎？于是以孔之翼求文之辭，以文之
辭求羲之畫，有古人之先得我心者則識之，有我心之所自得者則識之。積日
累月，積月累歲，歷年既多，不覺成帙。然初未敢出以質諸人也，恐人之多
言，未必確然有是非之見，而適足以生疑阻之心也。辛卯夏，始以乾坤二卦
質諸大持謝子，以一言斷之曰「圓」。癸巳春，又以乾坤二卦質諸公，如程子
以兩言斷之曰「貫串」。夫合六十四卦以釋一卦、合三百八十四爻以釋一爻，
此世人之所謂圓與貫串，而非二子之所謂圓與貫串也。即分一卦以釋六十四
卦，分一爻以釋三百八十四爻，此亦世人所謂圓與貫串，而非二子之所謂圓
與貫串也。二子之所謂圓與貫串，圓亦不知、方亦不知、貫串亦不知、散索亦

不知、合亦不知、分亦不知、萬亦不知、二子亦不知、徐子亦不知、趙子亦不知、羲文孔子亦不知、天地亦不知，通乎晝夜之道而知，故神無方而易無體，則真謂之圓與貫串而已矣。二子殆將進我于若將終身須臾不離者乎？豈惟確然有是非之見而已哉。吾知勉矣。甲午春正月，在漢又識。

◎易或紀後：憶昔與趙子學易時，趙子二十四，予二十三，年方少壯，未嘗知病也。三十以後則時時病，病亦時時愈，然猶病時少而不病時多也。至癸巳夏，大病幾死，病後貧無醫藥，不能平復，竟為廢人矣。予雖病，意未嘗須臾不在易也。然病則日深而書實漸簡矣。嘗自吟云：「病裏光陰休要錯，窮中滋味正宜嘗」，又云：「窮剩一身書漸簡，病磨十載研微磷。」不曰堅乎？磨而不磷；不曰白乎？涅而不淄。此孔子所以簡之又簡，而與天地同流、與萬物並存者也。莊生云：「簡之而不得，夫已有所簡矣」，則予學易之志。今予且旦夕死矣，故畧識其意以俟教我者。若夫學易之始末，與漢魏以來賢人君子之論說，則前序與原本並存可考而知也。乙未春正月，在漢又識。

◎四庫提要：初與趙振芳同著《易原》，後復自作是編，曰「或」者，疑不自信之意也。書中不載經文，止按其節次自為解義，復兼采諸儒之說，皆未見精要。卷首列《觀玩要領》一篇，其第二條謂爻辭繫於文王而非周公，然文王作《彖辭》周公作爻辭，自馬融、陸績以來相沿無異，在漢乃欲去周公而存三聖，亦過於臆斷矣。

◎道光《徽州府志》卷十五《藝文志·歙》：徐在漢《易或》十卷。

◎民國《歙縣志》卷十五《藝文志·書目》：《易或》十卷（徐在漢）。

◎徐在漢，初名之裔，字天章，晚年乃易今名，字寒泉。安徽歙縣人。

徐仲謀等編 高齋易業 佚

◎董說《豐草菴文集》前集卷三《高齋易業序》：漢興，《詩》分為四氏，《易》有三家。《易》出於丁寬、孟喜者為田何之易，出於京房者為焦贛之易，出於琅琊王璜、沛人高相者為費直之易；《詩》傳於魯人申公為《魯詩》，傳於齊人轅固為《齊詩》，傳於燕人韓嬰為《韓詩》，傳於毛萇為《毛詩》。少時無識，輒笑前人為大儒斧鉞，便當總裁萬書，何至一經雄長，小其疆域。及讀漢《藝文志》，《易》有韓氏二篇，嬰所撰述漢臣封事亦引韓嬰《易傳》帝官王家，文在策書。韓氏治《詩》不廢爻象，考東海舊事則蘭陵孟喜父號孟卿，精《禮》《春秋》，授后蒼、疏廣，天下傳后氏《禮》、疏氏《春秋》，皆出孟氏，

喜既善其家學，復受易田王孫，以陰陽災變名家，不可謂《禮》《春秋》無助焉。不學六經，不足治一經，故治經，古人之所難也。數年發奮，欲約同志數十人，分五部治經：數人治《易》為《易》部，數人治《尚書》為《書》部，數人治《詩》為《詩》部，數人治《禮樂》為《禮》部，數人治《春秋》為《春秋》部，月則各考其部，歲則大會其成，五部之司問難相起，六經之義異同互見，鎮漢唐以來未定之說，鉤今日已上幽沈之書。抱志無成，鬱陶終日。戌上高齋諸子會同丘墳丞弼三聖，馳思揚輝，有嶽瀆之象。徐子仲謀、陸子繡公、沈子叔允，彙其《易業》，炤耀江左。采玉玄圃，無非夜光。易有人矣，彼四部者寂寞無音，而余奈何勿憂也？！

徐鼒 周易舊注 十二卷 存

國圖、北大、上海、南京、天津、遼寧、湖北、北師大藏光緒十二年（1886）徐承祖日本東京使署刻本

山東藏臺北成文出版社 1976 年無求備齋易經集成影印光緒十二年（1886）日本刻本

日本活字本

四庫未收書輯刊光緒十二年（1886）徐承祖日本東京使署刻本

◎周易舊注目錄：卷第一乾卦至屯卦。卷第二蒙卦至謙卦。卷第三豫卦至噬嗑卦。卷第四賁卦至離卦。卷第五咸卦至蹇卦。卷第六解卦至升卦。卷第七困卦至歸妹卦。卷第八豐卦至未濟卦。卷第九繫辭上。卷第十繫辭下。卷第十一說卦。卷第十二序卦、雜卦。右《周易舊注》十二卷，先大夫纂輯未成之書也。先大夫於道光己亥館揚州史氏，治《周易》，謂韓王程朱之說雖純駁不一，而外象數以言性命，終非聖人作易之旨。取明何氏楷、國朝惠氏棟、張氏惠言、姚氏仲虞之書參攷之，將為《周易舊注疏證》。乃詳稽孟、京以下諸儒迄於干寶，輯舊注若干卷。未幾聞先大父病革，遂匆匆卷篋歸。洎入直史館，又有《小腆紀年》之作。是稿僅付鈔胥錄成帙，而未暇為疏證也。今距先大夫捐館已二十餘年，鈔本藏庋笥中，幾遭蠹蝕，承祖懼其久而散佚，爰於奉使之暇，讎校付諸剞劂。原鈔未分卷次，別籤卷第幾於眉上，是否當日手定，抑及門諸子所分，不可詳。今仍之為十二卷，其中有未注明所引何書者，疑係傳鈔時漏落，與蠹簡脫字并從闕疑，不敢妄補，以俟他日校正云。光緒十二年歲次丙戌秋九月，男承祖謹志於日本東京使署。

◎同治《續纂江寧府志》卷之九上《藝文》上：徐鼒《周易舊注》十二卷。

◎同治《續纂江寧府志》卷十四之七《人物・儒行》、光緒《六合縣志・人物志》卷五之三：所著書已行世者有《讀書雜釋》十四卷、《小腆紀年》二十卷、《未灰齋文集》九卷。別有《周易舊注》十二卷、《度支輯略》十卷、《明史藝文志補遺》一卷寫定未刊。其《禮記彙解》《小腆紀傳》《說文引經考》惜未卒業。

◎徐鼒《敝帚齋主人年譜》一卷道光己亥年三十歲：是歲仍館揚州。先是，主人博洽眾經，而苦易義深奧，未卒業。贈公曰：「聖人言學易寡過，汝不思寡過乎？」取言易之書博觀之，謂王、韓、程、朱之說雖純駁不一，而外象數以言性命，終非聖人作易之旨。取明何楷、國朝惠棟／張惠言／姚仲虞之書，添注塗乙之，將有《周易舊注疏證》之作，乃詳稽孟、京以下諸儒，迄於干寶，輯《周易舊注》若干卷。

◎徐鼒《敝帚齋主人年譜》一卷卷末：生平手不釋卷，著述多燬於兵。見存者《周易舊注》十二卷、《四書廣義》卷、《小腆紀年》二十卷、《小腆紀傳》卷、《明史藝文志補遺》一卷、《讀書雜釋》十四卷、《度支輯略》十卷、《未灰齋文集》八卷外集一卷詩鈔卷，暨《禮記彙解》《戴記呂覽月令異同疏解》《說文引經考》《延平春秋》《老子／淮南子／楚辭／毛詩／爾雅／公羊／左氏》之校勘記各若干卷。

◎民國《六合縣續志稿》卷十五《藝文志》上：徐鼒《周易舊注》十二卷、《禮記彙解》《月令異同疏解》《說文引經考》（光緒《府志》《縣志》。按徐氏惟易注有刻本，鼒子承祖目錄序云：《周易舊注》，先大夫纂輯未成之書也。先大父於道光己亥館揚州史氏，治《周易》，謂韓、王、程、朱之說雖純駁不一，而外象數以言性命，終非聖人作易之旨。取明何氏楷、國朝惠氏棟／張氏惠言／姚氏仲虞之書，參考之，將為《周易舊注疏證》，乃詳稽孟、京以下諸儒，迄於干寶，輯為注若干卷，僅付鈔胥錄成帙，而未暇為《疏證》也。今距先大父捐館已二十餘年，鈔本藏庋笥中，懼其久而散佚，爰於奉使之暇雠校付諸剞劂。原鈔未分卷次，別簽卷第幾於眉上，今仍之為十二卷云）。

◎桂文燦《經學博採錄》卷五：拙著有《周易舊注》橐本三冊、《四書廣義》橐本十二冊，皆搜輯舊說，有取無棄，亦未敢以己見參之，有類鈔胥，無足觀也。

◎郭嵩燾《郭嵩燾全集・日記》咸豐八年七月廿九日：彝舟著述甚繁，

於明季事有《小腆紀年》《明史補》《延平春秋》三種；於經有《周易古註疏證》，較張皋文所輯多十餘家而加以疏證。又有《讀書雜釋》，十三經外，旁及《夏小正》《呂覽》《楚辭》《水經》《說文》《廣韻》《史》《漢》《晉書》各數條，皆考據之學。

◎俞樾《春在堂襍文四編》卷七《徐彝舟先生所著書序》：其生平所學，說經本之漢儒，為詩古文詞本之《史》《漢》《騷》《選》，盡去宋元以來空疏不學之弊，而亦不為近人穿鑿附會之言，祁文端公謂可與亭林、潛邱分席，聞者韙之。所著書已刊行者《未灰齋文集》八卷《外集》一卷、《讀書雜釋》十四卷、《小腆紀年》二十卷，而所未刊者尚有《周易舊注》《禮記彙解》《月令異同疏解》《四書廣義》等書凡如干卷，可謂精而多矣。

◎徐鼎（1810～1862），字彝舟，號亦才。南京六合人。道光二十五年（1845）進士，官至福建延平府知府，卒於官所。著有《周易舊注》十二卷、《四書廣義》、《禮記彙解》、《戴記呂覽月令異同疏解》、《說文引經考》、《小腆紀傳》六十五卷補遺五卷、《小腆紀年附考》二十卷、《爾雅注疏》、《讀書雜釋》十四卷、《小腆紀傳》六十五卷、《明史藝文志補遺》一卷、《延平春秋》、《度支輯略》十卷、《未灰齋詩鈔》四卷、《未灰齋文集》八卷、《未灰齋外集》一卷、《淮南子校勘記》、《楚辭校注》、《明史藝文志補遺》、《老子校勘記》諸書。

許伯政 易深 十一卷 首三卷 存

上海藏稿本

◎首三卷：上卦數本於河圖解；中易不為卜筮作說；下蓍數本於洛書解。

◎易深序：道之大原出於天，易之大亦出於天，河圖是也。夫圖何為而出乎？民之初生，有物有則，庶人之愚，不明爾德，明明天子，昭假於下，永賜爾極，陳常於時，下夏、上帝之志也。卦何為而畫乎？昊天孔昭，牖民孔易，相其陰陽，莫非爾極，我其儀圖之有倫眷，昭茲來許，率由羣匹，包羲之志也。辭何為而繫乎？先民有作，維其深矣。哀今之人，未知臧否，誨爾諄諄，辭之懌矣，聽用我謀，卜筮偕止，文王、周公之志也。易何為而贊乎？允文文王，續古之人，克明克類，以保其身，於時言言，示我顯德，行是究是，圖學有緝，熙于光明，孔子之志也。是故天開草昧，圖出於河；包羲則之，設象以盡意；文周興之，繫辭以明象；孔子贊之，立傳以釋辭。先聖後聖，其揆

一也。深哉易矣！憶歲在庚子，政年二十一，初得《易》讀之，解宗《本義》。己西拔貢，肄業成均，恭讀御纂《周易折中》，乃悟易學之廣大精微不盡於《本義》，於是取集說之所發明、御案之所開示，凡醒迷啟悟而最契於心者，敬撮而紀之曰：《折中》集要雖屬以管窺天，而已大愜飲河滿腹之願，歸而澄心體驗，啟居寢食，悟與為緣天時物候感興相發，經史羣籍理相與證，如是者有年，而循爻數畫之宿見浸捐矣。久之釋故引，似有所見即手疏之，語不拘繁簡，寧近毋遠，寧慤毋怪，寧謹毋闊，如是者又有年，遂成編。蓋自初讀迄今閱五十餘年，而馬齒亦聿既髦矣。邇來村居暇日過里中專經學易者，與之講論，每詫其與《本義》異旨，告以解本《折中》，或猶豫未遽信。竊惟御纂《折中》一書，闡四聖作述之心傳，端萬世易學之正軌，多士幸生聖世，經教昌明，允宜是訓是行，以近天子之光。而遐陬下士，或株守舊說而未之見，是惡可不廣傳而宣喻之乎？爰取集要中所紀御案暨集說分列於圖象卦爻辭傳之後，而以己所疏釋附焉。其則圖畫卦則畫生著者，分上中下三卷，為包羲氏之易；上下經各四卷，引彖象傳釋之，為文周之易；《繫辭》暨《說卦》《序卦》《雜卦》等傳，繹文釋義，分三卷，為孔子之易，凡十有四卷，以付梓人。自維膚末之見雖於《折中》之精蘊僅窺其萬一，而以公諸學易者，俾咸知正軌之所在而從事焉，則未必非自下升高之一助也。時皇清乾隆三十九年歲次甲午中春上浣之吉，巴陵石雲許伯政謹序。

◎四庫提要（題八卷）：是書以為圖書皆出太昊之世，卦數生於河圖，蓍數生於洛書，又兼取漢人卦氣、納甲及《京房易傳》、《火珠林》之法，而不用卦變及變占之法。其論卦變曰：「重卦自具兩體，凡傳稱上下者，如乾下乾上、震下坎上之類；凡稱進退往來內外者，如乾九四『上下無常，進退無恒』及否泰反其類也。泰之『小往大來』，傳曰『內陽外陰』；否之『大往小來』，傳曰『內陰外陽』之類，皆易例之顯而易見者。又剛柔之稱有以爻言者，有以卦言者，以義求之，皆象明理顯，無取於卦變之穿鑿。」其論變占曰：「《啟蒙》所論，依傍《左》《國》，參以己意，其實卜筮以衍忒，宜各隨其人其地其事其時而推衍之，乃能旁通其變曲暢其情，未可先為例以拘之。左氏卜筮之法，如秦伯伐晉，卦遇蠱，是六爻不變之卦，而其占全不用彖辭；孔成子筮立君，卦遇屯之比，史朝以靈公名元即以元亨屬之，孟縶弱行即以利居貞屬之，皆非繫辭之本旨」云云，其言甚辨。然所論有合有離，不能一一精確也。

◎《皇朝通志》卷九十七：《易深》八卷（許伯政撰）。

◎許伯政（1700～1784），字惠棠，號石雲。湖南巴陵珠港（今岳陽相思鄉）人。康熙五十六年（1717）入岳州府學。雍正六年（1728）補廩膳生，七年拔貢。乾隆元年（1736）應博學鴻詞，充任鑲藍、正白兩旗官學教習。乾隆三年（1738）順天鄉試中舉，七年（1742）中進士。知四川彭縣，創九峰書院。後轉知成都。乾隆十七年（1752）任禮部祭司主事、員外郎，旋任山東道監察御史，二十一年（1756）辭官歸家。潛心經學，手不停筆，心不離算，足不履城市，至老不倦，閉門著述二十餘年。又著有《詩深》二十六卷、《春秋深》十九卷、《全史日至源流》三十二卷、《事三堂文稿》。《湖南文徵》卷三十八收錄其《詩綱辨義》十三則。

許琮 易省 佚

◎同治《樂平縣志》卷九《藝文志》：《易省》《春秋傳》（以上許琮撰）。

◎同治《饒州府志》卷二十四《人物志》七：暮年日拈易一章，旁通曲體以為常課，所著有《易省》《春秋傳》《漣漪堂集》。

◎光緒《江西通志》卷九十九《藝文略》一《國朝》：《易省》，許琮撰（《樂平縣志》）。

◎許琮，字宗玉。江西樂平人。杜門續學，恬退不苟。讀書漣漪堂，與鄱陽陳曾、邑人王綱講學辯論無虛日，絕意仕進。

許德 周易便覽 二卷 佚

◎道光《續修桐城縣志》卷第十五《人物志・儒林》：肆力詩古文，潛心經籍。著有《周易講義》二卷、《周易便覽》二卷、《四書合參》六卷。

◎道光《續修桐城縣志》卷第二十一《藝文志》：《周易講義》二卷、《周易便覽》二卷（許德撰）。

◎道光《續修桐城縣志》卷二十一《藝文志》：《周易講義》（許德撰）。

◎光緒《重修安徽通志》卷三百三十五《藝文志》：《周易便覽》二卷（許德著）。

◎許德，字符高，學者稱退密先生。安徽桐城人。縣學生。生平醇謹篤厚，有古人風。授徒鄉閭，多所造就。以子邁孫鍠貴，贈如其官。卒年六十三。

許德 周易講義 二卷 佚

◎道光《續修桐城縣志》卷第十五《人物志・儒林》：肆力詩古文，潛心經籍。著有《周易講義》二卷、《周易便覽》二卷、《四書合參》六卷。

◎道光《續修桐城縣志》卷第二十一《藝文志》：《周易講義》二卷、《周易便覽》二卷（許德撰）。

許篤仁 周易新論 無卷數 存

溫州藏稿本

溫州藏清鈔本

山東藏上海商務印書館 1937 年鉛印國學小叢書本

臺灣文聽閣圖書有限公司 2009 年林慶彰主編民國時期經學叢書本

◎目錄：釋卦章第一。釋爻章第二。釋周章第三。釋易章第四。古代天文學說章第五。秦漢儒者用測候說易章第六。實測章第七。周易的時代章第八。周易的作者章第九。周易本文考證章第十。釋卜筮章第十一。十翼總論章第十二。河圖洛書正義章第十三。周易流派變遷談章第十四。

◎序：胡適之先生說「卦是符號」，這符號二字太普通，文字可稱符號，一切標識都可稱為符號。我不知他究竟指那一種。章太炎先生說「卦爻難得理會」，章先生研究態度到還真實，不把不知道的白詡為知。胡懷琛先生說「卦爻是上古的數目字」，我說古代卦爻原形，和傳到現在的卦爻形象是不同的，是三百八十四爻聯串在一氣的，那串在一氣的玩意兒是數不清雙的，怎麼辦呢？孫仲容先生說「卦爻和楔形文字相像」，許多歷史教本和文字源流一類的書，都說卦爻是邃古的文字。我說中國文字始於象形，這個卦爻究竟象什麼形呢？以上所引諸說，我對它非常懷疑。試拿最完全無偽而且是中國最古的《周易》本文來看，驟然亦看不出它究竟是什麼。再拿許多《周易》的註解來看，各有各的主觀成見，「見仁見智」任意亂彈，不但不足以解決我的疑問，倒反愈看愈糊塗了。

法庭辦理命案的方法，是檢驗或化驗，讓骸骨自己來證明。註疏對於《周易》，聚訟紛紜，莫衷一是，我只好採用法庭的驗骨法，把構成《周易》的骨幹「卦爻」和《周易》二字解剖開來，一一加以檢查，把檢查得的證據，記錄在第一章到第四章裏面——原來《周易》是殷末的天文學。但是中國各種學術，到現在還幼稚得很，幾千年前殷朝那個時候，怎能夠有天文學？這

是閱者應有的疑問。第五章就是把《周易》本文中間含有的天文學說，和漢以前所敘述的天文記載，摘集攏來答覆這個疑問的。第六章的大意就是表明「《周易》是天文學」。這點小意思並不是我個人的創獲，秦漢那時候許多學者已經說過了。第七章使用實驗方法來證明前六章中所引文字和傳說，的確可信。第八章用《周易》本文來證明《周易》的時代。第九章證明作易的人不是文王乃是季歷。第十章證明《周易》本文有大部分是籤語，有一小部分是天文學說。第十一章證明卜是選日、筮是叩問某事之是否可行，都和現在的「做卦」絕不相同。解釋《周易》的作品要算十翼為最早。第十二章是評論那些作品的價值的。中國的讀書人如朱熹們，都被「河圖洛書鳳鳥」這六個字迷惑住，弄不清爽。他們都因這六個字的關係，勢不能不承認《周易》是神物。第十三章就是說明這六個字的本義並不包含神異的意味，因而判斷《周易》不是神物。從殷末到清朝，關於《周易》的作品，都把他們主觀成見來裝潢《周易》，把《周易》弄成裝妖作怪、神祕玄妙、不可測度的殿堂。第十四章是把那些主觀見解，因襲變遷的陳跡，一一區分出來，歸入《周易》的七大流派——這並不是什麼了不得的學派，——使閱者知道中國人附會的手段真是高明得很！

　　我是一個習慣搜索尋常所認為無關緊要的疑問的癡漢。當新文學運動纔萌芽，中國社會變動和政權轉移的電影還未開演的時候，我在復辟碳聲鼎沸裏面，定下一個解釋中國文字的癡計畫：字音用閩粵蘇浙土音為準，而以古書的音韻為輔；字形以古書為主，而用金石為輔；從形聲變遷這兩條線索裏，把每一個字的形聲義的原委解說清楚，使人容易領悟，容易運用。這個背時而不自量的計畫，在當時自信力極其堅強，大有犧牲一切亦不之顧的宏願。依此計畫進行工作時，聲一方面，因我世住閩浙交界的泰順，有七種絕不相同的土音來做幫助，困難很少。形一方面，金石材料，因個人力量不能蒐集無遺，只得因陋就簡，專致力於經子史這三大部分。這三大部分在我眼目中，當時形成一部《中國大字典》，翻來復去，用土音、金石彼此互訂，趣味極濃，幾乎不知人世生活甘苦是什麼。每次得到未經前人道過的文義的時候，馬上就到戲園子去看戲，這是我自己獎賞我自己的法子。這種工作一直到民國十一年五月，先嚴慶府君逝世時纔停止。停止時，把七八年來的筆記和寫在卷端、行間的清理出來，依類編成《閩語證詁》《轉註淺說》《虛字用法》《諸子補詁》《詩經一斑》這五部。當日聚精會神所要編的字典，只有二千餘字，以

我個人力量，非三十年不能完成。《周易新論》這部是到民十七十八兩個下半年才編集完竣的。中華民國十九年五月四日，許篤仁識於杭州。

◎許篤仁（1887～1940），名超，字福同。浙江溫州泰順橫坑上塘人。又著有《周南補詁》、《轉註淺說》、《老子淺說》等藏於溫州圖書館。

許鳳崗　周易簡易錄　佚

◎光緒《江西通志》卷九十九《藝文略》一《國朝》：《周易簡易錄》，許鳳崗撰（《金谿縣志》）。

◎許鳳崗，江西金谿人。著有《周易簡易錄》。

許桂林　庚辰讀易記　二十卷　佚

◎李慈銘《越縵堂讀書記》：著有《庚辰讀易記》二十卷。

◎許桂林《算牖》之許喬林序：予弟月南遺書踰百卷，詁經者為多。《易確》及《讀易記》，門人將為雕版以行。

◎許桂林（1779～1822），字同叔，號月南（嵐），別號棲雲野客。江蘇連雲港海州板浦人。祖籍安徽歙縣許村。許喬林胞弟。嘉慶二十一年（1816）舉人。少孤，孝於母及生母，無間言。家貧，不以厚幣易遠遊，日以詁經為事。道光元年（1821）丁內艱，以毀卒，年四十三。著有《易確》二十卷《自序》一卷、《庚辰讀易記》三十二卷、《禹貢蒙求》一卷、《毛詩後箋》八卷、《春秋三傳地名考證》六卷、《穀梁傳時月日釋例》六卷、《漢世別本禮記長義》四卷、《大學中庸講義》二卷、《四書因論》二卷、《許氏說音》十二卷、《說文後解》十卷、《大元後知》六卷、《參同契金提大義》二卷、《立天元一導窺》四卷、《步緯簡明法》一卷、《宣西通》四卷、《算牖》四卷、《擢對》八卷、《半古叢鈔》八卷、《鹽議愚籌》一卷、《日月合璧五星聯珠考》一卷、《琴想山房傳聲譜》一卷、《味無味齋文集》十六卷《詩集》二十六卷、《七嬉》、《春夢十三痕》諸書。

許桂林　易確　二十卷　首一卷　存

北大藏道光十五年（1835）陶應榮等江寧刻本

天津、上海、山東、遼寧、湖北、四川、藏道光十五年（1835）江寧劉文奎局刻本

◎易確總目：

卷首自序一、自序二。卷一總論。卷二易圖。卷三易理。卷四易數。卷五易用。卷六易表（爻辰表、納甲表、卦氣表、八宮世應表）。卷七易說（上經乾坤）。卷八易說（上經屯至履）。卷九易說（上經泰至蠱）。卷十易說（上經臨至離）。卷十一易說（下經咸至睽）。卷十二易說（下經蹇至震）。卷十三易說（下經艮至節）。卷十四易說（下經中孚至未濟）。卷十五易說（繫辭傳）。卷十六易說（說卦傳）。卷十七易說（序卦傳）。卷十八易說（雜卦傳）。卷十九餘論。卷二十北堂永慕記（附）。

右《易碻》二十卷並自序一卷，凡二十一卷，吾師月南先生所手定也。別有《庚辰讀易記》二十卷，分《記論古義記》《辨新解記》《申臆見記》《存餘說》四目，容即校刊。先生至性淳粹，學問精博，躬行實踐，以聖域為必可至。吾州士大夫三請崇祀鄉賢，非私也。著述甚富，善化唐陶山先生為刊行《宣西通》三卷，玉田孫雲槎、寶山范濂泉兩先生為刊行《算牖》四卷。其未經刊布者，有《毛詩後箋》八卷、《春秋三傳地名考證》六卷、《穀梁傳時月日釋例》六卷、《漢世別本禮記長義》四卷、《大學中庸講義》二卷、《四書因論》二卷、《許氏說音》十二卷、《說文後解》十卷、《太元後知》六卷、《參同契金隄大義》二卷、《步緯簡明法》一卷、《立天元一導窾》四卷、《擢對》八卷、《半古叢鈔》八卷、《味無味齋文集》八卷《外集》四卷、《詩集》二十六卷外集八卷、《駢體文》四卷、《壹籟詞》二卷，應榮等將次第校刊，謹序其目於此。道光壬辰冬十月受業陶應榮、方薰、吳筠、吳基模，姪蓮瀚、藩裕等謹識。

◎唐鑑序〔註21〕：《易碻》，吾友海州許月南作也。月南於書無所不讀，默識沈思，窮搜審驗，必使聖賢無遺義並天地無餘蘊而後已。嘗謂理由數生，數依象見，九宮之點，畫象之最先者也，即數之所託始。循其次序，辨其方位，明著其奇耦，互觀其參兩，縱橫而詳察之，參錯而變通之，於是知乾為太極，知乾函坤而生六十四卦，知乾位西北最高處為天氣之所周布。象立數立，而理氣隨之，此《易碻》一書所由來也。夫乾陽也，以乾為主，尊陽也。尊陽而後可以抑陰，其言曰：「凡陰陽合居，見為陽不見為陰，乃得陰陽之正。陽饒陰乏，理充欲紐，君子道全，小人道缺」，可以知其意矣。月南為人剛明外渾，敬義內充，居平粥粥若無所知者。及當友朋會合，議論今古，舉凡理欲善惡之界、吉凶悔吝之來以及天地之盈虛消息、國家之治亂興衰、人事之絀伸

〔註21〕又見於唐鑑《唐確慎公集》卷二。

順逆，無不見之切而慮之詳，其得於絜靜精微者蓋已深矣。余嘗與月南講求乘方勾股三角八線之法，見其鉤致獨精，推測至隱，於方圓徑周平視斜立之定率百變焉而皆得其準，是以貫通九數、洞察九宮，窺先聖不傳之蘊奧，探高遠莫測之神奇，窮之直見大原，演之無非至理。此其所以為確，此其所以為月南之易也，學易者其善讀之。丁酉季冬，肥城唐鑑譔。

◎白鎔敘：吾友許石華嘗與余論易甚愜，頃以其弟月南所著《易確》來徵敘。其書能通漢宋之郵、究理數之要，體大物博，鉤深出顯，謂六十四卦皆以陽治陰、以陰從陽，必使君子常能制小人而小人盡化為君子，尤得易之大義。然則易之為教非獨憂患寡過之書，實聖人致太平之跡也。月南好學深思，踐履醇粹，州人三請崇祀鄉賢。弟子謹守師法，將次第刊布其遺書，亦足驗德修言立之符契矣。石華說易主于懼以終始，其要無咎。久不相見，願以終始之義共勉之。其月南所許也夫！道光甲午歲春三月之望，通州白鎔小迂甫譔。

◎陶澍序〔註22〕：《易》之為書，廣大悉備，其微言奧旨，未易窺也。而孔子於乾獨曰「確然示人易矣」，亦似易之義可於乾見之，即可於乾該之。乃後世之論易者，何其紛紜誕漫而不可紀也。田何以下，如孟喜之卦氣、京房之納甲，以及東漢諸儒所述爻辰消息升降旁通，率汩於小數。遞降至宋之陳、邵，始創為《先天圖》，橫斜曲直，排比整齊，幾類道家之符籙，而易之道愈雜而愈棼。夫大易首乾，乾之初一畫耳。一者何？元也。亨者元之通，利者元之普，貞者元之終，是故元為善長而統天。一與一為二，而成坤，坤亦乾也，坤之元亦乾之元也。故乾元曰「統天」、坤元曰「承天」。然而聖人於此有憂焉，憂夫一分為二，陽之數奇，陰之數耦，陽為君子，陰為小人，天不能有陽而無陰，世不能有君子而無小人，陰陽齊等，君子小人勢均，則將迭為消長。其究陽與君子之數，且不能以相敵，故作易而歸其用於乾，曰：「乾元用九而天下治」，而其用九則曰：「見羣龍無首，吉」，蓋有首則有尾，有首尾則有間，有間則有治有亂，而乾之體將有時而毀。無首者，終始循環，陰復生陽，治以繼治，人之見之但見為羣龍而已，而固莫得其斷續之迹也。於是焉出乎震以至成言乎艮，皆乾之為。而羣陰包於其內，斯之謂以陽治陰，而陰受治於陽；以君子治小人，而小人受治於君子。天下之治以此。是故《易》之為書，自天道以至人事，無非乾也。天以是成其於穆不已，聖人以是成其至誠無息。伏

〔註22〕又見於陶澍《陶文毅全集》卷三十六，題《許氏易確序》。

羲之畫、文王之彖、周公之爻、孔子之贊，豈有異旨哉？余嘗取乾之一卦反覆尋繹，而聖人作易之意宛若可見。今觀許君《易確》，何先得我心也！君通筭術，以易出於九宮。予則謂易始乾元，元即一畫，一積三，而乾以成。三其三為九，九宮亦出乾元，與君小異。至君謂易止帝出乎震一圖、河洛非二，則懸之日月而不刊矣。君名桂林，號月南，海州人。嘉慶丙子舉於鄉，生平著述甚富。余來撫吳時君已前卒，不及見。而君之兄石華〔註23〕亦以經學聞於時。近時說經之士，如君兄弟之實有所得者蓋鮮。門人將盡刊君之遺書，又請祀君於鄉，則其生平進德修業以孜孜自強不息者，亦可想云。道光十有五年秋八月之望，長沙陶澍。

◎自序一：易以乾為主，故以易名。曰「乾以易知」、曰「乾確然示人易」、曰「乾德行恆易」，是易皆乾之理也。易者象也，八卦成列，象在其中，聖人立象以盡意，而獨曰成象之謂乾，是易皆乾之象也。乾之數六，參其兩也、兩其參也，由是參兩以生諸卦，而六十四卦爻畫皆六，是易皆乾之數也。陽氣萌于黃宮，卦氣始於中孚而終于頤。中孚上下各一陽，陽居終始以統陰，陰在中以明受治于陽，是易皆乾之氣也。全易皆乾所生，故乾即太極，《漢書》謂太極元氣函三為一者，謂乾三畫以一陽統二陰也。太極非偏于陽者，函三為一而以一統二，一陽二陰也；以陽統陰，一理二氣，合理與氣乃為太極乃為乾。惟乾有陽有陰，故萬物資始，乾三其一，一統二以為乾坤，即二乾之三以為坤，是謂生兩儀。一統二是天能兼地二，其三是地，不能兼天，但順承而效法之也。于是以乾治坤，兩儀相交生陽，在上陽，在下陽，在中陽，在外四象而成八卦，因而重之六十四卦生焉。蓋坤在乾中，猶地在天中，合地與天乃全乎天，合陰與陽乃全乎乾。地之生成萬物，皆天氣所為，即乾用陽以治坤陰，而為六十四卦之象，可以該括乎萬理萬事者也。夫有陽不可無陰，陽用其陽而濟以陰之正，則有吉无凶；陽用其陽而治夫陰之邪門，則有厲無咎。以陽統陰，則名分倫紀之定也；以陽制陰，則政教學術之立也。乾三畫皆奇，而以一陽統二陰之義存焉。乍而視之，陰若不可見也。凡陰陽合居，見為陽不見為陰，乃得陰陽之正。陽饒陰乏，理充欲絀，君子道全，小人道缺。質二文一，謂之彬彬；十寒十暴，化物不醇。故其在六子也，離獨居正南為乾之大用，陽居兩端以治陰，陰得中而受陽治。惟離為合，故乾彖特稱大明終始，

〔註23〕陶澍《陶文毅全集》卷三十六《許氏易確序》「石華」作「前署東平陰令喬林」，又一本作「東平州牧」。

《說卦》特稱離為乾卦，卦氣始中孚終頤，皆所謂大離。上經終離，下經終二濟，離在內則曰既濟，離在外則曰未濟。下經始咸，則卦氣夏至，離用事。六日七分為咸，是離用事之始也。易之字從日從勿，勿古文物也。文王孔子皆用古文，易之勿皆為物，審矣。勿即乾，陽物；坤陰物。萬物資始，品物流形之物。日者眾陽之宗，離為日，而乾之字從日，與易同，故易即乾，而以離為大用也。古文陽作昜，從昜從一，易主乾陽，以定一尊，尤為著明。乾陽物也，而萬物資始，皆乾之精氣所為，故易從物。而物以羣分，八卦皆曰物，猶之成象謂乾，八卦皆曰象也。《繫辭傳》曰：「精氣為物，游魂為變。」精氣者乾元，乾以精氣始萬物，又謂之魂，游于坤以生六子，因為六十四卦，其成卦皆曰物。卦各有其精氣，而皆本乎乾之精氣。六十四卦者，乾游魂于坤所為；四千九十六卦者，乾游魂于坤所變。故曰變動不居，周流六虛，乾變動以行于坤之六虛也。精氣為物，不易之易也。游魂為變，交易變易之易也。其爻變，則陽變陰者皆主用陽以治陰，陰變陽者皆主用陰以從陽。故陽變而稱九，陰變而稱六，特于乾坤六爻後稱用九用六以發全易之例，莫非乾陽為主以治坤，而坤順承之。精氣為物，游魂為變，括全易之象法，變通而曰知鬼神之情狀者，鬼神非杳冥之謂，乃治亂理欲、君子小人往來詘伸之謂。情者意也，狀者象也，立象盡意，所謂成變化而行鬼神，皆德業之實也。幽明死生，亦此而已。仰觀俯察，即象所以立；原始要終，即意所以盡也。以乾陽治坤陰，乾統坤承，必无匹敵之理，亦无偏廢之理。天地之大德曰生，生生之謂易，乾之大生也。乾之大生而統坤，以廣生也。造化生三而殺一，治理德三而刑一，人道理三而欲一，豈有陰陽適均、消息相等者哉？乾不偏于陽，坤順承陽，六十二卦皆以陽治陰，以陰從陽，惟變所適，與時偕行，其道則一而已矣。君子居以治己出以治人，學術政事皆發于易。自來說易以虛者既無實用，說易以用者又每失中。有以為陰之與陽適相平均者，是欲敵理、小人敵君子也，非易道，實非天道也。有以為陽之治陰當使淨盡者，矯情絕欲，以言理欲即絕，而亦非理盛氣；攻小人以為君子，小人未去，而反以禍君子。非易道，亦非天道也。朱子稱莊周之言易以道陰陽，萬氏斯同非之。桂林以為易未嘗不道陰陽，而陰陽者理欲之象也，君子小人之象也。欲非必放辟邪侈，小人非必姦險凶頑，飲食男女謂之欲，欲仁欲善亦謂之欲。農工商賈謂之小人，小賢小德亦謂之小人。故易之于欲于小人，制而用之，非絕而棄之也。至于制抑姦凶之道，則夬姤剝復否泰遯壯諸卦及《上繫》鳴鶴在陰七爻，憂深思遠，長言

永歎，易之大用斯存。後之君子率意自用，既未深得易意，遂以己意說易。述其所以治小人之道，不越兩端：一則拱手相讓，一則戟指相罵。于是遯之小利貞本為小人當知遯避以受治于君子為貞也，乃謂君子當遯否之匪人；不利本謂否時小人雖得志，終必不利，若君子則常守其正，當以休否為志，不可浩然長往，僅思引退；大往則小來，君子所以不可往也，乃謂君子之貞于是而不利。誤解夬卦則揚庭而不惕號，誤解同人則君子自相攻克，誤解小畜則甚至將與小人同力以止君子。易戒壯頑，而後之君子似以不出戶庭之密為近于陰謀；易戒履霜，而後之君子似以藉用白茅之慎為近于疲弱。自漢至明，計君子之與小人十戰而常八敗，始不能感化，而又有以激之變；中不能駕御，而又有以養之成；終不能制伏，而又有以詒之患。則皆易教之不明耳。知乾之為太極而兼統陰陽，知乾之為太極而陽常為主，斯可无陰陽相均、以陽避陰、純陽无陰、以陰害陽諸謬說，庶幾君子之自處與處小人有所法效焉。夫乾陽統陰，為易之主，故三陽在內為泰，三陽得位為既濟，陽爻皆欲健而得其中，陰爻皆欲順而得其正。為君子謀至詳，為小人戒亦至切。昔賢謂易不為小人謀，似小人不可以讀易，未思小人之稱以理欲善惡定之。身雖君子，一念從欲，即一念之小人；一事不善，即一事之小人。乾之惕、震之恐懼以終始，正懼其為小人也。《中庸》戒懼、《大學》慎獨、堯舜憂危，皆有惟恐一念一事為小人之心。後賢泰然以君子自居，易之設戒，多所不屑觀玩者。至如迷復之凶、包承之吉，明示小人以吉凶，警之誘之之並用，而又謂不為小人謀，則易之戒為誰設乎？亦曰為君子謀，欲其善為君子，又欲其善治小人；為小人謀則欲其勿為小人，當善事君子而已。其在一人之身，則欲欲其從理，理欲其勝欲，故曰人謀鬼謀。百姓與能，使君子常能制小人，而小人盡化為君子。此則聖人成能矣，安有拒絕小人，不為作一改過遷善之謀者哉？易以乾為主，證之六書、稽之九數，古義乃明。易卦為書數之所起，孔子以古文書六經，《易》居其首，故易之為字，從日從物；乾之為字，有一氣出入之象，為八卦總統之義，必觀于古文而其說乃通，否則以勿為物，即或駭之矣。《漢書》稱伏羲畫卦由數起，孔子謂極數定象，班固語言而有徵。而胡氏渭力詆之，坐自不知數耳。易生于數，數在圖書。圖書二名為一物，九宮之數是也。二九四七五三六一八，以其數為圖，以其文為書。奇耦之點為圖，繪事始焉；一二之字為書，文字始焉。而《九章算術》無一法不具于九宮一圖之中。宋以來經術之士通于九數者絕少，其人茫然不解二九四七五三六一八之次序方位

有何義用，至與一六居北、二七居南之圖等而觀之，其尊圖書與攻圖書者，皆各持意見而中无所得者也。竊謂九宮一物兼名圖書，分言曰圖書，合言曰神物。中位為太極，居中而不動，則八卦不成，故參其兩以為六。乾以六數居西北純陰之地，純陽以治純陰，萬物于是資始而八卦生，而八方列其次序周環。揆以聖學王政制禮立教之義莫不密合，于天象之布列、歲氣之流行又惟肖也。班固稱「通合天人之道莫著乎易」者，此也。是故易有一圖著于《漢志》，當即九宮。九宮之圖，漢儒數所稱說，術家附焉，故《參同契》《疑龍經》皆稱九宮為河圖。陳、邵以前本無異說，至宋新出十數之圖，模《太元》而小變，祖康成之一說而誇為祕寶矜為獨得。又拾管輅牙慧為乾南坤北之方位，數百年紛紜推衍，與古之九宮八卦雜然並存。覈其所論，多近蹈虛，久乃以先天方位歸之道家，而攻先天者利其退入老氏，轟然喜諾，遂並九宮神物與十數偽圖一例毀斥，譬若風散東方之雲而西雲亦自翳日，則亦不習于數之弊也。九宮八卦方位著于《說卦》，乾南坤北，非經所有。乾西北、坤西南，其位固一定矣。竊謂九宮一圖卻有兩象，其一平觀之，離南坎北，乾坤聚于西方以成物，兌以人道處乾坤之中，三才合德，而萬物成也。其一斜立觀之，則乾上巽下，天氣環周，巽風天氣也，坤艮與五連居其中，地在天中之象也。而兌坎二水在上，離震二火在下，則《參同契》諸書水火順逆之說亦由是生。蓋唐以前，道術家言但遵易而依附之，未有改易而變置之者。至宋而乾南坤北改易方位，一奇一耦命為兩儀，累畫生卦，有四畫五畫之卦，與孔子成象謂乾、效法為坤、八卦成列、因而重之諸語顯然相違，竟有不達之士大惑不解，反疑《繫辭》《說卦》非孔子作。自王弼不言象數，即不註《繫辭》，尚不敢明言以駁孔子。楊簡乃謂近取諸身一節為不知道者妄作，至崔銑刪《說卦》諸篇，鄧夢文駁《序卦》，劉濂謂十翼無謂，薛甲刪《大象》《文言》諸篇，州仇、向魋之徒不絕于世，而腫背之馬以少見珍。孫陽眛目，亦或以橐駝為騏驥，是可戚已。此宜明加斥絕，一洗蠱蟊者也。或以《易》為聖人前知之書，亦失之甚者。聖人所謂前知，善則知其必吉，惡則知其必凶，故以遏惡揚善為教，而吉凶與民同患。大禹所云惠迪吉、從逆凶，惟影響易之大義也。鄭康成解《大學》致知為知善惡吉凶之始終，與《文言》知至至之、知終終之為進德修業、乾乾夕惕之道若合符節。若事皆前定，則姦凶亂暴之人得所藉口矣。是故聖人之言理至實也，懼以終始，不息為功，時中為用，其事盡矣，而後世以虛无為妙；聖人之言數至无定也，禍福无門，悔則无咎，迷復乃凶，其義

精矣，而後世以前定為神。二說之害道甚於楊墨。與易相反而託之于易，易之大蔽，尤當辨而黜之者也。數之乘除也，加一則異，減一則異，是无定也而皆有定；率以為之法，是无定之數惟理可以定之也。故命數之數，其理與算數之數同，九宮為算數，定率在其方位次序之中，自加減乘除以至乘方勾股，莫不備具。江氏永《河洛精蘊》言之最詳，惟圓周徑率近世考究益精，而真率未得。凡有二率，一曰徑一周三一四一五九二六五，泰西割圓算術之至精，而與祖沖之密術又相合焉。一曰徑一周三一六二二七七六六奇，錢氏塘、談氏泰覃思密驗以立術，而與秦九韶《數學九章》又相合焉。專家絕詣，莫能決定。桂林以九宮推求之，久而有得。徑五周一五七五九五三五以奇數右行，與五相閒以得此數，不用四隅之數，圓無隅也。而四隅之數合二十適為徑五之方周算法，方圓相函必同徑，九宮一圖為方圓同徑之定率，證以算術，悉合九宮位序，其可無疑矣。徑五周一五七五九五三五則徑一為周三一五一九零七。立彼二率，皆算家之極選，度所差不遠。而此率適居二率兩數之間，確乎可据，乃知羲、文以來，算數極精，而後失其傳。後賢窮幽極微，祇在九宮一圖之內，得不為神物乎？且方圓之徑，著數所從出也。大衍之數五十，先儒有二十餘說，多近牽強。近世毛氏奇齡說之，乃似十五；任氏啟運說之，不合算法。蓋不知九數之難以言易如此。桂林案：衍，《說文》曰：「水朝宗于海也。」乾行于八卦，始坎終兌，坎水歸于兌澤，朝宗于海之象。坎數一一、兌數七七，是以五十。乾純終始，于義為正大。再以九宮圓徑五推之，方圓同徑，其斜徑為外方外圓之徑；內圓徑五者，外方積必四十九九九九九九九八三二一九六八，是五十微不足，故大衍五十而用四十九焉，或比毛氏、任氏為安歟？揲著古法，蓋亦失傳。仲翔、夢得暨宋、張、郭、朱、蔡頗有異同，楊忠輔謂揲之以四四，乃一揲不可為奇，最為入理。今亦別立新法，比楊尤異。揆之于經，則庶有合耳。凡所論說，每有新意，非敢有意求新，期于得易之故也。或曰：「子以乾即太極，太極恐不當在八卦中。」曰：子觀夫水乎？流出于一，既而分流，有主流有分流，雖數分數十分，主流亦在諸流之中。其為主流可見，不能不與諸流並數為一流也。又觀夫木乎？枝生而一，既而分枝，有主枝有分枝，雖數分數十分，主枝亦在眾枝之中，其為主枝可見，不能不與眾枝並數為一枝也。其在九宮，參與兩為五，居中，陽兼陰者，乾之體；參其兩為六，居西北，陽治陰者，乾之用。故乾即太極，其在九宮，體用俱見。九疇之皇極即三德，王道正直即平康正直，甚明也。或曰：「子之揲著，

無乃太簡乎？」曰：四十九即卦一，古文簡明宜爾。分兩即以揲四之餘定卦畫，易道簡易宜爾。揲左則右可知，故祗當揲左。餘三為陽之正，餘二為陰之正，不變者也；餘一者獨陽不生，當變而統陰以大生，餘無者陰之斂藏肅殺，當變而承陽，以廣生也。不揲右，故別取右蓍，謂之扐。扐者十之一，五十而取五為扐，再扐以象，天數地數之皆五，然後畫卦之一爻。虞氏作再扐而後卦，是也。卦分揲歸為四營，然卦不用而數不變，故二十四營成六爻而曰十有八變而成卦。若據舊說，則七十二營乃成卦，簡易之道謂何？揲四即可定卦，必再扐而以奇歸之者，以備天地之數而定乾坤之策也。故下即接言天地之數乾坤之策。若如舊說，則四營成易二語當在乾之策前矣。經第言乾坤之策，而舊說分太少陰陽四策，亦為添出。夫四十九策而二分之，其均平約數不過二十四五六而已，不加兩扐則二十四之數，加兩扐則三十六之數。既揲以四，因四其六而二十四以象陰，四其九而三十六以象陽，揲餘一與三曰奇，則歸于扐，併扐言之為乾策；餘二與无，非陽奇則扐以備天地之數，而不歸為坤策。以陽治陰之義，即筮法而存也。或曰：「天一地二，子必以為在夫易，何為者也？前天數五子必謂在再扐而後卦後，毋乃泥古乎？」曰：《易》不經秦火，一無錯簡脫字，凡移易增刪者，皆欲強經以就己說耳，桂林一不敢從。據經解經，似覺經義自明，已具各卷，不贅論矣。于前人說易義例取反對，文王所以序卦也。曰爻變、曰互卦，《左氏春秋》所以論筮也。參取爻辰、納甲、六日、七分、世應、游歸以佐引申，皆前漢舊學，外此无取焉。虞、荀以降，變卦之說无一可通；陳、邵以來，卦位之改尤極无理。大卦之說，京氏本可通，頤中孚為大離，大過小過為大坎是也。後乃有言咸恆為大坎、損益為大離者。半象之說，虞氏本可通，需自大壯四之五，大壯本有震，故曰震象半見漸三變則外互艮，四居艮半，故曰四體半艮山是也。後乃直以兌有半坎、巽有半離，京氏飛伏生于世應，虞氏旁通則直謂陽下伏、陰不動之卦，皆下伏一卦，後乃謂之為錯。來氏、任氏轉益紛紜，鄭氏爻辰乾坤為主。陽爻皆乾，陰爻皆坤，本合易義，乃又以艮初亦巽爻、震二亦離爻，則斷不可通。凡此諸端，苟求便于附會而无當于經，皆弗取也。自鄭、虞以來，言象數者多致支離，故後儒乘其際而攻駁，意欲廢之。夫賣卜于市，其術至鄙，謂乾不三奇乎？小術之書，其說至誕，至謂太陽姓孫名開字子真，太陰姓唐名末字天賢。然言太陽過宮，與時憲術同，得以術士之誕謂太陽不過宮乎？且誤以旁通說飛伏，誤以納甲即爻辰，又有于漢學未曉而詆漢學者，如指稻為麥，遽以不

秀不實，欲與田草同薅，斯亦鹵莽之農矣。此外以韻言易，顧失十二，毛失十七，要无關易之指要也。以律呂言易、兵法言易，亦從易出而不必以言易者也。道家爐火亦從易生，而不當以說易者也。相宅相墓、六壬奇門、太乙五行皆用易之方位，可證宋以前无先天，而其見淺而偏，不足以說易者也。至于星官度數、朔閏步術、山川地形、人身脈穴，皆于易无涉，而或以說易誇多耀奇，如巫者之靈談鬼笑，皆非事實也。至以易為性命之書，易固言性命矣，當知盡性至命祇在修身齊家，化不可為，亦不過修齊之至善，別无幽奧之端最為微妙者也。其以易為卜筮而作，易固言卜筮矣，當知尊神信鬼乃是齊民之情，聖人至教因寓于民情之所尚，非為管、郭之輩著書祕受者也。大凡易學諸家，言理者或失之虛或失之偏，言象者或失之鑿或失之支，言數者或失之偽或失之雜，言氣者或失之瑣或失之固，元之又元，妙而无用曰虛；過猶不及，不用其中曰偏；刻舟求劍，膠柱鼓瑟曰鑿；指鹿為馬，拔茅連茹曰支；三統造術，補湊參兩曰偽；洞璣天方，舛互周徑曰雜；一風一雨，推求徵驗曰瑣；一屈一伸，裁截整齊曰固。象者理之立也，氣者理之行也，數者理之所生也，象氣數不明而言易理，夫是故虛則遁、實則僻。桂林之于易，敢云于絜靜精微有得乎？求免于八失而已矣。或曰：「理宜在數先，而子謂理由數生，可乎？」曰：生民以來，若惟一人一事，則无須窮理矣。夫惟倫物酬酢，其數多品，因時隨事，理乃宜窮。理非由數生乎？象數理氣皆天地人之所同，而理氣數皆依象以見，故立天地陰陽剛柔之象以盡人道仁義之意，聖人之崇德廣業、賢人之進德脩業具在其中，觀玩功深，可以通天下之志、定天下之業、斷天下之疑，此易之所以為教。孔子明明言之，諸儒言易，深淺不同，多與孔子異。異于諸儒以求不異于孔子，是則桂林學易之志也夫！海州許桂林譔。

◎自序二：凡說經當以經為主，如說易，不當分別漢魏唐宋也，荀、虞、王、韓、孔、李、程、朱孰是孰非，要以與經合者為是、與經違者為非耳。先天之卦位、無極之在太極前，其為經所本无甚明，不必多論矣。以陽治陰，乃易之大義，猶云以理治欲、以君子治小人，立陰陽為象以盡崇德廣業、進德脩業之意，此道之不變、理之至明者。諸儒說易，顧謂陰長陽當遯、小來則大宜往，拱手以讓小人，既乖至誠无息之正、蹈潔身亂倫之譏。而小畜、大畜且有以陰止陽之文，六四止初九之進、六五止九二之進，甚至謂上二陽與一陰同力止下三陽。同人本以五陽同治一陰，故象傳言柔應乎乾，而爻惟六

二稱吝，諸儒乃謂一陰為主、五陽應之，甚至謂五陽以各欲同于一陰，互相攻克，名不正而言不順，習焉不察，非桂林所敢安也。漢儒以消息說易，據伏羲十言之教，實與易緯「因陰陽起消息」之語皆經之所无。或以君子尚消息盈虛、天地盈虛與時消息證之，未思消息二字皆為減退之義，盈虛二字皆為不美之辭。君子好謙惡盈、貴實賤虛，故以消息之為尚剝為陰盛治剝之陰在于順而止之，即消息盈虛之義。天地之道，陽饒陰乏，亦正如此。天地大德曰生，故曰生生之謂易。不曰消息之為易，未有消息相等之天道也，故乾曰不息，升曰不息之貞，隨曰晏息，皆為息止之息。升象曰：「消不富也」，言不息為貞，消則不富。泰否道長、道消，以長與消對言，不以息與消對言，尤明著矣。咸之九四、艮之九三，竊以為聖學治心之要，乃皆美爻。而諸儒以咸九四為憧擾、艮九三為異端。夫聖學之功在于戒懼，易曰：「懼以終始」，道在于慎思而已。咸九四曰貞吉悔亡思得其正，則吉而悔可以亡，必憧憧往來以致精思，而後朋從之。朋從言百體皆從心也。《說文》訓憧憧為不定，即孔子所謂如之何、如之何。方大舜執其兩端，周公仰思未得之時，意亦不定，故往來之義，《繫辭傳》以日月寒暑喻之，大其辭也。憧憧往來即所以精義入神，若窮神知化、不思而得，乃德之盛耳。其曰一致而百慮，言理雖一致，而慮則百端，一事一理隨事處中，非思不可。象稱未光大者，往來以求其光大也。如諸儒解，則孔稱九思、孟戒弗思皆為不然，而《繫辭傳》當云百慮而一致矣。艮九三即乾九三，爻德至善為知止之學，艮其限之，限即發皆中節之節。列其夤之夤當從夕不當從歺。夤，敬也。孟氏易乾九三夕惕若夤，此正與同。厲薰心者，凜人心之惟危，防始燄之攸灼。爻變則為剝治，剝之道在順，以止艮限列夤即順以止之。克己復禮之目列為四勿，忠信篤敬之象，若參于前此之謂也。諸儒以夤為[字]，訓夾脊肉。而裂其脊肉之解脊骨如列之解，殊非雅馴，徒以爻有趾腓身輔，欲以限[字]配之，不知此爻明明言心以統趾腓身輔，限則心之節制，[字]則心之主宰，與咸九四以思為統正同也。咸之經明言貞吉悔亡，非惟不凶，並亦不吝。艮之經曰厲，正同乾九三。如諸儒說，憧擾薰心，不能比于咸晦艮輔，无乃一人以意為說，承其後者習焉，遂忘經耶？中孚豚魚當以虞氏易遯魚為是，與小過飛鳥相對。遯上九飛遯無不利，九家肥遯作飛，亦飛遯對舉，魚必潛淵之謂，遯魚不可脫于淵，猶人不可離于信，魚之遯，魚之信也。中孚以巽魚得兌澤，固遯魚之吉矣。諸儒于豚魚或云一物或云兩物，揆物情以合經旨，究有難通。小過大坎為飛鳥，明在經文，坎為鳥必矣。諸儒又

偏以離為飛鳥，不知坎中奇象鳥身，上下耦象鳥翼。篆文鳥字似取坎卦之意也。孔子不與馮河說易者，乃以馮河為泰九二之中行，而馮河之不當為句莫悟焉。古者刑不上大夫，說易者以劓刖與赤紱並論，九五之受福而劓刖之古本作臲卼，弗徵焉。卦有反覆，文王以之為卦序，其為易之大義无疑。黃氏宗羲、江氏永用以說易，彖往來上下最為得之。始破諸家卦變之迷謬。桂林竊謂《說卦》數往者順、知來者逆，正明反覆二卦相次之理。頤卦爻兩言顛，《雜卦》言大過顛也，顛即反覆。頤大過六爻之辭，必以反覆推之，其義乃通。陳氏法駁反對與伏卦之謬等，過矣。卦氣六日七分之說出前漢孟氏，其來甚古。而以陽為主，深合經意。復之七日，先儒以六日七分解之。說者或舉震、既濟兩七日相難，桂林以卦氣法求之，震春分用事，七十三分過解，六日七分為壯。震之七日在六二得壯也，既濟六二七日得則謂得濟剝之後，過艮六日七分而至既濟，治剝以止，故剝之後，艮止而得濟，故既濟次艮。既濟七日得以艮治，剝七日而陽得濟也。震者復之始，剝者復之反，則此兩七日者正與復互相同耳。且蠱巽二卦兩言先後三日，亦正以每卦六日七分，故言先三日後三日，易固無言四五日八九日者矣。黃氏宗羲、胡氏渭駁卦氣與先天之謬等，更過矣。易中此類，不勝枚舉，一得之見，所為不敢不述以質于明哲者，冀于經无所違，則于諸儒不能不有所違耳，謹編次解經正義為《易碻》。孔子曰：「夫乾，碻然示人易矣。」桂林說易，以乾為主。其辨論諸家，別為《讀易記》。排駁先儒，或有小過，誠慮先入之言惑人已久，不折辨之，其迷不破，極之為罪，猶冀見諒于實事求是之君子焉。夫學問之事，後者取資于前，其為功是諸儒。或好自立異而不以經為主，或謹守師法而亦不以經為主，減穀亡羊，其失相等。篤學之士，皆重師法，以為漢世風義。竊謂師法前漢時為盛，去古甚近，其所謂師法，亦實可據依。今前漢易施梁邱二家湮沒已盡，孟氏僅有存者。若言師法，不過後漢之末，鄭、虞二家。虞雖以易名家，知乾陽為主，而消乾減乾大義既失，旁通之變曲解多端。鄭氏經術精博，而于易實近疏陋。後來易學難明，正以出王、韓之虛无。即入鄭、虞之迂滯，莫由啟蔀帝而見光明也。桂林一據文王、孔子本經，取讅于六經、《論語》之義理，兼采晚周盛漢諸傳記，以資參證，非敢以古為讜也。偽三墳託于三皇，纔供拊掌，非所晞矣。要以經為主而已。為鄭、虞學者，或以師法相責，亦有鄙意之可陳。鄭親受業馬融，就二人易說在者言之：馬曰朋盍簪；而鄭為盍簪，簪，速也。馬為猶豫疑也，而鄭作由豫由用也。馬曰童觀童，猶獨也；而鄭

曰：稚也。馬以天命不右為天不右行；而鄭曰：右，助也。馬以夷于左股為日隨天左旋；而鄭作睇于左股，以離目釋睇，以九三爻辰在辰，辰得巽氣為股。馬謂先甲後甲者，甲在東方艮在東北，故曰先甲，巽在東南故曰後甲，甲為十日首，蠱為造事端，不令而誅謂之暴，故令先後各三日，欲使百姓徧習行而不犯；而鄭以先三日為用辛，取改過自新，後三日為用丁，取丁寧之義。是鄭不守師法也。虞氏五世傳孟氏易，而孟氏作夕惕若厲，虞作厲。孟作疑于陽，疑為疑似；而虞作凝。孟作榰恆；虞作震恆，震，動也。孟云覿陸，獸名；虞以覿為覿爾而笑，陸為和睦。是虞不守師法也。然桂林不言師法，實以經為本。師說之與經合者，皆我師也。如以乾為主之大義，先儒已見及此。桂林觸發引申，以闡發本經之蘊而已。且无論徵引所及，乃吾師法所在。即如黃梨洲、胡朏明諸人之論圖書，頗為桂林所駁。然其論說，于數百年榛莽始加埽除，正桂林因而得辨與砥礪之所資，是亦我師也。當代大儒，鑒其區區治經之勤焉，可矣。桂林譔。

◎摘錄卷一首：恭讀《周易折中》御案曰：「乾即太極也，偏言之則可與坤對，亦可以與六子並列；專言之則地亦天也，六子亦一天也。」又曰：「太極摹作圓形者始自周子，朱子蓋借之以發易理之宗，學者不可誤謂伏羲畫卦真有是象也。」臣桂林謹繹聖謨，潛心易緼，伏見康熙以來諸臣之註易者如陳法《易箋》、王又樸《易翼述信》、程廷祚《人易擇言》、惠棟《周易述》凡數十家，雖漢宋殊塗，各明一義，皆見采於四庫。桂林蠡測所及，恭闡聖人之意，固以尊聖宗經為職志云爾。

◎摘錄卷二十《北堂永慕記》頁五：桂林自十三歲自以次補讀《周易》《三禮》《三傳》《爾雅》，又借讀《史記》《漢書》《資治通鑑》《說文》《文選》《唐文粹》諸書于友人卓筆峰家。

◎摘錄卷二十《北堂永慕記》末：四十餘年中，恩重萬鈞，一鉢莫報，榆景忽暮，樹風不停，讀禮增悲，遂專學易。自己卯仲冬十八日至庚辰九月朔，編次所得學易之說，定為《易確》十九卷，並自序一卷為二十卷。又辨論諸家得失別為《庚辰讀易記》二十卷。生經術昌明之盛時，前人或引其端，或導其源，準姬孔之本義，酌理數以取中，愚者一得之見，殆有更僕未可終者。當代經術大儒，明鑑平衡，或有取焉。書作于居憂之日，故以所述生母事略為《北堂永慕記》一卷綴於簡末，非妄比古人敘傳之例也，亦非闇于著書之例也。唐陶山先生作《岱覽》，附陶山于泰山，蓋太夫人之塋在焉。桂林烏鳥私忱，

竊同斯怡，後之君子亦哀其志也夫。桂林謹述。

◎民國《歙縣志》卷十《人物志·士林》：著有《易碻》十二卷、《穀梁釋例》四卷、《許氏說音》十二卷、《說文後解》十卷。尤精於算，有《宣西通》三卷、《算牖》四卷。江都羅士琳師事之，弟喬林亦有名。

◎民國《歙縣志》卷十五《藝文志·書目》：《許氏說音》十二卷、《說文後解》十卷、《穀梁釋例》四卷、《易碻》十二卷、《宣西通》三卷、《算牖》四卷（俱許桂林）。

◎《清史稿》列傳第二百六十九《儒林傳》三：桂林於諸經皆有發明，尤篤信穀梁之學，著《春秋穀梁傳時日月書法釋例》四卷。其書有引《公羊》而互證者，有駁《公羊》而專主者。陽湖孫星衍嘗以條理精密、論辨明允許之。又著《易碻》二十卷，大旨以乾為主，謂全易皆乾所生，博觀約取，於易義實有發明。別有《毛詩後箋》八卷、《春秋三傳地名考證》六卷、《漢世別本禮記長義》四卷、《大學中庸講義》二卷、《四書因論》二卷。嘗以其餘力治六書、九數，著《許氏說音》十二卷以配《說文》，又著《說文後解》十卷。又以岐伯言「地，大氣舉之」。氣外無殼，其氣將散；氣外有殼，此殼何依？思得一說以補所未及。蓋天實一氣，而其根在北，北極是也。北極不當為天樞，而當為氣母。因採集宣夜遺文，以西法通之，著《宣西通》三卷。又以算家以簡為貴，乃取欽定數理精蘊，撮其切於日用者，著《算牖》四卷。生平所著書四十餘種，凡百數十卷。甘泉羅士琳從之遊，後以西算名世。

許克勤 讀周易日記 一卷 存

光緒十六年至二十二年（1890～1896）雷浚、汪之昌輯刻學古堂日記四十種本

◎許克勤，字澡身，號勉甫。浙江海寧人。自幼隨季父寓蘇州，肄業蘇州正誼書院、江陰南菁書院及上海求志、格致書院。精輿地圖繪與音韻文字。光緒間，湖南學政江標、四川學政吳郁生後先禮聘，均以親老婉辭。著有《讀周易日記》《經義雜識》《論語古注集箋補正》《十三經古注》《方言考》《方輿韻考》《西域帕米爾輿地考》諸書。

許亮弼 周易虞義直解 十一卷 存

咸豐五年（1855）軒溪書屋刻本

◎自序略曰〔註24〕：惠徵士棟著《周易述》，大旨宗虞，而義有難通處，仍采荀、鄭參入。閱者以未能專一為嫌，又自鼎以下十四卦俱缺，其上下《繫》及《序卦》《雜卦》皆於虞義無所發明。張編修皋文起而治之，謅者辨訂，略者增廣，成一家言，昌明漢學，以傳後於世，固虞氏功臣也。弼求其端，於消息往復相尋，窺探漸熟，究發揮旁通之用，而歸於既濟定焉。要不出於陽息陰消，而數往者順、知來者逆，其本皆以乾元用九而貞乎一。每有心得，輒記錄之。其無事引伸者，直用原注、增注之文；其有待衍說者，間附己意。而竊加按字以示別。務在剖明，止求直截易了，不為艱深。雖無以兼荀、九家、鄭康成之全，亦可以樂而忘老矣。

◎光緒《武陽志餘》卷七《經籍》：《周易虞義直解》十一卷，國朝許亮弼撰。

◎許亮弼，江蘇陽湖（今武進）人。著有《周易虞義直解》十一卷。

許懋昭　易圖合訂　佚

◎道光《續修桐城縣志》卷之十一《人物志·孝友》：著有《六十四卦會圖》及《易圖合訂》，學者稱之。

◎道光《續修桐城縣志》卷二十一《藝文志》：《六十四卦會圖易圖合訂》（許懋昭撰）。

◎許懋昭，字滄輔。安徽桐城人。讀書砥行，不務進取。性孝謹。於學，六藝淹貫，而尤精於易理。

許懋昭　易圖合訂　佚

◎道光《續修桐城縣志》卷之十一《人物志·孝友》：著有《六十四卦會圖》及《易圖合訂》，學者稱之。

許清奇　周易明象　佚

◎光緒《漳州府志》卷之四十一《藝文》一：許清奇《周易明象》《匯例雜論》《象峰集》。

◎許清奇，福建漳州南靖縣人。著有《周易明象》《匯例雜論》《象峰集》。

〔註24〕錄自光緒《武陽志餘》卷七《經籍》。

許燃藜 易經匯粹 佚

◎道光《徽州府志》卷十一之四《人物志·文苑》：資力穎敏，肆力於箋傳注疏，著《易經匯粹》，《詩／書／禮》俱纂其要旨，手鈔共百餘卷。又嘗輯族譜。

◎許燃藜，字乙光，號青閣。安徽婺源（今屬江西）許村人。甲戌正貢。

許汝霖 易經說 十二卷 佚

◎乾隆《杭州府志》卷五十七《藝文》一：《易經說》十二卷（國朝禮部尚書海寧許汝霖時菴撰）。

◎許汝霖（？～1720），字時庵，號且然。浙江海寧硤石人。康熙二十一年（1682）進士，選庶吉士。曾督江南學政。二十六年典試四川。歷任禮部侍郎、吏部侍郎，後晉升禮部尚書兼理吏部。歸里後築也園於東南湖，讀書著述。創東山書院。著有《易經說》十二卷、《鈍翁文鈔》、《四書大觀》、《德星堂文集》諸書。

許三禮 續易經讀法 存

南京圖書館參清刻政學合一集本

◎許三禮（1625～1691），字典三，號酉山（三）。河南安陽人。先後師孫奇逢、黃宗羲，博通經史。順治十八年（1661）進士。知浙江海寧縣，創正學書院、海昌講院，數延黃宗羲集眾主講。康熙八年（1669）授福建道御史。二十六年（1687）升通政司右參議。次年升太常寺少卿，轉大理寺卿。同年十二月升順天府尹。二十八年（1689）升右副都御史、兵部督輔、右侍郎。著有《聖學直指》《易貫》《讀禮偶見》《聖學問答》《海昌講學集注》《政學合一集》《考正史綱說》諸書。

許三禮 易貫 佚

◎《河南通志》卷五十八《人物》二：著有《易貫》諸書行世。

許樹棠 三易偶解 一卷 存

南京藏花近樓叢書本（稿本。附歸藏母經）

管庭芬叢鈔本（清鈔，無附）

◎許樹棠（1785～1812），字思召，號憩亭。浙江海寧人。許沖之子。嘉

慶十四年（1809）恩科進士。寓都門時作《詩經緯解》四卷，又著有《澹圃詩文集》二卷、《憩亭雜俎》一卷及《驌驦裘》、《鳳求凰》諸傳奇。

許舜屏 易經白話注解 四卷 存

上海中原書局 1934 年再版排印本

臺灣文聽閣圖書有限公司 2009 年林慶彰主編民國時期經學叢書本

◎易經白話注解序：易道精微，談何容易。所以孔子說：「假我數年，五十以學易」，可見易是不易解的。晉時何平叔說：「善言易者不言易」，這明是欺人的話，大約是因為易的難解，所以還是以不解為妙，這也是藏拙的法子。我如今要拿白話來解說，這真是拙極了的。而且自己已曉得易學未深，只好依了他的文理，逐句解釋，不知有無錯誤的地方。孔子說：「知我罪我，其惟《春秋》乎？」我只好學他的語氣，說一句：「知我罪我，其惟《易經》乎？」但是這冒昧疏忽四個字，我自己曉得不免的了，尚望讀者諒之。民國二十年歲在辛未春日，武林許月旦自序，時年六十有九。

◎目錄：卷之一上經：乾坤屯蒙需訟師比小畜履泰否同人大有謙豫隨蠱臨觀噬嗑賁剝復無妄大畜頤大過坎離。卷之二下經：咸恒遯大壯晉明夷家人睽蹇解損益夬姤萃升困井革鼎震艮漸歸妹豐旅巽兌渙節中孚小過既濟未濟。卷之三《繫辭上傳》、《繫辭下傳》。卷之四《說卦傳》《序卦傳》《雜卦傳》。

◎許舜屏，字月旦。浙江杭州人。又著有《碧蓮居遺稿》不分卷附補遺一卷、《評註王陽明先生全集》。

許舜屏 易經語文解 四卷 存

錦章書局 1937 年排印國學讀本本

許體元 周易匯解衷翼 十五卷 佚

◎四庫提要：其書大旨以象為主，每於一卦，先觀本象，次觀繫辭所取之象，凡時、義、德、用之所在胥於象中見之。然謂八卦有本象、有象中之象、有理中之象，又謂象中象、理中象各有兩端，有自然之象、有懸設之象，多端辨析，未免涉於煩碎也。

◎阮元《文選樓藏書記》：《周易匯解衷翼》十五卷，國朝貢生許體元著，抄本。是書闡釋易義，獨抒己見，卷首有說二十四卷。

◎《清史稿》、《清朝通志》：《周易匯解衷翼》十五卷，許體元。

◎乾隆《寧夏府志・朔方志》：著有《春秋傳敘》《易經匯解》。

◎許體元，字御萬。寧夏靈武人。乾隆十一年優貢。任安定縣司訓，尋告休。賦質純樸，沉潛理學，尤精於易。年七十七卒。

許維植 大易理占 四卷 佚

◎乾隆《杭州府志》卷五十七《藝文》一：《大易理占》四卷、《易卦吟》一卷（國朝舉人海寧許維植德培撰）。

◎許維植，字德培。浙江海寧人。舉人。著有《大易理占》四卷、《易卦吟》一卷。

許維植 易卦吟 一卷 佚

◎乾隆《杭州府志》卷五十七《藝文》一：《大易理占》四卷、《易卦吟》一卷（國朝舉人海寧許維植德培撰）。

許錫祺 讀易補義 佚

◎劉汝錫《讀易補義序》〔註25〕：《易》自朱子《本義》出，與《程傳》並行，而千餘年出入於讖緯、老、莊之學者，至是始撥雲霧見青天。元明以來，諸儒類多纂述，要皆墨守程朱，即間有所得，亦由《傳》《義》以暢其說。蓋《易》之為書，義理象數非判然為二，程子言義理而象數存乎其中，朱子言占筮而義理存乎其中。朱子非略於義理也，以義理已備《程傳》，故主占筮，使讀易者知由人事以推天道，即由天道以明人事，此莫牖民覺世之心，實與數聖人作易垂教之旨若合符節，易可不讀乎哉？第今人讀易多在童年，比長通曉文義，每視易為幽深玄妙，不復尋繹其旨趣，以致句讀之間率多沿誤。不知易也者，大而天地萬物，未嘗一息間，小而愚夫愚婦不能一日離。凡人生一動一靜一語一默無在非易，正不獨吉凶消長之理、進退存亡之道關乎人生大節已也，易可不讀乎哉！以夫子之聖讀之至韋編三絕，年幾七十猶欲假年以求免於大過，則甚矣易終身之學也。終身讀之惟恐不能盡，即合千百世之賢人君子讀之亦終恐有不能盡者矣，吾敢曰易之義已盡於前人之書哉？吾鄉青墅先生，夙研性理，晚年尤耽於易，一句一讀必融貫全經，參以各家議

〔註25〕錄自民國《青浦縣續志》卷二十二《藝文志》下。

論，務營於經傳之旨，且多以經解經，令讀者祇讀經傳本文而義理自見。嘗謂「四聖人心源一貫，傳義即經義也」，此先儒尊經之意，亦即先生今日之志也。先生為淞濱先生友，往嘗輯淞濱遺集，中有說易之書曰《周易臆解》，與先生此書體例各別。《易解》自為一書，不明經傳，先生專為讀易者正其文義，故二書繁簡不同。易學之失授久矣，今二十年間《易解》成於前、《補義》踵於後，以錫之讜陋，並得親觀兩書之成，亦云幸矣。顧補義者，補其不足也，非謂有補義而前人之說可廢也，即先生亦非取足於此而不復讀也。惟不能一日不讀，又不能一日竟讀，是以隨讀隨補，名之曰《讀易補義》。此後續有所得，則必有待於續補也。先生今年六十有三，精神不減少壯，息交罷遊，課其子若徒，一燈熒熒，無間寒暑。計自今以後，皆讀易之光陰也。錫與先生為忘年交，先生之學業無窮，期錫之得與於斯道者亦豈有涯涘哉？謹先為此序以質先生。光緒丙戌。

◎許錫祺（？～1876），號莘甫。松江人。與同邑戴高、陸芳曙、戴承澍友善。又交崑山吳以辰、傅鈺、傅春江，以經學相切劘。以為五經會歸於《易》，《四書》會歸於《中庸》，先儒語錄，籍以證經旨，非捨經別求性理以學聖也。著有《周易臆解》四卷、《寱言》三十卷附《質疑》一卷、《侍疾日記》一卷、《許松濱先生條答》四卷附評一卷、《初學入門》一卷、《松濱詩文集》四卷。

許錫祺 周易臆解 四卷 存

南京藏光緒十七年（1891）劉汝錫等刻許松濱先生全集本

◎卷前題：青浦許錫祺莘甫著，同里戴承澍青墅編次，及門諸子校訂。

◎目錄：

《周易臆解》（丁卯戊辰）凡七十九條。《周易臆解》（己巳庚午）凡七十三條。《周易臆解》（辛未壬申）凡六十八條。《周易臆解》（癸酉甲戌）凡八十三條。

先生於丁卯歲著《周易臆解》，卷帙無多，澍取集中凡論易之處，以類編入，成書六卷（入邑志《藝文》）。今錄其尤精粹者四卷行世。原編附《卦爻象便覽》，今統入外集。光緒辛卯冬十月戴承澍識。

◎光緒《松江府續志‧藝文志》：《周易臆解》六卷。按錫祺著作等身，是書尤其精力所萃，門人熊其英力稱之。

◎戴承澍《淞濱全集序》〔註26〕：松江為《禹貢》三江之一，隸青境者東西綿亙三十里。漢晉以來，類多文章氣節之士，自我同里先達王給諫親承當湖遺緒，而濂洛之風始沾被於吾邑，惜不數傳，風流歇絕，識者歎焉。吾友許淞濱先生崛起衡茅，少刻苦，枕經藉史，氾濫百家，酷嗜宋五子書，而折衷於鄒魯，潛心默識垂二十年，人莫測其所至。承澍與先生總角交，間承指示一二使隅反。終年奔走衣食，慚負良多。遭寇難後，同依滬瀆，旦夕討論，始克挹其素抱。今所編遺書數十萬言，率多滬作。在當日深藏若弗有，而今觀之，則往所言歷歷在目也。先生之學，漏徹天人，貫通經子，其詔示來學也一稟經訓，或援舊聞，或本新知，言之罔不親切有味，令人動容。在滬十年，始若不知有先生，既德輝所及，聞望日崇，造廬請業者踵相接，群推之，日聲孚。先生迨歸教於鄉，而鄉之想望丰采匪朝夕。私喜十年之後，所成就非淺鮮也，而孰知未及五稔，遽有山頹木摧之感哉。方先生寢疾也，承澍適赴禮部試，聞信即遄歸，而先生易簣已相距十日矣。展拜遺容，不覺失聲。其孤浚奉遺稿請編定，承澍垂老無成，辱故友之惓惓，悉心校讀半載而得綱領，兩閱寒暑，編次甫定。《寱言》《易解》平日讀書窮理有得之言也，《大學圖》鉤元提要以示初學者也，故名《初學入門》。《條答》因問而答，又引伸之以相長者也。益以詩文，凡分類六，分卷六十三，名曰《淞濱全集》。先生門人劉子汝錫手錄成書，藏之篋衍。又十年而承澍日就衰老，劉子議梓先生書以廣其傳，乃屬與周君之鍔同心校理，去其繁複，約為四十三卷，視原編存什之四。夫傳世之言豈貴多乎哉？異日者，人讀其書，大昌先生之學，或欲搜餘緒以刻其剩稿，則原書具在，仿《三魚堂剩言》之例續為獵捶可也。光緒壬辰。

◎錢仲聯主編《廣清碑傳集》卷十三：著《周易索解》，以性理闡陰陽消息，自言博觀漢魏以來諸家註易，方知《程傳》《本義》折衷至當。

許永宣 萬山堂易說 存

嘉慶四年（1799）萬山堂刻本

◎許永宣，雲南建水縣人。

許沅 周易證經異句 三卷 存

光緒十一年（1885）陸嗣章鈔許氏證經異句本

〔註26〕錄自民國《青浦縣續志》卷二十二《藝文志》下。

◎許沅，著有《周易證經異句》三卷、《尚書證經異句》一卷、《偽書證經異句》二卷、《毛詩證經異句》一卷、《周禮證經異句》一卷、《夏小正證經異句》一卷、《左傳證經異句》四卷外傳一卷、《公羊證經異句》一卷、《穀梁證經異句》一卷、《四書證經異句》四卷、《爾雅證經異句》七卷，計二十七卷，合稱《許氏證經異句》。

許之衡 周易大義通釋 不分卷 存

山東藏民國東成印字館鉛印本（佚名批校）

◎許之衡（1877～1935），字守（受）白，號飲流，又稱曲隱，筆名許守微。祖籍浙江錢塘（今杭州），生於廣東番禺。曾於廣州廣雅書院師從康有為。1903 年中副榜貢生，又遊學日本，畢業於明治大學。曾任教北京大學。又著有戲曲《霓裳豔》、《玉虎墜》、《錦瑟記》，重校改訂戲曲《重校胭脂記》和《玉梅亭》、《飲流齋說瓷》、《中國音樂小史》、《戲曲源流》、《曲律易知》、《作曲法》、《中國戲劇研究》、《曲學及曲選》、《詞學及詞選》、《守白詞》。

許作楫 春問亭集易草 佚

◎嘉慶《蕭縣志》卷十三《人物志》二：賦性奇敏，多著述，好讀《左氏》書，喜《莊》《騷》文，詩學李杜，書法兼數家。明末膺選貢舉賢良方正不就，學益博。年七十六卒。所著有《春問亭集易草》《四書解》《毛詩正韻》《說文堂字說》。

◎許作楫，字二濟，一字天船，人稱畫岩先生。安徽蕭縣人。

玄虛子 易象心解 一卷 存

山東藏民國石印本

◎玄虛子，生平不詳。

玄虛子 易學初範 一卷 存

山東藏民國石印本

薛傳源 易詁商 三卷 存

南京藏道光刻本

◎李兆洛《養一齋文集》卷十五《薛資塘先生傳》：著詩文稿若干卷、《易

註》若干卷、《海防備覽》若干卷、《讀史一得編》若干卷、《揮暑耳譚》若干卷，多版於世。子清瑞潢步甲皆能世其業。

◎周中孚《鄭堂讀書記補逸》卷二：凡為說一百四十四條，大旨謂學易當以孔子十翼為歸，而不得有拂乎聖訓。因彙註疏及《程傳》《本義》諸家之說，以折衷於一是。其以漢儒詁訓訂正《本義》者，頗多精確；而純用臆斷，有乖義理者亦復不少。蓋醇疵參半者也。書成於嘉慶乙丑，自為之序。芝塘尚有《文集》十二卷，與此編同刊，中多考論之作，尚未之見云。

◎民國《江陰縣續志》卷十五《人物》一：著有《資塘文稿》十五卷、《資塘詩稿》十五卷，皆版行於世。又有《海防備覽》十卷、《江干叢草》、《易詁商》、《讀史一得編》、《揮暑耳譚》凡若干卷。

◎薛傳源，字河明，號資（芝）塘，晚自號小黃山樵。江蘇江陰人。歲貢生。代有隱德。

薛鳳鳴　易經會意解　佚

◎乾隆《翼城縣志》卷十五《人物》：著有《四書要言》《易經會意解》等書。

◎薛鳳鳴，字扶搖。江蘇揚州南河下人。順治二年（1645）恩貢。知陝西周至。

薛光錡　象數難題細草一集　一卷　存

國圖、上海、瀋陽、徐州藏光緒二十九年（1903）上海文明書局刻怡怡軒叢書本

◎薛光錡，江蘇無錫人。又著有《新三角問題正解十一編》。

薛嘉穎　易經精華　十卷　末一卷　存

日本國會藏光緒學庫山房刻四經精華本

◎薛嘉穎，福建侯官（今閩侯）人。嘉慶丁卯舉人。又著有《詩經精華》十卷。

薛嘉穎　易經精華　六卷　末一卷　存

國圖、廈門大學藏道光元年（1820）光韡堂刻本

山西大學藏道光七年（1827）姑蘇步月樓刻本

南京藏咸豐元年（1851）蘇州會文堂刻本

山東藏同治四年（1865）緯文堂刻本

天津藏同治五年（1866）三益堂刻本

上海藏同治七年（1868）蘇州綠潤堂刻本

國圖藏光緒二年（1876）刻浙寧簡香齋印本

國圖藏光緒二年（1876）刻寧郡汲緶齋印本

日本京都大學藏光緒九年（1883）上海掃葉山房刻本

山東藏光緒十六年（1890）宏道堂刻本

光緒十一年（1885）四川新都魏氏古香閣刻四經精華本（題增訂易經精華）

山東藏光緒二十年（1894）學庫山房刻本

中醫古籍出版社 1991 年影印咸豐元年（1851）光霽堂刻本

◎目錄：卷首（未刻）。卷一乾坤屯蒙需訟師比小畜履泰否。卷二同人大有謙豫隨蠱臨觀噬嗑賁剝復無妄大畜頤大過坎離。卷三咸恒遯大壯晉明夷家人睽蹇解損益夬姤萃升困井。卷四革鼎震艮漸歸妹豐旅巽兌渙節中孚小過既濟未濟。卷五繫辭傳。卷六說卦傳序卦傳雜卦傳。卷末（筮儀、占法）。

◎自序：余將有《七經精華》之刻，《尚書》工竣，復從事於《易》，竊維易教精微，不觀象辭則爻辭不顯，不觀小象則爻義不明。余是書於文、周、孔子之易會而通之，謹遵《折中》，博採羣說，務使三聖繫易之心若合符節而已。若云有功於經，則余豈敢。道光元年孟夏，三山悟邨薛嘉穎序。

◎卷一至四逐條解釋經文。

薛嘉穎　易經精華　四卷　存

建甌藏同治十年（1871）年刻本

薛敬之　周易淺解　佚

◎光緒《鹽城縣志》卷十六《藝文志》下：薛敬之《周易淺解》《周易折中鈔》。

◎光緒《鹽城縣志》卷十二《人物志》三：為人寡欲惇學，多所論譔。光緒乙酉，督學黃體芳見其遺書，愛之，欲咨送國史館，以去任不果。

◎薛敬之，字邃菴。江蘇鹽城人。道光中以耆年賜副榜。

薛敬之 周易淺解 佚

◎光緒《鹽城縣志》卷十六《藝文志》下著錄。

薛懋修 研易論 無卷數 佚

◎咸豐《青州府志》卷三十三《藝文考》：薛懋修《理學心傳》、《研心論》、《研易論》、《道德研幾》三百八十四條（俱無卷數）。

◎咸豐《青州府志》卷四十九《人物傳》十二：自言稍盡心於聖教者五：作《理學心傳》發明道性德心、陰陽性命、知行之真；作《格致歌》發明萬物一二生成之理；作《研心論》辨明三教持心之異；作《研易論》發明先後天大小圖象因象繫辭之本然；作《道法研幾》三百八十四條，隨人隨事體會入道之門。

◎孫葆田《山東通志》卷百二十七《藝文志》第十：《府志》載其言曰：作《研易論》，發明先後天大小圖象因象繫辭之本然。

◎薛懋修，字道一，時稱抱愚先生。山東益都人。薛鳳祚五世孫。勤學力行，篤於孝友，不求仕進，年七十八始著書。著有《理學心傳》、《研心論》、《研易論》、《道德研幾》。

薛詮 易義析解 七卷 存

上海藏康熙五十一年（1712）刻本

◎自序略曰〔註27〕：余遵《本義》之旨，稍加增益，凡逐字分疏者旁書于本句之中，以便觀覽；凡通節注釋者，正書于白文之後，以便誦習；其餘條分縷析，皆《本義》中所有而未及盡言者，為表而出之，亦讀易者之一助云爾。

◎《經籍錄》〔註28〕：是書刊於康熙五十一年，大旨參酌朱子《本義》、程子《易傳》而引伸之，不分卷次，以上經、下經、繫辭等目別之。

◎光緒《武進陽湖縣志》卷二十八《藝文》：薛詮《易義析解》（存）。

◎光緒《武陽志餘》卷七之一《經籍》：《易義析解》（無卷數）。

◎潘雨廷《讀易提要》卷八著錄為未分卷：全書以《本義》為主，凡字則分疏於經文之中，節則通釋於經文之後。然節釋未及三分之一，如六爻中或

〔註27〕錄自光緒《武陽志餘》卷七之一《經籍》。
〔註28〕錄自光緒《武陽志餘》卷七之一《經籍》。

僅一二爻有釋。於字疏能明其關鍵，通其脈絡，於操觚之家便焉。二者皆有可取者……夫讀其書而知其人，薛氏實拘謹之人也。析解字句，雖非易道之全，而學《易》者固宜知之者也。

◎薛詮，字正希。江蘇毗陵（今常州）人。歲貢生。

薛人龍 周易說約 佚

◎道光《晉江縣志》卷七十《典籍志》：《周易說約》《古文應制元鬵》《唐宋大家文選》。

◎乾隆《晉江縣志》卷之十二《文苑》、乾隆《泉州府志》卷五十五《文苑》、道光《晉江縣志》卷五十四《人物志・儒林》：薛人龍學易有得，著《周易說約》。

◎薛人龍，字震生。福建晉江人。諸生。

薛時雨 易經鴻裁 四卷 存

山東藏同治十二年（1873）雙鳳家塾刻五經鴻裁本（1873）巾箱本

◎薛時雨（1818～1885），字慰農，一字澍生，因祖居桑根山，故晚號桑根老人。安徽全椒人。咸豐三年（1853）與二兄同榜進士，分發浙江，任嘉興知縣。七年代理嘉善知縣。九年任鄉試同考官。十年赴部引見，因戰亂流寓南昌。同治元年（1862），李鴻章統淮軍援上海，上疏請佐機要。三年以浙撫左宗棠疏薦任杭州知府，代理糧儲道。四年辭官。光緒七年（1881）任全椒觀察使。先後主講杭州崇文、江寧尊經／惜陰等書院。工詩聯，善書法。治學不宗門戶。著有《藤香館詩集》《藤香館劄記》《藤香館小品》《掃葉山房叢鈔》《西湖櫓唱》《江舟欸乃》。

薛士顯 周易蒙求 佚

◎民國《韓城縣續志・文徵錄・著述書目》：《醫書》《周易蒙求》《詩經多識》《禹貢歌括》《經世芻言》（清薛士顯撰）。

◎薛士顯，陝西韓城人。著有《周易蒙求》《詩經多識》《禹貢歌括》《經世芻言》《醫書》諸書。

薛世道 周易誌疑 佚

◎道光《重修膠州志》卷二十《藝文》：薛世道《周易誌疑》。

◎孫葆田《山東通志》卷百二十七《藝文志》第十：是書見《州志》。

◎薛世道，字何思。山東膠州人。雍正甲辰舉人。

薛桐 周易辨解 一卷 佚

◎道光《重修膠州志》卷二十《藝文》：薛桐《周易辨解》。

◎孫葆田《山東通志》卷百二十七《藝文志》第十：是書見《州志》。

◎薛桐，字長琴。山東膠州人。世道從孫。乾隆丙子舉人。官武定教授。

薛雪 周易粹義 五卷 存

臺灣藏稿本

蘇州藏清鈔本

山西師大藏清江日濬鈔本（四卷）

浙江藏清鈔本（十卷）

山東藏臺北縣文海出版社清代稿本百種匯刊影印稿本

四庫存目叢書影印清鈔本

◎臺灣藏乾隆間著者手定底稿本，卷內有著者朱筆訂正圈點，正文首行書名原作《易經粹義》，後塗改為《周易粹義》。

◎周易粹義圖目：河圖圖、洛書圖、伏羲八卦次序圖、伏羲八卦方位圖、文王八卦次序圖、文王八卦方位圖、先天卦變後天卦圖、伏羲六十四卦圓圖、伏羲六十四卦方圖。

◎周易粹義序：《易》之為書，該天地人、兼理象數而立言者也，然其義至近，其辭至顯，惟至近而至遠者寓焉，至顯而至微者蘊焉。迺漢唐以來之言易者，每舍近而求遠、舍顯而探微，於是人倫日用之弗務，而斷斷於渺茫不可測識之途，辭日以繁，說日以岐，四聖人覺世牖民之指適見其雜焉而已矣。後朱子《本義》出，象數本乎邵、理本乎程，始盡去夫偏隅膠固之弊。而我朝《折中》一書，以程朱為準則，又復博采諸儒之說之當乎理者，易道乃大明焉。吾友薛子一瓢，生經明之世，湛玩既久，有得於心，融會古人，出以新意，成《粹義》一書，簡而能文，義取專明人事，而於鬼神之情狀、五行之生剋、盈虛消長之循環往復與夫陰陽災異之感召占驗，無弗貫而通焉。而其成書之旨，惟取至近至顯，以冀一要於至粹，此故有得於《折中》，而又能不存糟粕之迹以貽誚於堂下之斲輪者也。昔元代俞玉吾氏隱居南園，著《周易集說》三十餘卷，著書之地名俞家橋，今一瓢棲息之廬即其故地。古今人若

遙相待也。玉吾之書固多名理，然以河圖為有爻之玉，故與天球並列東序，其說不無好奇。一瓢所成，皆人人易曉之語，以闡性命精微之奧，此又不求新奇而自能切理厭心者乎？書之成也，又屬其弟雲樓為之參訂。雲樓受業予門，以是經冠甲子南闈。世之攻制藝者，即以此書為指南之車，亦奚不可？乾隆十二年丁卯秋七月，長洲沈德潛題於京師之澄懷園。

◎訂定周易粹義序：國家功令，《易》以《本義》為宗。邇又欽頒御纂《周易折衷》為天下士子之《易》之標準。蓋以《折衷》之詳求《本義》之略，迺得悅然於潔淨精微之為易教也。而世之業易家於《本義》嫌其略、於《折衷》苦其詳，獨或沿習舊時講說，各以己見摘錄其辭，珍為秘本，殊不知從前講說之採輯，大都支離破碎，止便舉業之浮詞，無關經學之宗旨。此所以名為業易而實茫然於易也。家生白兄晚年研精於易，出其《粹義》一編示光，受而讀之，原本儒先，斷以己意，去取當而理無駁雜，融化妙而辭無繁瑣，頗得潔淨精微之體。其賢於俗本講說無疑也。生白更屬予訂定之。噫！予抱曾大父凡谷公《象旨》遺書尚限於力未遂表揚之志，復何敢剽竊一二以誇末見之參？然而象與爻合、一爻與諸爻合、傳與辭合，《折衷》則亦云爾矣。今且準諸《折衷》之意而推言之，象之辭何以合於爻？夫子固曰「觀其象辭則思過半」也。一爻之辭何以合於諸爻？夫子固曰「初辭擬之，卒成之終」也。以至《彖傳》正以釋彖辭、《象傳》正以釋爻辭，宜先後聖之一揆也。《繫辭傳》章各有旨而次第相生，猶《大學》《中庸》之分章而首尾一線也，此皆潔淨精微之至理而備具於《折衷》者。因悉本之以經緯是編，俾前後說之貫通也。若夫言理義言象數，是編原本發明已多，奚更張為？間有增益，亦本之於《折衷》也。夫學者際經學昌明之會，《折衷》一書何可不窺其全。其或艱於記憶，則姑以是編為便覽之講說，雖一斑略見，而〔註29〕支離破碎庶乎免矣。然則生白既以括《大全》之要，予更將以粹《折衷》之精，其為粹義則均也，故仍其名以序而歸之。乾隆十一年歲次丙寅秋九月，長洲薛觀光序。

◎周易粹義自序：雪自少性嗜有韻語，未及研究六經。晚歲思欲少探理趣，而易理尤極廣大深微。嘗取朱子《本義》，反覆體味，於畫觀象、於象玩辭略有得心。復取《程傳》及諸儒先說，參訂其間，說有異同，理惟一是，因就《本義》已明者錄《本義》、《程傳》為長者錄《程傳》，或諸儒先說有補程朱所未及發明、程朱所未顯，則兼錄諸說。而又慎於筆墨，毋取冗長。輒不自

〔註29〕稿本「而」字由「耳」字塗改而來。

揣，茇繁就簡，雖無創立別解，而已非盡前賢舊文，故不暇分別姓氏，但集精義如一家語。編成，名為《周易粹義》。竊自謂於四聖人之道庶幾窺測萬一也。家上賓弟設帳寒齋，甲子秋闈以是經發解，其於治易積二十年。而曾叔祖凡谷公所著《象旨》一書，是其家學必自有先理深到處，爰出是編屬其更加釐定。丙寅歲，上賓屏棄人事，遠館於荒江寂寞之濱，課徒之暇，為予細心參酌，成書而歸於予。予覆加較叢，見解意趣大略相同，而融會貫通更為過之。是足為讀易者明白易簡之一助，抑予所窺測萬一者，亦益堅所信矣。耄年喜事，有韻鄙作，前已刻有數種。易學尤世所究心之多者，敢不出以問世乎？遂付之剞劂氏。時乾隆十一年歲次丙寅仲冬，河東薛雪書於掃葉莊。

◎四庫提要：其書采摭諸說融以己意，仿朱子《論》、《孟》集注之例，皆不載所引姓名，詮釋頗為簡明，而大抵墨守宋學也。

◎沈德潛《歸愚文鈔》卷九《掃葉莊記》：掃葉莊在郡城南園，薛徵君一瓢著書所也。地在俞家橋，泓流面城，樹木蓊鬱，落葉封徑，行人迷跡，宛如空林。呼童縛帚掃除，靜中得忙，久矣成課業矣。昔有元時俞叟石澗隱居注易於此，故橋以俞名。易理取諸程、象數取諸邵，為朱子《本義》後一書。予嘗讚其《南園讀易圖》云：「姬孔在心，眼前皆易；碧綠青黃，滿園太極」，以其隨在感觸超乎迹象也。今一瓢注易又能補俞易所未及。屢定屢更，茇汰疵纇，與掃除落葉相似，則以掃葉顏其莊者，意或在於斯乎？抑聞韋左司寄友詩云：「欲持一瓢酒，遠慰風雨夕。落葉滿空山，何處尋行迹。」取夫人工不與，一歸自然。掃者從人，不掃者從天也。掃與不掃之間，一瓢試更參之。

◎民國《吳縣志》卷五十六下《藝文志》二：薛雪《周易粹義》五卷。

◎薛雪（1681～1770），字生白，號一瓢、掃葉莊人、槐雲道人、磨劍道人，晚年自號牧牛志朽。江蘇吳縣人。乾隆初兩徵鴻博不就。擅畫蘭，通技擊，精醫術。又著有《抱珠軒詩存》六卷、《斫桂山房詩存》六卷、《一瓢詩存》六卷、《一瓢詩話》一卷、《醫經原旨》、《溫熱條辨》、《日講雜證》。

薛子衡　序卦釋義　二卷　佚

◎自序略曰〔註30〕：《史記・孔子世家》惟稱孔子序《彖》《繫》《象》《說卦》《文言》而不及《序卦》《雜卦》，《漢書・藝文志》始稱孔氏為《彖》《象》

〔註30〕錄自光緒《武陽志餘》卷七《經籍》。

《繫辭》《文言》《序卦》之屬十篇，則《序卦》之出在司馬之後、班氏之前。元俞氏炎謂韓康伯注本以《說卦》三篇分出《序卦》《雜卦》，《序卦》《雜卦》之名始於韓康伯，非也。而《序卦》一篇自韓康伯已疑為非易之蘊。案淮南子《鴻烈》訓引《易》曰：「剝之不可遂盡也，故受之以復」，與今《序卦》傳文小異。唐僧一行《易纂》引孟喜《序卦》曰：「陰陽養萬物，必訟而成之；君子養萬民，亦必訟而成之」，與今《序卦傳》文絕異，孟氏易與今易異傳，故《序卦》文亦異，其說皆出于漢經師，不必孔子所作也。今觀《彖》《象》《繫辭》等篇，推陰陽之原、究治亂之本，明倫著則，皆引而近之師于人事。《序卦》一篇則循名牽義，鱗次櫛比。李氏邦直以為苟合強通，沙隨程氏以為非聖人之書。然《繫辭》云「君子所居而安者易之序，所樂而玩者爻之辭」，則始乾坤而終未濟，聖人自有精義于其間，而惜乎其無聞也。尋繹之餘，偶有所得，輒就次釋之。雖不足推消息之原、極天地之蘊，而約而返之，歸于人事，要使可以明誠訓而已。

◎光緒《武陽志餘》卷七《經籍》：《序卦釋義》二卷，國朝諸生薛子衡芷選撰。

◎薛子衡，字芷選。諸生。江蘇陽湖（今武進）人。著有《序卦釋義》二卷。

Y

嚴朝標 易經析義 佚

◎光緒《續修廬州府志》卷四十五《文苑傳》：著有《易經析義》。

◎光緒《續修廬州府志》卷九十《文苑傳》：《易經析義》，廬江嚴朝標著。

◎光緒《廬江縣志》卷之八《人物・文學》：天資穎敏，淹貫經史，著有《易經析義》。

◎嚴朝標，安徽廬江人。廩貢生。年二十五早卒。

嚴承功 易辭辨似 佚

◎光緒《黃州府志》卷三十二《藝文志》：《周圖採要》《易辭辨似》，黃岡嚴承功撰（《縣志》）。

◎嚴承功，湖北黃岡人。著有《易辭辨似》《周圖採要》。

嚴承功 周圖採要 佚

◎光緒《黃州府志》卷三十二《藝文志》：《周圖採要》《易辭辨似》，黃岡嚴承功撰（《縣志》）。

嚴而寬 易經圖考 一卷 存

貴州藏清蘇州金閶書業堂刻本

◎嚴而寬，字止性。湖南肆水（今臨武）人。

嚴而寬增補 參訂增補周易備旨一見能解 六卷 存

北大藏光緒二十五年（1899）書業德刻本

國圖藏光緒二十七年（1901）善成堂刻本

◎明黃淳耀原本。

◎與《上下篇義》《易經圖考》《朱子筮儀》合刻，附《周易精義》。

嚴而寬增補 增補周易備旨一見能解 六卷 存

國圖、山西大學、河南新鄉獲嘉縣檔案館藏嘉慶元年（1796）致和堂刻本

國圖、北大、山東、天津藏嘉慶九年（1804）敬文堂刻本

國圖、山東藏嘉慶二十二年（1817）慎遠堂刻本

貴州藏清蘇州金閶書業堂刻本

山東藏清文光堂刻經綸堂增補本

山東藏光緒三十年（1904）寶興堂刻本（蔣先庚參補）

北大藏清書業堂刻本

◎致和堂刻本卷前題：嘉定黃淳耀蘊生原本，肄水嚴而寬止性增補，秦淮壽國平子、蔣先庚震青全參。

◎清文光堂刻經綸堂增補本卷前題：汪武曹先生鑒定，嘉定黃淳耀先生原本，肄水嚴而寬先生增補。

◎清慎遠堂刻本卷前題：汪武曹先生鑒定，嘉定黃淳耀先生原本，肄水嚴而寬先生增補。

◎清蘇州金閶書業堂刻本二卷，題：新鐫增補周易備旨一見能解。

◎是書上下經各三卷，前列朱子上下篇義、筮儀。次為圖考，列河圖解、洛書解、太極圖意、伏羲八卦次序、伏羲六十四卦次序、圓圖考、方圖考、文王八卦方位圖、文王八卦次序圖、文王八卦天文地理圖、八卦取象圖、朱子卦變圖、八卦分宮取象歌、上下經十九變卦歌、上下經卦名次序歌。書為兩節版，上為補釋，下為講、旨，逐字注釋，逐句講解。

嚴殼 易說 佚

◎康熙《江南通志》卷四十四《人物》：著有《生軒存稿》《易說》《易同》諸編。

◎嚴殼，字佩之。江蘇無錫人。順治七年纂《東林書院志》成，高世泰延為主席。江南學使張能鱗修理學宮，命有司禮聘，表其門曰「力扶正學」。

嚴殼 易同 佚

◎康熙《江南通志》卷四十四《人物》：著有《生軒存稿》《易說》《易同》諸編。

嚴蘭裔 觀象玩占 佚

◎乾隆《杭州府志》卷五十七《藝文》一：《觀象玩占》（國朝仁和嚴蘭裔芬若撰）。

◎嚴蘭裔，字芬若。浙江仁和（今杭州）人。著有《觀象玩占》。

嚴靈峰 無求備齋易論 一卷 存

山東藏臺北成文出版社 1976 年無求備齋易經集成影印本

◎嚴靈峰（1901～1999），福建連江人。福建大學肄業，1929 年畢業於蘇聯莫斯科東方大學，曾任教上海藝術大學文學院、香港珠海書院、臺灣輔仁大學、臺灣大學。民國高官。1990 年赴大陸講學，任中國東方國際易學研究院名譽院長。著有《無求備諸子集成》《易學新論》《易簡原理與辨證法》《老子達解》《老子章句新編》《馬王堆帛書老子試探》《老列莊三子知見書目》《無求備齋論語集成》《論語古解》《莊子集成初編》《莊子選注》《周秦漢魏諸子知見書目》《無求備齋諸子讀記》《老子崇寧五注》《書目類編》《韓非子集成》諸書。

嚴靈峰 易學新論 十二篇 存

臺北正中書局 1969 年排印本

臺灣文聽閣圖書有限公司 2009 年林慶彰主編民國時期經學叢書本

嚴靈峰輯 無求備齋易經集成 一千六百一十四卷 存

山東藏臺北成文出版社 1976 年影印本

◎計三百六十二種。

嚴祺先 周易正文三編 佚

◎董以寧序〔註1〕：諸經之有傳，皆諸儒為之。獨《周易》一經則即聖人為之傳，故雖奇且奧，而義甚明，原不留餘義以待後人，而學者又何容復

〔註 1〕錄自《正誼堂文集》，題《周易正文三編序》。

參已見也？然有經中之傳，亦有傳中之經。繫卦有象，文王之經也，孔子則為彖之傳；繫爻有象，周公之經也，而孔子則為象之傳。又恐不足以盡其義，於是為《文言》等傳以申明之。在今日雖總目之為經，而孔子當時則原自以為傳者也，所謂有經中之傳也。卦統爻，則文王之彖統周公之象，即謂以周公之象傳文王之彖，義可相通。至於夫子卦大象，專取天地水火雷風山澤，特起義例教後人因象求理，體之於身，與文王、周公之易絕不相蒙，則固非傳體也，不可謂彖象為經而此傳之也。孔子雖不自以為經而實自為經，《繫辭》以下則象自傳其經者也，所謂有傳中之經也。自費直之本統以三聖人之易比而合之，至《呂氏春秋》又謬為更定，錯《彖傳》《象傳》《文言》於經，是以傳為經而失孔子贊述文王、周公之意。而過執古文者，又等《大象》于諸傳，而不知孔子之能自為經。余欲正之，而錫山嚴子祺先已起而正之。正之云何？以《彖》上下傳及《文言》為解經之傳，與《繫詞》上下及《說卦》《序卦》《雜卦》等為十翼，而不列之於經，以《大象》為孔子之易，在十翼之外，與文王繫卦、周公繫爻並列三經而不等之於傳，則著《古文考正》。《考正》之後各分卷帙，不特經與傳分，抑亦經與經分，特恐不便於玩辭也，則又著《經義合編》。恐不便于觀象也，則更著《三聖繫詞表》，而其要則總存於《考正》，故謂之《正文》。後之學者讀此，知三聖人之各自為經，而不以孔子之經附會於文王、周公之經以支離其說，而經義已明于天下。且後人說易尚有加於孔子者乎？知文王、周公之經孔子傳之，孔子之經孔子即自傳之，更不必搜奇剔奧，舍孔子之傳義以別求經義而自該錯綜互變之全矣。其書一出，不參程朱而並峙也夫（注：不必舍孔子傳義而別求經義，此語是讀易要旨。至易文該正處，剖晰精詳，全在筆力劃出，而復有古氣行乎其間。陽明先生《尊經閣記》，茅鹿門云：程朱所欲為而不能者，至今讀之，不免帶理學習氣，如此文，則無閒矣）！

◎歸莊《嚴祺先文集序》：無錫自顧端文、高忠憲兩先生講道東林，遠紹絕學，流風未遠。嚴子生於其鄉，誦遺書、沐餘教、被服儒者，邃於經學。

嚴學誠 大易圖說 佚

◎光緒《江陰縣志》卷二十《藝文》二：《易經會觀》、《大易圖說》、《易義枝言》、《詩評》、《習是編》、《咸淳集》、《大義集》、《中興集》、《箴山詩鈔》一卷。

◎嚴學誠（1696～？），字向方，號箴山（三）。江蘇江陰人。歲貢生。性行端飭，篤志好學，通羣書。與趙曦明商榷古今，討論得失，引繩批根，多所校正。著有《易經會觀》、《大易圖說》、《易義枝言》、《詩評》、《咸淳集》、《大義集》、《中興集》、《箴山詩鈔》一卷。

嚴學誠 易經會觀 佚

◎光緒《江陰縣志》卷十七《人物》二《文苑》：著有《易經會觀》。

嚴學誠 易義枝言 佚

◎光緒《江陰縣志》卷二十《藝文》二：《易經會觀》、《大易圖說》、《易義枝言》、《詩評》、《習是編》、《咸淳集》、《大義集》、《中興集》、《箴山詩鈔》一卷。

嚴衍 修緪齋易說 二十四卷 佚

◎光緒《嘉定縣志》卷二十四《藝文志》一：《修緪齋易說》二十四卷（嚴衍著，門人朱士泰校。秦立曰：此書談理宗宋明，間錄周秦以下諸子法言）。

◎嚴衍，嘉定（今屬上海）人。著《修緪齋易說》二十四卷。

嚴耀京 周易會纂 十卷 佚

◎光緒《黃州府志》卷三十二《藝文志》：《周易會纂》十卷，黃岡嚴耀京撰（《縣志》）。

◎嚴耀京，湖北黃岡人。著《周易會纂》十卷。

嚴有功 易外傳 佚

◎光緒《嘉定縣志》卷二十四《藝文志》一：《易外傳》（嚴有功著。有功字敏如，諸生，家富，困於徭役，慕《頤》之大象，自號象頤）。

◎嚴有功，字敏如，號象頤。嘉定（今屬上海）人。諸生。著有《易外傳》。

嚴璋 易經指掌 佚

◎民國《順德縣志》卷十四《藝文略》：《易經指掌》（國朝嚴璋撰。《採訪冊》）。

嚴宗六 太極圖論 佚

◎民國《續遵義府志》卷二十二《列傳》四：著有《四書識注》《左傳類編》《摘韻辨訛》《太極圖論》各書，未梓行。

◎嚴宗六（1825～1895），字子誠（成），號青雲。貴州正安州思里鄉楊柳壩人。邑庠生。學優有謀略，時講求武備。咸豐初，因功獲六品藍翎頂戴。同治十二年（1873）與族人興辦義塾。著有《四書識注》《左傳類編》《摘韻辨訛》《太極圖論》《青雲集》。光緒元年（1875）與纂《續修正安州志》。

闍斌 芸窗易草 五卷 存

國圖、上海、湖北、中科院藏同治十二年（1873）刻本

◎敘：鄉前輩闍允中先生，天性純篤，博涉經史，尤邃於易。年八耋，每日猶朗誦一通。澄少時猶見其人，立必正方行必正履，絕無世俗猥鄙之態，當日趨時尚者竊咲其迂。今觀其所著《芸窗易草》四卷，於古今治亂興衰之故、人事吉凶消長之機，洞悉其原委，且每釋一爻，必於六十四卦三百八十四爻中擇其詞之相類者參觀互證，以詳辯其異同。其引經據典觸類旁通，實能發前人所未發。以視世之尋章摘句拘文牽詞者，奚啻霄壤。非通儒其孰能之？迂耶？否耶？先生人品端方，學術純正，足為後學楷模。歲己巳，酌堂胞弟邀集同人呈請與張覆興先生同入祀鄉賢，蒙督學賀雲甫會同直隸制台聯銜入奏，業經部議覆准。從此馨香百代俎豆千秋，先生之潛沉幽光，與斯書共傳不朽矣。是編為先生手鈔之書，閱時既久，字多殘缺，其太極陰陽先天後天方圓等圖亦皆紊亂失次。澄與二三同志悉心考訂，校証無訛，醵金付梓以傳海內，是為敘。同治十有二年歲次癸酉五月既望，同里後學武澄清頓首拜題。

◎自序：知來者易，《易》，知來之書也。定天下之吉凶、成天下之亹亹，孰有加於易者！先後天本於河洛，儒者言之詳矣。至著之數亦本先後天。先天始震著之初變為陽，陽三變為陰，象震之動也。乾之策十二，兌離震皆十二，則先天之乾兌離震也。坤之數四，巽坎艮皆四，則先天之巽坎艮坤也。乾之卦扐十有三，坤之卦扐二十有五，少陰之十七為巽離兌，少陽之二十一為震坎艮，非又後天之法象乎？其進退離合皆有不知其然而然之妙。夫不知其然而然者神也，可見先天後天全皆天理之自然。且三變之後，老者陽饒而陰乏，即河圖七九居外既成之象也；少者陽少而陰多，即河圖一三居內始生之

象也；數至老而變，即洛書九七八六遞換之意也。蓋一奇一偶，陰陽之體，則圖之靜也；一饒一乏，陰陽之用，則書之動也。圖書相為經緯而著之變化其妙如此。畫前原有易，豈虛語哉。乾隆歲次戊申暮春之月平干閆斌允中氏敬書於遜志書舍。

是集專以《本義》為主，其與朱背者，雖多新說，概不敢從。《來註》云二千餘年人不知象，朱子之易本於邵子，何嘗不言象，特不欲穿鑿附會，迷惑學者耳。且十八卦之說邵朱已及之，非錯綜之見待後人乃明也。學之深者，當會於意言之外〔註2〕。

◎光緒《永年縣志》卷三十《儒林》：著有《芸窗易草》四卷，邑人武澄清為梓行之。

◎黃彭年等《畿輔通志》卷二百三十九《列傳》四十七：學以存誠為主，尤專心易理。著《芸窗易草》四卷。

◎孫殿起《販書偶記》卷一：《芸窗易草》四卷，平干閆斌撰。同治癸酉刊版，藏廣郡城內。

◎徐世昌《大清畿輔先哲傳》卷十五：學以存誠為宗主，尤邃於易。手畫羲爻，錯綜參伍，羅陳几案，老而彌勤。其治易，每釋一爻，必於六十四卦三百八十四爻中，擇其詞之相類者參觀互證以詳辨其異同，又引而伸之觸類而通之，以求道之所在，於是撰為《芸窗易草》四卷。其自序云：「知來者易，《易》，知來之書也。定天下之吉凶、成天下之亹亹，孰有加於易者。先後天本於河洛，儒者言之詳矣。至著之數亦本先後天。先天始震著之初變為陽，陽三變為陰，象震之動也。乾之策十二，兌離震皆十二，則先天之乾兌離震也。坤之數四，巽坎艮皆四，則先天之巽坎艮坤也。乾之卦扐十有三，坤之卦扐二十有五，少陰之十七為巽離兌，少陽之二十一為震坎艮，非又後天之法象乎？其進退離合皆有不知其然而然之妙。夫不知其然而然者神也，可見先天後天全皆天理之自然。且三變之後，老者陽饒而陰乏，即河圖七九居外既成之象也；少者陽少而陰多，即河圖一三居內始生之象也；數至老而變，即洛書九七八六遞換之意也。蓋一奇一偶，陰陽之體，則圖之靜也；一饒一乏，陰陽之用，則書之動也。圖書相為經緯而著之變化其妙如此。畫前原有易，豈虛語哉。」其書蓋專以朱子《本義》為主。朱子之易本於邵子，故其所言著法能闡發其緒論云。

〔註2〕此段原低二格。

◎閻斌，字允中。河北永年（今邯鄲）人。乾隆二十四年貢生。教人先躬行而後文藝。平生未嘗言仕祿，受知諸城劉墉，欲招入幕，辭不往。筮知諱日，至期卒。祀鄉賢。

閻汝弼 周易爻徵補義 四卷 存

齊齊哈爾藏清鈔本

◎閻汝弼，字夢岩。山西壽陽人。咸豐二年（1852）以經藝登賢書。咸豐六年（1856）進士，授戶部主事，提本部員外郎，以疾卒於官。擅書法。

閻汝弼 周易爻徵廣義 六卷 卷首一卷 卷末一卷 存

國圖、上海、南京、天津、山東、遼寧、湖北、中科院藏光緒元年（1875）刻本

臺中文聽閣圖書有限公司 2010 年晚清四部叢刊第一編影印光緒元年（1875）刻本

◎目錄：卷首河圖洛書、干支圖、伏羲八卦次序圖、伏羲八卦方位圖、伏羲六十四卦次序圖、八卦大圓圖、文王八卦次序圖、文王八卦方位圖、五星圖、二十八宿圖、八音圖、八風圖、十二州圖、十二律圖、十二辰圖、二十四氣圖、七十二候圖、八卦納甲圖、卦變圖、六十四卦反對圖。卷一至六上下經解。卷末繫辭傳、說卦傳、序卦傳、雜卦傳。

◎光緒《壽陽縣志》卷八《人物志》上：公餘手不釋卷，著有《周易爻徵廣義》行世，為一生精力所在。又有《歷代名臣紀事詩》《循吏紀事詩》各四卷、《尚書古文今文考》一卷、《詩經緒餘》十卷待梓。

閻銑 周易正解 六卷 佚

◎宣統《項城縣志》：其書未及卒業，以疾歸里，尋卒，僅著上經，從姪潮續成之。潮序曰：從伯簾甫先生憂經學之弗明也，因集諸家異同，評訂互考，故其書不專主一家之說，惟取辭簡理明、不失經旨而已，絕無鑿險幽之病，故曰《正解》。

◎閻銑，字簾甫。河南項城人。康熙初歲貢。官獲嘉訓導。

閻錞 周易說宗 十六卷 存

山東、中科院藏清初雪嶸山房刻康熙四十三年（1704）萬經辨志堂補修本

四庫未收書輯刊清初雪嶠山房刻康熙四十三年（1704）萬經辨志堂補修本

◎上經六卷下經五卷繫辭五卷。萬經訂。

◎總目：上經一卷乾。二卷坤屯蒙需訟。三卷師比小畜履泰否。四卷同人大有謙豫隨蠱。五卷臨觀噬嗑賁剝復。六卷無妄大畜頤大過坎離。下經一卷咸恒遯大壯晉明夷家人睽。二卷蹇解損益夬姤萃升。三卷困井革鼎震艮。四卷漸歸妹豐旅巽兌。五卷渙節中孚小過既濟未濟。繫辭一卷上傳、二卷上傳。三卷下傳、四卷下傳。五卷說卦傳、序卦傳、雜卦傳。

◎序：余家世傳易學，先王父以取科名成大儒，先君子與伯叔父暨里中同學諸先輩有五經講會，而尤邃於易。凡所發明，直上追羲、文、周、孔四聖人之微言，而於註疏傳義雖未嘗不遍觀而博採之，要皆獨出心裁、表章作經之意居多。予自弱冠寓居武林，以硯田為業，授徒而外，有辨志堂《四書》、《易》《詩》與《書》集解相機問世，謬為四方許可者久矣。特欲便觀覽，下列《本義》，上綴《集解》，終以未備為憾。因憶童時侍先君子几側，見《易經說宗》一書，為宛平閻君爾為纂輯而加以折衷。其所宗，《孔疏》《程傳》《大全》《或問》，總薈合於朱子《本義》而止。其他講說靡不採擇，而獨詳于蔡虛齋先生之《蒙引》，間參己見，又畢慮研思以利于詮解。資於帖括，為舉業家所必備。書甫成，未經流布，板藏他所，寢多散佚。予懼是書之久而無傳也，適至戚石交有學者堂書林之舉，爰走筆請搆是板，重加正定，補其闕遺，拭而新之，因為正告天下曰：夫《易》之為書也，廣大悉備，而經解約之以潔淨精微為立教本旨，則自漢宋諸儒以來且安適歸哉。雖然，《傳》《義》並列而《本義》為宗、《蒙》《存》兼采而《蒙引》為宗，則夫操觚之士所以明經學一岐趨而要歸於至是者，其必由此矣。若夫默識四聖之微言、適還先天之以畫，則象數雖存，指歸安在？固卑之無甚高論矣。因筌得魚，得魚忘筌，即以是為窮理盡性之始基也未為不可。康熙四十三年歲在甲申孟夏上浣，甬上萬經授一題於長安邸中。

◎閻鋅，字爾為。直隸宛平（今北京）人。

顏光猷 易經說義 二卷 未見

◎一名《周易屬辭》《周易說義》。

◎乾隆《曲阜縣志》卷八十七《列傳》：在史館時著《周易屬詞〔註3〕》

〔註3〕卷五十三《著述》「詞」作「辭」。

二卷，自為序，後改為《易經說義》。又有《水明樓制藝》、《水明樓詩》。今未見傳本。

◎孫葆田《山東通志》卷百二十七《藝文志》第十：《縣志》曰：光猷在史館時，著《周易屬詞》二卷，自為序。後改為《易經說義》。

◎顏光猷（1637～1710），字秩宗，號澹園。山東曲阜人。顏胤紹孫。康熙十二年（1673）進士。選庶吉士，充丙辰會試同考官。父憂服除，改行人司正，轉刑部郎，出守安順府，歷官至河東運使。著有《易經說義》二卷、《澹園文集》二卷、《水明樓詩集》六卷、《水明樓制義》（《顏太史真稿》）二卷、《顏太史後稿》不分卷。

顏光猷 易理 不分卷 存

北大藏康熙十四年（1662）闕里顏氏鈔本（書名據擬）

◎序：癸丑夏五月，叨蒙聖恩，擢猷讀書中秘，奉掌院兩夫子教命，得兼經學易，甚盛典也。但性不善記，始或識之，不數日而遺忘如初，又頻年病心，時加怵惕，誦讀之事，亦覺煩苦難支，是大負我皇上作人之盛心與兩夫子提誨之至意也。早夜深思，愧汗交集，不得已而於披覽之餘，撮其傳義，屬為篇章，旦暮之暇，時勤諷詠。非敢云著作事也，抑亦於心口之下有所抽繹焉。至義旨深奧，為數聖人不傳之秘，固非淺學涉獵者所可測。然因詞思義，因義推情，久之而漸漬不已，將洞悉於吉凶消息之理、進退存亡之道焉。則此一冊也，亦僅可為為山之一簣云爾。是為序。時康熙乙卯四月辛巳，闕里顏光猷識。

顏士璋 周易卦象釋義 四卷 佚

◎孫葆田《山東通志》卷百二十七《藝文志》第十：是書見續修《曲阜縣志》。

◎顏士璋（1822～1897），字聘卿。山東曲阜人。四氏學廩生，咸豐五年（1855）舉人，九年（1859）進士。同治二年（1863）授刑部河南司主事，五年（1866）轉升員外郎，補山西司主事，轉江西司郎中，歷充律例館提調、秋審處總辦。同治十年（1871）任直隸河間知府。著有《四勿齋詩文鈔》一卷、《周易卦象釋義》四卷、《集蘭亭序對聯》一卷。

顏士璋 讀易卦象串講 佚

◎孫葆田《山東通志》卷百七十二本傳：晚邃於易，本來氏知德取象之

義，撰《讀易卦象申講》，為學者程式。

◎民國《續修曲阜縣志》卷八《藝文志》錄孔祥霖《記名道甘肅鞏昌府知府顏聘卿先生墓誌銘》：著有《讀易卦象申講》《四勿齋詩文鈔》《集禊對句》待梓。

顏象龍　易解　佚

◎光緒《江西通志》卷九十九《藝文略》一：《易解》，顏象龍撰。

◎《江西古今書目》著錄作彥象龍。

◎顏象龍，字三惕。江西吉安府安福縣西鄉橋頭人。順治十一年舉人，十五年進士，授寶慶府推官，改補景陵知縣。又著有《寤言一編》。

晏聯奎　周易纂義便讀　四卷　存

上海藏鈔本

湖北、安陽師範學院藏臺中文聽閣圖書有限公司 2012 年晚清四部叢刊第八編影印本

◎一名《易經纂義便讀》。

◎錢士恒《中西算學合訂跋》：望蔡紫垣晏先生，江右名宿也……今又輯有《易經纂義便讀》。

◎晏聯奎，字捷三，號紫垣。江西瑞州上高人。知河源縣。又著有《中西算學合訂》三卷補遺一卷、《地理求真》一卷、《中西算學合訂三編》附《算學雜存》。

晏斯盛　楚蒙山房易經解　十六卷　存

江西、山東藏乾隆七年（1742）刻楚蒙山房集本

四庫本

山東藏景印文淵閣四庫全書本

臺灣新文豐出版公司 1983 年大易類聚初集影印文淵閣四庫全書本

◎括《學易初津》二卷、《易翼宗》六卷、《易翼說》八卷。

◎《江西古今書目》著錄六卷。

◎光緒《江西通志》卷九十九《藝文略》一《國朝》：《楚蒙山房易經解》十六卷，晏斯盛撰（《四庫全書存目提要》）。

◎何焜彥《易經遵孔八哲類稿》卷十二《集哲》：晏氏斯盛《楚蒙山房易

經解》，凡《易學初津》二卷，不取圖書之說，並卦變、互體而廢之，頗是也。而《易翼宗》六卷則詮釋經文，附以《十翼易翼說》八卷，詮釋十翼，又各自為篇，與何楷《周易訂詁》例同，稍嫌繁複。惟所解斟酌於言理言數之間，亦覺持平，但未當耳。

　　◎唐鑑《國朝學案小識》卷十三：著《楚蒙山房易經解》十六卷，凡分《學易初津》二卷、《易翼宗》六卷、《易翼說》八卷。《學易初津》為全書之宗旨，謂今所傳圖書乃大衍之數，因大傳之言而圖之，不取河洛奇偶之說，所見最確。又謂辭占不遺象詞，而不取卦變互體之說，則盡廢漢易之古法，未免主持稍過。《易翼宗》以經文為主，而割十翼散附於句下，意在以經解經，頗傷破碎。又每爻之首畫一全卦，而間以一動爻，亦自我作古。《易翼說》全解十翼，而先《繫辭》、次《說卦》、次《序卦》、次《雜卦》、次《彖傳》、次《文言》、次《象傳》，非古非今，更不知所據何本，然不廢象數而不為方技術數之曲說，不廢義理而不為理氣心性之空談，在近日說易之家猶可云篤實近理焉。

　　◎四庫提要：是書以《學易初津》為全書之宗旨。

　　◎晏斯盛（1689〜1752），字虞際，號一齋。江西新喻（今新餘）人。康熙辛丑進士，官至湖北巡撫，有政聲。著有《楚蒙山房集六種》、《楚蒙山房易經解》十六卷、《楚蒙山房詩文集》二十卷、《楚蒙山房奏疏》五卷、《江北水利》二卷、《禹貢解》八卷。

晏斯盛　學易初津　二卷　存

　　江西藏乾隆七年（1742）刻楚蒙山房集本

　　四庫本

　　山東藏 1983 年臺北商務印書館景印文淵閣四庫全書影印國立故宮博物院藏本

　　中國書店 1998 年中國書店 1998 年王立文編中國古代易學叢書本

　　◎四庫提要：謂今所傳圖書乃大衍之數，因《大傳》之言而圖之，不取河洛奇偶之說，所見最確。又謂辭占不遺《象辭》，而不取卦變、互體之說，則盡廢漢易之古法，未免主持稍過。

晏斯盛　易翼說　八卷　存

　　江西藏乾隆七年（1742）刻楚蒙山房集本

四庫本

山東藏 1983 年臺北商務印書館景印文淵閣四庫全書影印國立故宮博物院藏本

◎四庫提要：《易翼說》全解十翼，而先《繫辭》，次《說卦》，次《序卦》，次《雜卦》，次《彖傳》，次《文言》，次《象傳》，非古非今，更不知所據何本。然不廢象數而不為方技術數之曲說、不廢義理而不為理氣心性之空談，在近日說易之家猶可云篤實近理焉。

◎周按：其書歷引虞翻、王弼、俞玉潤、余銘岳、孔穎達、李鼎祚、李簡、朱震、項安世、游酢、呂祖謙、蘇軾、程子、張子、朱子、郭雍、陸九淵、趙汝楳、孫復、徐幾、張清子、陸佃、楊時、丘富國、黃榦、王宗傳、馮椅、蔡清、蔡淵、胡一桂、俞琰、王應麟、龔煥、吳澄、熊良輔、胡炳文、王申子、郭忠孝、來知德、鄭維嶽、張振淵、林希元、蔣悌生、潘松雪、何楷、李舜臣、姜寶、邵寶、韓敬、徐文炯、呂涇野、洪覺山、黃淳耀、葉爾瞻、程敬承、張慎甫、陸振奇、毛奇齡、汪咸池、谷杰、吳慎、吳曰慎、張彥陵、李光地、胡彥升諸說以解說經義。

晏斯盛 易翼宗 六卷 存

湖南藏乾隆七年（1742）新喻晏氏刻楚蒙山房集本

四庫本

山東藏 1983 年臺北商務印書館景印文淵閣四庫全書影印國立故宮博物院藏本

◎四庫提要：《易翼宗》以經文為主，而割十翼散附於句下，意在以經解經，頗傷破碎。又每爻之首畫一全卦，而間以一動爻，奇作「○」，偶作「（ ）」，亦自我作古。

晏向上 易傳刪補 佚

◎同治《新喻縣志》卷之十《人物・儒林》：所著有《易傳刪補》《人物類編》藏於家。

◎光緒《江西通志》卷九十九《藝文略》一《國朝》：《易傳刪補》，晏向上撰（《新喻縣志》）。

◎晏向上，字義臣。江西新喻（今新餘）人。廩生。九試棘闈，齎志以歿。

彥會易 易學要旨 佚

◎光緒《江西通志》卷九十九《藝文略》一：《易學要旨》顏會易撰（《安福縣志》）。

◎光緒《江西通志》卷一百五十《列傳》十七：讀書歐公山，悟六十四卦大象，著《易學要旨》。

◎彥會易，字守乾。江西安福人。歲貢生。

楊安辯 趙振易泥 兩卷 佚

◎《中州藝文錄》《河南通志藝文志稿》著錄。

◎楊安辯，字巽行，晚號為山主人，學者稱為山先生。河南祥符人。本姓周氏。諸生。薦博學鴻詞。

楊濱海 易繫辭講義 佚

◎道光《晉江縣志》卷七十《典籍志》：楊濱海《易繫辭講義》《汲古山房文鈔》。

◎楊濱海，福建晉江人。嘉慶十三年進士。嘉慶五年任臺灣教授。道光元年任漳州教授。

楊伯昭 大易易簡 六卷 佚

◎光緒《諸暨縣志》卷四十六《經籍志》：《大易易簡》六卷，國朝楊伯昭撰。

◎乾隆《紹興府志》卷七十七《經籍志》一：《大易易簡》六卷（諸暨楊伯昭撰）。

◎光緒《諸暨縣志》卷三十四《人物志》：楊伯昭，著有《易簡》六卷。《乾隆府志》已著錄。

◎楊伯昭，浙江諸暨人。

楊長年 卦氣值日考 一卷 存

光緒刻本

◎楊長年，字樸庵，自號西華。江南江寧（今江蘇南京）人。同治九年（1870）舉人。早受業胡鎬，深通經義。光緒初主講滬上敬業書院，後移席鍾山書院。晚年究心釋典。卒年八十餘。著有《周易省心錄》《春秋律身錄》《妙

香齋詩文集》等。

楊長年 慎獨齋周易省心錄 無卷數 存

同治刻本

國圖、南京、山東、湖北藏光緒八年（1882）滬上敬業書院自刻本

南京藏光緒二十一年（1895）壽州刻本

臺中文聽閣圖書有限公司 2010 年晚清四部叢刊第一編影印光緒八年（1882）自刻本

◎一名《讀易省心錄》、《周易省心錄》。或題五卷。

◎是書為其所作經學筆記及考試文章輯文勘定成冊。首有潘曾瑩（星齋）親筆題字，並錄潘曾綬、潘曾瑩〔註4〕、馮桂芬等吳門名士觀文有感及序文數篇，正文或有夫子評語一併謄寫。

◎陳作霖《養龢軒隨筆》一卷：楊西華教諭（長年）《周易省心錄》解「同人于宗，吝」云：此指傳道而言。宗即宗指也，非其時其人，皆當吝而不傳，所謂不可使知之也。此處吝字與他處異……此解實能發聖經之秘，故特表而出之。

◎民國《上海縣續志》卷二十一《游寓》：著有《周易省心錄》《春秋律身錄》刊行於世。

◎民國《上海縣續志》卷二十六《藝文》：《周易省心錄》《春秋律身錄》（俱楊長年撰）。

楊朝 易學入門 佚

◎咸豐《同州府志》卷二十五《經籍志》：《天道經紀人文圖說》《易學入門》《六書述古》《樂律易知》（國朝楊朝撰。惟《樂律易知》存）。

◎楊朝，陝西同州府人。著有《易學入門》《天道經紀人文圖說》《樂律易知》《六書述古》。

楊潮觀 易象舉隅 八卷 存

故宮博物院藏原刻本

◎楊潮觀（1710～1788，一作 1712～1791），字宏度，號笠湖。江蘇金匱

〔註 4〕潘曾瑩（1808～1878），字星齋。江蘇吳縣人。

（今無錫）人。乾隆元年（1736）舉人，入實錄館供職，後出令山西、河南、四川諸縣。乾隆三十四年（1769）調知四川邛州。乾隆四十四年奉調瀘州，翌年回鄉家居。著有《易象舉隅》八卷、《周禮指掌》六卷、《左鑒》、《吟風閣雜劇》四卷、《吟風閣詩鈔》、《吟風閣詞鈔》、《笠湖詩稿》、《家語貫珠》、《心經指月》、《金剛寶筏》諸書。

楊垂 周易補義 佚

◎戴殿泗《風希堂文集》卷四《欽賜國子監學正可庵楊君墓誌銘》：卒後，篋中有《周易補義》一部、《分編左傳》一部、《密雲課徒草》百餘篇、《醉春吟稿》二卷。

◎光緒《諸暨縣志·經籍志》著錄。

◎楊垂（1723～1790），字統甫，號載春，一號可庵，亦號五洩山樵。浙江諸暨人。乾隆三十六年（1771）舉人。六上公車不售，滯京師十餘年，交戴殿泗等，學日精進。賞國子監學正。工行楷。著有《醉餘吟稿》。

楊椿 周易考 一卷 佚

◎一名《周易定本》。

◎自序〔註5〕：今歲余與六弟讀書棟鄂樓中，弟口課《周易》一卦，余為畧訓大義。因念今《周易》經傳雜糅，間考諸儒校本，采唐張守節說，錄為《經》二、《彖》二、《象》二、《繫辭》二、《文言》《說卦》《序卦》《雜卦》各一，以合《漢志》十篇之數。初，易自商瞿受于孔子，數傳至漢，有田、焦、費、高之學，而田何之傳最盛，所謂《易經》十二篇施、孟、梁邱三家者，皆田學也。成帝時，劉向以中古文校諸家脫誤，惟費氏與古文同。費氏者，以古字號古文易，無章句，徒以《象》《彖》《文言》解說上下經。東漢陳、鄭、荀、馬皆傳其學，而鄭康成及魏王弼為之註，由是費氏興而諸家盡廢，十二篇之本遂亡。宋嘉佑間，睢陽王氏洙始以意為篇次，其後汲郡呂氏大防、嵩陽晁氏說之、東萊呂氏祖謙、九江周氏燔、斗南吳氏仁傑、沙隨程氏洞，皆各有論箸，然咸不免乖異。淳熙九年，朱子刊東萊本於臨漳，既遂用為《本義》。夫六藝遭秦火之餘，散亡斷絕，唯《易》以卜筮得傳，宜其文詞

〔註5〕錄自楊椿《孟鄰堂文鈔》卷五，其文句與光緒《武陽志餘》卷七《經籍》所引（題《周易定本》）僅稍有字詞之異，故知《周易考》與《周易定本》實即一書。

完善無可疑者。然《隋志》稱《說卦》三篇得於河內女子，而歐陽文忠疑《繫辭》以下皆非聖人之作。然則夫子之《易》，其不傳於後及幸而傳於後而為眾說所淆亂者，蓋已多矣。而康成、輔嗣之徒，復欲便一時之尋省，遂令聖人之經千載不明於天下，良可慨也。則夫《春秋》《書》《禮》，學殘文缺，經或脫簡，傳或間編，又何怪其然也哉！明永樂十二年，胡廣等為《周易大全》，取朱子《本義》附于《程傳》，而宋儒十二篇之次亦以不著。余益惜焉，因既錄古本為考其源流，而書其所見者如此。《繫辭》曰書不盡言言不盡意，又曰君子居則觀其象而玩其辭，椿誠不敏，不足窺聖人之意，然他日由其辭以求其象，而不為一卦一爻之所局者，庶於此有得乎！則豈敢習其章句之近古而已也。康熙四十五年秋七月戊辰。

◎周易考後序〔註6〕：余既考古《周易》而序之，客問余曰：「子序彖象與東萊呂氏不同，何也？」曰：「呂氏本孔氏穎達，彖象隨經而分。余本張氏守節，是以不同也。」曰：「張氏說可信乎？」曰：「張氏生唐開元初，漢儒師說雖亡，其書尚在，張氏據為《史記正義》，云《上彖卦》《下辭》《下彖爻卦》《下辭》《上象卦辭》《下象爻辭》，余是以信之也。」曰：「孔氏在張氏前，其說自必有據，子不從孔氏而從張氏，何也？先儒傳註亦有與張氏相發明者乎？」曰：「孔氏疏『彖者材也』之彖為卦下彖辭，即張言上彖也；『大哉乾元』之辭亦為彖，即張言下彖也；『天行健，君子以自強不息』為大象，十翼中第三翼，即張言上象也；『潛龍勿用陽在下也』為小象，即張言下象也。蓋卦辭各彖自必非經，大象為第三翼，則彖象上下各自為文，非隨經上下可知。孔氏論云：先儒數十翼亦有多家，蓋論區域之說為一家，疏中之說又一家也。孔氏兼採眾說，張氏則擇從其善者，視孔為更精也。」曰：「上彖卦辭也，不列於經，何也？」曰：「揚雄作《太元》擬易，其天地人三卷止列方洲部家四位以擬易之畫，分七百二十九贊以擬易之爻，而謂之經。其擬彖之八十一首別自為卷，不列於經。假令《易》上下篇本有卦辭，則《太元》之首不俟宋衷、范望始加於贊之上矣。則卦辭非經益明已。」「然則呂氏所訂遂不可信乎？」曰：「九師興而易道微，費鄭出而經翼亂，學者苟欲窺聖人之經，必博考漢唐之舊。彼呂氏之書美矣，而爻象混淆、大小象錯列，則猶未盡善焉，似不如張氏之說為尤可徵耳。」客退，因次其語為後序。乾隆九年冬十月乙卯。

〔註6〕錄自楊椿《孟鄰堂文鈔》卷五。

◎光緒《武陽志餘》卷七《經籍》：《周易定本》一卷，國朝翰林院侍講學士楊椿農先撰。

◎楊椿《孟鄰堂文鈔》卷六《說卦考》、卷七《數往知來說》可參。

◎楊椿（1676～1754），字農先。江蘇武進人。幼穎異。弱冠工古文詞，為姜宸英、朱彝尊所賞。康熙五十七年（1718）進士，改翰林院庶吉士。散館，授檢討。雍正初，充《明史》、《一統志》、《國史》三館纂修，官至侍講學士，充日講起居注官，兼修《三朝實錄》。又與修《憲皇帝實錄》。乾隆二年（1737）以原官致仕。家居二載，特召修《明監綱目》。晚年，留京就養，猶日研諸經不輟。著有《孟鄰堂集》二十六卷《別集》六卷、《古周易》、《尚書定本》、《詩經釋辨》、《春秋類考》、《周禮訂疑》、《稽古錄》、《水經注廣釋》、《古今類纂》、《毗陵科第譜牒》諸書。

楊璁 易經要說 佚

◎民國《東莞縣志》卷八十三《藝文畧》一：《易經要說》（國朝楊璁撰。《採訪冊》）。◎楊璁，字式斯。廣東東莞上周塘人。清初布衣。

楊東生 讀易私箋 佚

◎民國《南陵縣志》卷四十三《經籍》：《讀易私箋》（《同治上江兩縣志》）、《四書匡註》（《同治上江兩縣志》）、《太上感應篇注》（《楊先生去思碑》）。

◎楊東生，字為勇，一字幼清。江寧人，貢生，順治十六年任南陵縣訓導。

楊方樫 四易大意約 五卷 佚

◎同治《即墨縣志》卷之十《藝文》：楊方樫《四易大意約》五卷、《素王正宗》三卷、《洪範大意約》二卷、《月令大意約》一卷、《八陣圖說集註》一卷、《離騷大意約》一卷、《兵略》一卷、《太元經大意約》三卷、《海上生雜著》一卷。

◎孫葆田《山東通志》卷百二十七《藝文志》第十：是書見《縣志》。

◎楊方樫，字豫村。山東即墨人。嘉慶十三年（1808）恩貢。

楊方達 易說通旨略 一卷 存

山東、上海、日本京都大學藏雍正乾隆武進楊氏復初堂刻楊符蒼七種本

　　◎周按：是書仿王輔嗣《周易略例》，雜引先儒論說，間參己意。王紹曾先生《清史稿‧藝文志》易類拾遺作《易學通旨略》。

　　◎楊方達，字元蒼，一字符（扶）蒼。江蘇武進人。精研經學。著有《易學圖說會通》八卷、《易學圖說續聞》一卷、《周易輯說存正》十二卷、《易說通旨略》一卷、《尚書約旨》六卷、《尚書通典略》二卷、《春秋義補注》十二卷。

楊方達 易學圖說會通 八卷 存

　　上海、日本京都大學藏雍正乾隆武進楊氏復初堂刻楊符蒼七種本

　　續四庫影印楊符蒼七種本

　　四庫存目叢書影印楊符蒼七種本

　　◎目錄：

　　太極探原第一。太極圖（周濂溪著，有說）、太極圖說解（以下朱晦庵著，說九條）、易有太極圖（有說）、是生兩儀圖（有說）、兩儀生四象圖（有說）、四象生八卦圖（有說）、八分為十六圖（有說）、十六分為三十二圖（有說）、三十二分為六十四圖（有說。附說一條）、易有太極圖（以下林德久著）、太極一變圖（有說）、太極再變圖（有說）、太極三變圖（有說）、太極六變圖（有說。附說一條）、太極生六十四卦分系圖（胡雙湖著。附說一條）、御纂陰陽氣質說（《性理精義》）、聯拆先天八卦圖（胡滄曉著。有說五條）、論周子太極圖（楊方達纂附）。

　　圖書測微第二。河圖（以下朱晦庵定。圖書說共九條）、洛書、伏羲則河圖以作易圖（有說）、大禹則洛書以作范圖（有說。附說一條）、先天八卦合洛書數圖（有說）、後天八卦合河圖數圖（有說）、河圖四象圖（劉長民著。說二條。附一條）、河圖聯十圖（以下朱日華著。有說）、五行異同說（附說一條）、龍圖天地未合之數圖（以下張仲純著。有說）、龍圖天地已合之位圖（有說。龍圖總說二條）、天地十五數圖（有說。附說一條）、河圖序數圖（以下張百可著。有說）、洛書序數圖、天數地數五六居中之圖（附說一條）、御纂河圖洛書說（《周易折中》）、河圖洛書說（楊方達纂附）。

　　卦畫明縕第三。伏羲八卦次序（以下朱晦庵著。有說。附說一條）、伏羲八卦方位（說三條。附說一條）、伏羲六十四卦次序（有說）、伏羲六十四卦方位（說十條）、文王八卦次序（說二條）、文王八卦方位（說六條）、御纂文王八卦圖說

（《周易折中》）、伏羲六十四卦方圓圖（朱漢上著。附說一條）、六十四卦天地數圖（以下張仲純著）、六十四卦萬物數圖（附說二條）、乾坤六子數圖（以下稅巽父著。說三條）、後天反對八卦實六卦圖（附說一條）、十三卦取象說、說卦合先天八卦圖、說卦合後天八卦圖（先後天總說三條）、八卦取象圖（張仲純著。說一條）、八物說（項平菴著。說一條）、卦象圖（以下胡雙湖著。有說）、爻象圖、卦象爻象圖說、象說（來矣鮮著）、後天周易序卦圖（稅巽父著。說二條。附說一條）、卦序說（俞玉吾著）、御纂序卦明義（《周易折中》）、卦對圖解（以下汪鈍翁著。有說念一條）、卦對橫圖、卦對豎圖（有說）、雜卦圖（張仲純著。說五條）、雜卦篇終八卦不對說（項平菴著。附說一條）、貫中篇（吳環溪著）、御纂卦主說（《周易折中》）、爻位圖（舊本參定。附說一條）、經上下篇分卦體說（以下楊方達纂附）、九卦說、雜卦說、天根月窟說。

變互廣演第四。卦變圖（朱晦菴著。說八條。附說一條）、李挺之卦變反對圖（以下林德久著。有說）、李挺之六十四卦相生圖（有說。附說一條）、八卦生六十四卦圖（以下張仲純著）、六十四卦變通之圖（有說）、復姤臨遯否泰六卦生六十四卦圖（附說一條）、分宮卦象次序說（吳宥函著）、互體圖（林德久著。有說。附說一條）、互體五十六卦（朱日華著。有說。附說一條）、八卦分互體圖（胡雙湖著。有說）、互卦圓圖（吳野翁著。說二條）、六十四卦中爻原歸四卦方圖（任鈞臺著。有說）、互卦原歸四卦相對相綜圖（是本參定。附說一條）、卦變圖說二篇（以下楊方達纂附）、互體說。

筮法考占第五。明蓍策卦扐四圖（朱晦菴著。有說五條）、論揲蓍（王同州著。附說一條）、揲蓍圖（林德久著。有說十條）、卦扐過揲總圖（以下胡玉齋著。有說）、啟蒙三十二圖之一（說四條）、卦變六爻圖（林德久著。有說。附說一條）、一卦變八卦圖（以下吳斗南著）、一卦變六十四卦圖、六十四卦六爻皆變占對卦圖、六十四卦六爻皆不變占覆卦圖、筮法一卦變八卦圖（說三條）、論變占法（胡雙湖著）、論筮法變卦（李厚菴著）、倚數圖（王秋山著。說三條。附說一條）、大衍之數說（以下楊方達纂附）、其用四十有九說、蓍龜並重說。

律呂指要第六。黃鍾（以下本蔡西山，參《苑洛志樂》《律呂解定》）、黃鍾之實、黃鍾生十一律、十二律之實、變律、律生五聲、雙聲（附說一條）、八十四聲圖（說五條）、六十四調圖（說三條。起調則例附後）、候氣、陽律陰呂合聲圖（以下朱漢上著。說二條。附說一條）、十二律相生圖（有說）、十二律通五行八正之氣圖（有說）、卦變律呂圖（張仲純著。附說二條）、五聲相生之序圖（以下

韓苑洛著。有說）、十二律生次圖、十二律旋宮圖（附說一條）、律呂分寸長短圖（以下蔡仲全楊岱麓著）、十二律隔八相生圖（有說）、十二律七音圖（有說）、考亭重上生圖（說四條。附說一條）、律呂當位居衝圖（說二條）、十二律氣運圖、十二律右旋起六十調圖（說二條）、五音本五行圖（舊本參定。有說）、律呂解序略（楊岱麓著）、十二律旋相為宮說二篇（楊方達纂附）。

外傳附證第七。連山首艮之圖（以下朱日華著。有說）、歸藏坤乾氣左旋象右轉之圖（有說三條）、六十四卦節氣圖（胡玉齋著。說三條。附說一條）、卦氣（林德久著。說二條）、李漑卦氣值日圖（胡雙湖纂。說二條）、六十四卦因重之圖（張仲純著。有說。附說一條）、經世衍易圖（以下蔡西山纂。有說。附說一條）、經世天地四象圖（有說）、經世天地始終之數圖（說三條。附說一條）、經世六十四卦數圖（有說）、經世變化圖（說二條）、經世一元消長之數圖（邵子文纂。有說。附說一條）、經世本先天方圓圖說（查伯復著）、皇極內篇九九圓數圖（以下蔡九峰著）、皇極內篇九九圓數圖（以下蔡九峰著）、皇極內篇九九方數圖、皇極內篇九九積數圖、皇極內篇八十一數名圖（有說二條）、九為究數圖（稅巽父著。有說。附說一條）、太玄方州部家八十一首圖（以下胡雙湖纂。說四條）、潛虛氣圖、潛虛體圖（說二條）、潛虛性圖（有說）、潛虛名圖（有說。揲法附後。附說一條）、卦氣六日七分解（以下楊方達纂附）、參同契要旨說、陰符經要旨說。

雜識備參第八。古周易篇次（朱晦庵定。說一條）、坎離天地之中圖（以下朱漢上著。說二條）、十日數圖（有說）、渾天六位圖（說五條）、納甲圖（以下朱漢上著。說二條）、歸藏坤乾始於洛書納音例（以下朱日華著。附說二條）、黃帝六甲納音例（有說。附說一條）、黃帝六甲入伏羲六十四卦例（有說）、納音取象類列圖（章百可著。附說一條）、御纂河圖加減之原（以下《周易折中》。有說四條）、御纂洛書乘除之原（有說四條。河洛總說一條）、御纂洛書句股圖（有說。附說一條）、八卦九宮圖（舊本參定。說一條。附說一條）、八陣六師圖說（張仲純著）、握機奇正圖（以下張本清著。有說）、八陣握奇總圖（說二條）、八陣大成之圖（附說二條）、古周易考（以下楊方達纂附）、天文說、潮汐說、句股說、三陰三陽配六氣五行說。

◎例言：

太極探原第一。太虛無形，中涵動靜。以一而神，是生絪縕。清濁浮沉，尊卑位正。老少陰陽，縱橫卦定。對待流行，淵源性命。

圖書測微第二。一元未判，大道難明。生成圖發，奇耦書呈。方圓合德，經緯著名。錯綜變遷，天啟斯文。聖人有作，八八齊分。

卦畫明縕第三。庖羲法天，八卦成列。中古繼傳，後天道一。體立用行，顛倒皆得。反覆交推，橫斜曲直。上下無常，剛柔相易。

變互廣演第四。六爻遞變，卦成可度。推盡乃備，屢遷非鑿。消息既定，中爻交錯。純雜互合，乾坤三索。不二不測，至精斯作。

筮法考占第五。大衍五十，虛一為體。七七數圓，卦扐伊始。至十八變，卦斯成矣。有對有覆，吉凶以起。罰象可占，神其告爾。

律呂指要第六。易通六律，先定元聲。黃鐘九寸，十一皆成。陰陽上下，損益相生。七音左轉，五調右行。河圖生克，位次同情。

外傳附證第七。連山首艮，歸藏首坤。焦、京卦氣，六日七分。堯夫四片，包括古今。擬易擬玄，異數殊名。支流餘裔，胥翼羲文。

雜識備參第八。易分四聖，篇次可舉。三才萬象，雜陳文理。納甲納音，乾坤終始。九章九宮，原通妙旨。八陣六脈，廣備參紀。

◎凡例：

一、易學性理本相貫通。《性理大全》門類甚繁，《易學啟蒙》篇辭頗約。此書以易學為標，由本及支引申觸類，總期推廣《啟蒙》而《性理》亦粲著焉。學者由此以考其詳可也。

一、圖纂歷代諸家似紛錯不一，然能觀其會通則思過半矣。朱子嘗謂會而不通則窒礙不可行、通而不會亦不知許多區直錯雜處。元董季真合程朱傳義並遺書語錄，著《周易會通》。茲編亦竊比於董氏云爾。

一、是編多出故本，然必取其說而折中之。如張橫渠所云置心平易而後可冀其一當。若好為奇異奧僻以云多識，反無益于聖經。凡讀六經之書者，不可不知此意。

一、理學以宋儒為歸，宋儒以周程張朱為的。明有宗也。雖陳圖南參數傳之在先，而茲編引用姓氏反列之稍後者，伊洛淵源之統有攸歸爾。

一、宋世象數傳自圖南，邵子得之而始窮其奧。義理闡於濂溪，程子繼之而益發其藏。然必待朱子以集其成而象數義理之精微畢顯。故集中以朱子之言為主。

一、是編圖為主說為輔，故圖有目而說隨之。若說自成篇，仍列其目也。其載圖而無說者，圖可無煩乎解也。其載說而無圖者，存其說而義已見也。

若採於原書者，則標為纂說；若採於他書者，則標為附錄云。

一、是編以類相從，故不以世次為序。而每卷類序之中仍以纂著世次分先後，不敢趣簡便而失其次也。

一、各家圖說有原本某氏者，遞相纂述，忘所自出，茲記著者姓氏，必從其朔。雖搜討未必無遺，其源流大略亦可睹矣。

一、各家易說甚繁，不能全錄。茲擇其最要者，或摘錄數條，或摘取一段，非敢割裂，惟以辭達而止。

一、《通志堂經解》世稱善本，其中訛舛頗多。如《節氣圖》、《卦不對節卦氣圖》、《候不對卦四象圖》，八誤白，九誤黑；《經世圖》履次乾、兌次夬，尤為紕謬。茲所纂錄，咸為改正。

一、是編重複者不錄。然不無彼此相兼前後互見，其大同而小異者，必另有可取，不妨兩存以俟參考。

一、纂圖不首圖書而首太極，何也？曰：以時代言之，圖書在先；以義理言之，太極在先。太極出而圖書洩，濂溪一圖，實探其原也。

一、先儒多易置圖書，而其說有不可廢者。正其名，仍錄其說，獲罪前哲，所不辭也。

一、六十四卦與三百八十四爻之小象可以不圖，亦不可盡圖。茲惟略採卦象爻象兩圖及象說數篇聊以見例，然於全書綱領已概見矣。

◎儲大文序：南齊陸彥深澄為國子博士，嘗簡祭酒王仲寶儉曰：「《易》自商瞿至田何，其間五傳，年未為遠，雖有異家之學，同以象數為宗。數百年後，乃有王弼。王濟云：弼所悟者多，何必能頓廢前儒？晉太興四年，太常荀崧請置《周易》鄭玄注博士，於時政緣王庾，皆儁神清識，能言玄遠，而捨輔嗣而用康成。太元立王肅易，當以在玄、弼之間。元嘉初，玄、弼兩立。逮顏延之為祭酒，黜鄭置王，意在貴玄，事成敗儒，謂宜兩立。所以合無體之義。」又曰：「杜預注《傳》、王弼注《易》，俱是晚出，并貴後生。杜之異古，未如王之奪實。」而儉亦答曰：「易體微遠，實貫群籍。豈可專據小王便該備？依舊存鄭，高同來說」。唐貞觀纂注疏，王氏說獨行。至宋初且三百年有奇，而華山象數之學始復傳。夫易道樞鍵實在象數，雖宋元儒者詮闡義理不必類輔嗣之虛遠，而象數要不可闕。晉陵扶蒼楊子默而著《易學圖說會通》凡八卷。而前儒之畫圖立說者，寖以備矣。源流分合，展紙瞭然。蓋有功于易學者也。」宋王稱傳李之才曰：「易學惟邵雍得之。」初，華山陳摶以數學傳授穆脩，脩

授之才，之才授雍；以象數授種放，放授許堅，堅授范諤昌。是象學、數學又析而為二也。後之知數學者趁矣，奚有於象學乎哉。夫宋儒治易胥本西安長民劉氏《經解》，諸書闡劉氏學者十之八，而劉氏亦前本華山。此予所以緣楊子之畫圖，以晚宋數學綜宋初象數，而重太息於長民氏之五十五圖也。乾隆二年九月下澣，陽羨儲大文。

　　◎任啟運序：天不言而河出圖洛出書，以示象也。聖有作而書不盡言言不盡意，以象告也。由無象而上，不特太極不可象，即陰陽可象乎？前聖不得已而繪之以白黑，象清濁也，氣也。後聖不得已而繪之以一──，象奇耦也，形也。由無象而象，由兩象而六十四象，蓋至於錯之綜之，中之變之，而象無窮矣。故圖者象也，說者指其所為象也。道非象可盡，而觀象以得聖人之意，不猶愈於泥辭而失意者乎？余學易，始因辭以觀卦，繼由卦以觀圖書，始恍然若有所會。因作《周易洗心》四卷，其首卷列圖三十有六，憾不得深於易者就而正之。吾友符蒼楊氏以所著《圖說會通》示我。其目曰太極探原、曰圖書測微、曰卦畫明緼，以立其本；曰變互廣演、曰筮法考占，以行其用；曰律呂指要、曰外傳附證、曰雜識備參，以達其支。精詳過余多矣。夫易之道，廣之則彌六合，約之不外一心。心無象而萬物皆備於我，萬象根焉。故孔子曰：「聖人以此洗心，退藏於密。」又曰：「有以見天下之動而觀其會通。」藏密涵無象之源，會通妙萬象之感。會通非有，藏密非無也。子曰：「天何言哉。」下學上達，知我其天。會斯解者，旦暮遇之也。乾隆二年二月望後，荊溪同學弟任啟運。

　　◎金德瑛序：易之道，理寓數而行，數緣象而著。天以象告而河出圖洛出書，人物以象呈，而近取諸身遠取諸物，故道原於天，散於人物，皆可以圖約之。雖圖中精蘊非言可以究，然徵諸可象，則其不可象之神已見於此矣。夫自天人性命之微以至兵農醫卜之細，何所不貫此？放之彌六合，卷之退藏於密者，苟非會三才之旨以立言，詎能徹《周易》之源流而一以貫之哉？自來談易諸家，淺近者既失之粗，高明者又失之過。惟能深契道本置心平易而分之合之錯之綜之參之互之推之極之，可以圖亦可以不圖，此未易驟測其淵微、遽通其旨趣也。吾友楊子符蒼篤志好古，鍵戶著述，所纂《正蒙集說》發明儒先緼奧，既傳誦海內。而《易學》一編尤有非淺學所能窺者。余讀是書，竊快象數之畢顯而理之明且達也。博採旁搜，源流歷歷，折衷群說，歸於貫通。其取之也博，其擇之也精。一主自然，鏨其穿鑿，信乎契四聖之精心矣。

夫萬事萬物之理，演之至於無窮，無一非陰陽，無一非太極，由是契於無象
之象，以歸於無始之始已爾。然則是編也，又豈專言象數者所可比哉？吾願
讀是書者，因象考數，因數考理，而觀其會通，可以窮理，可以洗心。學易之
法，不外是矣。乾隆二年三月既望，海陽同學弟金德瑛。

◎楊方達序：天地間無非一陰一陽之理。有是理則有是象，有是象則有
是數，有理與象數，非辭無以闡之則不明，故聖人設象以盡意，託文以僅象，
而易道傳焉。漢儒談易者各自名家，去象數之原未遠。自魏王弼頓廢舊說，
專尚虛遠，易遂以蕪沒。逮宋華山之學傳至邵子，而宏博奧衍有莫測其涯涘
者。朱子謂學者於言上會得者淺，於象上會得者深；又謂王輔嗣、伊川皆不
信象，今卻不敢如此說。後人不明此意，竟置象數於不問，便不見易之來歷
矣。間嘗尋繹宋元經解及近代名家纂述，見其精研象數，或著為圖，或著為
說，有裨易學者，類而錄之，左圖右說，集成八卷，以備考鏡。是固承學之津
梁，抑亦義趣之淵藪也。夫理以參觀而益顯，學以詳說而始精。宋元以來圖
說粲然，會而通之，陰陽中自有陰陽，體用中更有體用，錯綜變化，畢見於此
矣。宋劉牧采摭天地奇耦之數，為圖五十有五。師友共相推許。李泰伯刪之
止存其三，謂彼五十二皆破碎，鮮可信用。吾不知泰伯之識果是而無非否也。
夫易之變無窮而圖亦何可少，亦在乎擇之精爾。如劉長民易置圖書，先儒多
主其說。自蔡西山之論出，朱子取之，而圖書始定，則以九為河圖十為洛書
者可不錄矣。張仲純六十四卦各有圖註，非不明析，然略陳大意，近於贅，亦
可不錄矣。來瞿堂好為鉤隱，每取中爻之變象與正對反對為象，或盡變其中
爻，或顛倒其中爻，屢遷而離其本，是又不可錄矣。其他破碎與重複者，盡削
焉。凡綱領所歸條目所列，苟足以印證聖經補益傳義自然而非穿鑿者，取之。
《大傳》所謂言天下之至賾而不可惡，其在斯乎？學者倘能沈潛反復，求其
會歸，則易學之蘊奧似不難於此而得之。不然，專務淵渺而無所根著，其不
至支離散漫，為聖賢之罪人者，幾何哉。乾隆三年歲次戊午七月望日，武進
後學楊方達謹識。

◎是鏡跋：韓宣子觀魯，見《易象》與《魯春秋》，歎曰：「周禮盡在魯
矣。」則易之尚象，其來已久。蓋有象必有數，有象與數必有理，三者初無先
後，而理為象數之本，故曰窮理盡性以至於命。易自商瞿子木六傳而至田何，
自何以上，源出於一；自何以下，派分為四。而施、孟、梁邱、京之學立，雖
轉相授受各有專門，要之不離象數。以為質，然多瑣瑣於訓詁，甚則流於術

數讖緯而昧夫作易之大原。魏王弼一埽舊說，專主義理，是猶舍形色以論天性與？夫致知而不在格物，則事無實證，虛理多差，矧又雜乎老、莊之旨，以擾清談之習，其荒遠無稽益已甚矣。至宋，人文蔚起，周元公首發太極之蘊，洵為三代後之庖羲，繼此而象數義理並顯。雖言象數者未必盡離義理，言義理者未必盡離象數，然各有偏重，而未能融協於一。前明來之德判心象學，自謂獨闢，往往舍其自然之法象而曲以錯綜之說取之，故創圖雖多，求其天然而不可易者蓋尠。林德久謂後儒論易，人奮其私智，每巧為推排，而聖人畫易之本原愈晦而不明。切中其弊矣。吾郡楊子符蒼有鑒於此，冥搜博討，探源竟委，纂成一書，衷以心得，凡八卷，曰《易學圖說會通》。一以象數之實約諸義理之精，是昔賢之所未盡合者，而今始得會其歸也。其有功來學良非淺小。惟願宇內之讀是書者，由博返約，因委溯源，默識默成，以為洗心齋戒之助，則與先聖易有太極之旨庶克吻合而無牾。若徒以為誇多鬭迷之資而已，其與楊子纂述之苦心奚啻千里？嗟乎，世之皓首窮經而甘蹈昔人書蠹之譏者，豈少也哉？夫亦可以反其本矣。時乾隆三年歲次戊午夾月，陽湖晚學是鏡沐手拜跋。

◎馬樹華《先曾祖一齋府君弟子記》：因念府君執友，惟武進楊符蒼孝廉諱方達著有《周易圖說會通》《正蒙集說》，學者稍稍知之，其他僅見於府君詩文而名諱里爵行誼多弗詳。

◎四庫提要：此書自序云：「尋繹宋元經解及近代名家纂述，見其精研象數，或著為圖或著為說，有裨易學者類而錄之。左圖右說，集成八卷」。一曰《太極探原》，二曰《圖書測微》，三曰《卦畫明縕〔註7〕》，四曰《變互廣演》，五曰《筮法考占》，六曰《律呂指要》，七曰《外傳附證》，八曰《雜識備參》。大旨以朱子《本義》九圖為主，而博采諸家間附己論。蓋專講先天之學，故前列《周子太極圖說》，後論律呂八陣圖，而不及乎辭占云。

◎光緒《武陽志餘》卷七《經籍》：《易學圖說會通》八卷、《易學圖說續聞》一卷（見《四庫書存目》），國朝舉人楊方達扶蒼撰。《經籍錄》：是書太極探原第一、圖書測微第二、卦畫明縕第三、變互廣演第四、筮法考占第五、律呂指要第六、外傳附證第七、雜識備參第八，凡八卷，皆集錄昔人圖說，而以己所著撰附後。海陵金德瑛、同郡儲大文、任啟運竝序之。八卷引胡雙溪說後云：「今世儒解易，又復仍王弼本，而莫覺其非」，則以己說纂入古人，而不

〔註7〕周按：今本《圖說》作「縕」作「德」。

知雙溪時朱子《本義》尚未竄亂也。然大旨純粹，所采亦賅備。特是書之成適當漢學盛行之際，而是書皆宋學，遂罕有稱之者。

楊方達　易學圖說續聞　一卷　存

山東、上海、日本京都大學藏雍正乾隆武進楊氏復初堂刻楊符蒼七種本續四庫影印楊符蒼七種本

◎目錄：圓圖左旋配節氣說、圓圖右轉生六十四卦說、圓圖六十四卦陰陽對待說、六十四卦方圓圖說、先後天八卦經緯圖（凡二。總說一）、圓圖六十四卦分爻圖（凡六。總說一）、重卦圓圖與單卦圓圖同異說，方圖四象相交成十六事圖（有說二）、方圖八卦相交成六十四卦圖（凡七。總說二）、方圖分內外圖（凡四。總說一）、方圖分貞悔圖（凡四。總說一）、方圖陽貞陰悔論、方圖三十二卦配四正陣（有說二）、方圖三十二卦配四維陣（有說）、方圖三十六卦配八陣握奇之義（有說二）、雜卦反對正對圖、雜卦篇終八卦次序圖、上經下經各分初中終之疑、十二月辟卦橫圖（有說）、論左傳國語占法、論河圖五十居中說、論天說、論日月運行合先天八卦說、論日月育九道實一道說、論月行風雨說、劉子志天文略、渾天總象圖（有說二）、論利瑪竇《山海輿地全圖》說、廣天文說、廣五行說、廣物理說、雜類說。是編隨聞隨筆，補前集所未備。而折衷羣說，間有改正添註，故不著所自出，惟說之全錄者必載姓氏云。

◎楊方達識語：邵子云：「六十四卦全是天理自然挨排出來，聖人原不曾用一毫智力添助。及卦成之後，逆順縱橫都成義理，千般萬種，奇妙無窮，卻在人看得如何而各因所見為說耳。」余前輯《圖說會通》，自太極以至卦爻皆有合圖分圖以發明次第，亦既詳哉其言之矣。茲復博采見聞，補所未備。祇因易道無窮，務使曲暢旁通而各極其趣。固皆本乎卦爻之自然，非敢增損於其間也。學易者以分圖合全圖觀之，又以補圖說合前圖說觀之，通則俱通矣。至於河圖中五、日月運行、天文輿地、五行物理雜說，有前刻所未及者，亦薈萃成編，非曰知新，要皆為易之精蘊，有愈闡而愈明者也。乾隆十有五年重九前一日，後學楊方達謹識。

◎四庫提要：方達既為《易學圖說會通》，復自出己意成此編，凡三十二條，總不離陳摶之學。其後泛衍及於天文物理，雜類諸說皆牽合比附，務使與易相通，荀卿所謂「持之有故，言之成理」者歟！

楊方達 周易輯說存正 十二卷 存

山東、上海、日本京都大學藏雍正乾隆武進楊氏復初堂刻楊符蒼七種本

◎自序〔註8〕：亙古今、無終始而長存者，易之道也。暴秦焚書，惟《易》以卜筮獨存。顧災異於西漢、圖緯於東都、老莊於漢魏之交，若《太元》擬易而主於歷、《參同契》假爻象而主於養生，已非易之本旨。他如游魂歸魂非易之變而取以用之變、十干納甲非易之占而取用以占，執一家之學而昧全體之功，未可云正也。自宋元明及我朝，說易者千有餘家，固足以發明聖人心法，而亦有好為立異以求勝乎前人者，或支離蔓衍，是非混淆，真偽錯雜，易之正義若存而若亡矣。夫《易》作於卜筮而正道寓焉，言乎象數而正理著焉，苟變而離其本，則非正矣。竊觀內外遠近承乘比應之類，莫非正也。然而上下無常，剛柔相易，變動不拘，惟變所適，有一爻而數象者，有一象而數義者，莫非變也，亦莫非正也。要必使正義先明而後以旁義參之，賓主秩然則條理各得。彼奇衺希俚淺之說概置不錄，所以存正也。夫不變者道，變而不窮者易之說也。知其說而不知其又一說者，拘也；其說不可深考而必強為之說者，妄也。達取古今論說詳加考訂，折衷其是非而融貫之，冀有一得，非敢曰有功於易也。

◎光緒《武陽志餘》卷七《經籍》：《周易輯說存正》十二卷附《易說通旨略》　卷（見四庫書存目），楊方達撰。

◎四庫提要：是書分經二篇傳十篇，一依《本義》之舊，大旨亦多主《本義》，惟卦變之說主程而不主朱。其體例以為「必使正義先明而後以旁義參之，賓主秩然，則條理各得」，故凡言變、互者皆列之圈外，使不與正義相混。又以爻位之正不正、有應無應乃卦中之大義，彖辭、爻辭皆從此推出，故每卦卦畫之下即為注明。

◎唐鑑《國朝學案小識》：撰《周易輯說存正》十二卷附《易說通旨略》一卷，分經二篇傳十篇，一依《本義》之舊，大旨亦多主《本義》，惟卦變之說主程而不主朱。其體例以為「必使正義先明，而後以旁義參之，賓主秩然，則條理可得」，故凡言變互者皆列之圈外，使不與正義相混。又以爻位之正不正、有應無應乃卦中之大義，彖辭爻辭皆從此推出，故每卦卦畫之下即為注明。末附《通旨略》，雜引先儒象彖爻位之說，間亦參以己見。蓋仿王弼《略

〔註8〕錄自光緒《武陽志餘》卷七《經籍》。

例》而為之也。又撰《易學圖說會通》八卷，先天之學也。又《易學圖說續聞》一卷，不離乎陳、邵而已。又著《春秋義補註》十二卷。

楊方正 易經白說 佚

◎道光《招遠縣續志》卷之二：楊方正（著有《易經白說》）。

◎孫葆田《山東通志》卷百二十七《藝文志》第十：是書見《縣志》。

◎楊方正，山東招遠人。乾隆歲貢。

楊芳遠 周易纂義 佚

◎光緒《湘潭縣志》卷十《藝文》：《周易纂義》（楊芳遠字爾發撰）。

◎楊芳遠，字爾發。湖南湘潭人。著有《周易纂義》。

楊國達 周易合解 佚

◎光緒《黃州府志》卷三十二《藝文志》：《周易合解》，廣濟楊國達撰（《縣志》）。

◎楊國達，湖北廣濟（今武穴）人。著有《周易合解》。

楊國楨 易經音訓 二卷 存

山東、貴州藏道光十年（1830）大梁書院刻十一經音訓本

光緒三年（1877）湖北崇文書局十一經音訓本

◎卷首有《易經輯說》。

◎光緒三年增修《崇慶州志》卷八《人物》：又嘗校刻《十一經音訓》《古文雅正》、劉蕺山《人譜》數十種，皆有關於身心之學。

◎尚秉和《易說評議》卷七：《易經音訓》不分卷，首義例，次上下經，上下《繫》、《序卦》《說卦》《雜卦》。道光時河南巡撫楊國楨命開封知府存業、知縣袁俊／汪杰／李親賢／王治泰、書院山長劉師陸編輯校勘。國楨崇陽人，嘉慶進士，撫河南七年，憫寒士得書難，刊《十三經讀本》，又以《論語》《孟子》家有其書，去之只刊十一經，以便學者，《易》其一也。此本為讀本，白文之下偶注反切，旁擇《本義》之解注於旁。後以安徽曾刊《十經讀本》，故名曰《音訓》。其易經源流及其傳授，漢各家派別，王弼陸德明、呂祖謙、程子、朱子所闡明之周易大義，為學易者所必知，則詳盡於卷首集說中。惟所集之說，及旁引經注，皆傾向義理，偏於宋易。至聖人觀象繫辭，

《周易》根本之所在，以及消息卦、納甲諸事，為學易者所必知，則集說中無一語及之。然則學易者只即是本求之，可斷言其無益也。況所集諸說，如程子言有理而後有象，有象而後有數，得其義則象數在其中；必欲窮究象數，乃尋流逐末，管輅、郭璞之學。按易辭皆聖人觀象而繫，今舍象而求其辭，義如何得？又以象數為管輅、郭璞之學，是不惟不知管、郭，並《左傳》《國語》及漢人解易之書為何物，一概不知。蓋易說之浮泛無根，至《程傳》而極矣，朱子即嘗駁其說為顛倒。茲書復錄之，以惑後學，則不如錫山秦氏九經白文之無弊也。

◎楊國楨，字海梁。湖北崇陽人。楊遇春子。嘉慶甲子科舉人，輸貲授戶部郎中。十七年分發安徽司郎中。二十一年簡放安徽潁州府知府。二十五年升授雲南鹽法道。道光元年（1821）升授雲南按察使司。道光三年（1823）升授河南布政使司。七年升授河南巡撫。十五年丁母憂，十七年復丁父憂。十九年起復，署刑部右侍郎，旋授山西巡撫。二十一年有閩浙總督之命，以足疾復發離官歸鄉。

楊禾 易蘊 二卷 存

如皋冒氏 1921 年刻楚州叢書第一集本

南京藏 1933 年回初道人鈔本（一卷）

◎段朝端跋：楊氏《易縕》聞名久，歲在丙申初入手。藏之篋衍十九載，古香郁藹滿戶牖。此書卷帙既不多，詞義古奧尤寡偶。當日精刊未廣布，古本孰飹頤志叟（柘塘師《山陽詩徵》注即云未見）。嘗恐蠹落飽脈望，異世不復辨誰某。呼兒得暇急裝池，免與短書同雜躁。理堂序文幸鈔存，彙為一冊弁其首。莫嫌篇簡太寥寥，付與後人永世守。甲寅四月邑人段朝端笏林甫漫題，時年七十有二。

◎摘錄上篇：

象未成就，數已具矣。數未終極，象已著矣。

數由象顯，象由數立。因象推數，數愈精密。

易先明數，數即生生。萬彙咸亨，皆自數成。

◎摘錄下篇：

《易》之為書，專明天道。實則為人，立準立表。

能盡人道，天道愈親。不盡人道，知天豈真？知天之盡，乃可知人。知

人之盡，知天乃神。

易本於誠，惟誠則一。易簡之道，誠一之極。乾惟一健，坤惟一順。易簡極矣，故能命令。惟其健也，乃無不統。惟其順也，乃無不從。

◎楊禾，字稼軒。江蘇山陽（今淮安）人。

楊恢基訂正　周易圖　二卷　存

山東藏雍正二年（1724）楊氏自刻五經圖本

◎楊恢基，字復庵，號青田，一號石樵。山西洪洞人。例貢生。官江南六安州知州，升知府，未任。工書善畫。

楊繼柱　周易辨疑　佚

◎光緒《黃州府志》卷三十二《藝文志》：《周易辨疑》，蘄水楊繼柱撰。

◎楊繼柱，湖北蘄水人。著有《周易辨疑》。

楊家彬　絕學　不分卷　存

四川藏 1936 年四川石印本

楊家駱　易經新疏　存

世界書局本

◎高越天《中國書綱》：近人楊家駱主編，採清李道平之《周易集解新疏》、孫星衍之《孫氏周易集解》、曹元弼之《周易鄭氏注義釋》、胡虔之《易圖明辨》、焦循之《易通釋》、章世臣之《周易人事疏證》、吳翊寅之《易漢學考》等七部，共一百一十三卷，由世界書局出版。惟尚不及藝文印書館印行之《皇清經解續編》中易類蒐編之詳備。

◎楊家駱（1912～1991），江蘇南京人。少從吳士鑑、吳廷燮、葉恭綽學。治流略之學。1927 年入國民政府大學院圖書館，遍訪大江南公私典藏。編撰有《四庫大辭典》、《叢書大辭典》、《民國以來出版新書總目提要》、《中國文學百科全書》、《中華大辭典》、《中日國際編年史詳目（近代部分）》、《近世中日國際大事年表》、《甲午以來中日軍事外交大事紀要》《中國學術名著》、《新世紀高中文選》。曾執教臺灣大學、臺灣師範大學。《中國圖書辭典》（第一冊《四庫大辭典》、第二冊《叢書大辭典》、第三冊《叢書子目類編》）、《詳注歷代文選》、《《遼史彙編》、《戊戌變法文獻彙編》、《義和團文獻彙編》《新修清

季史三十九表》、《校讎學系論》、《毗陵三種》、《西夏史》、《晉書人名索引》、《二十五史識語》諸書。

楊家洙 西樓易說 十八卷 存

日本梧山女學園大學、國圖、遼寧藏光緒十四年（1888）族孫白麟楊瑞甫木活字本

人大藏古籍珍本叢刊影印光緒十四年（1888）木活字本

◎一名《懷寧楊東川先生西樓易說》。

◎目錄：卷一至八上下經、卷九至十彖傳、卷十一至十二象傳，卷十三文言傳一卷，卷十四至十五繫辭傳，卷十六說卦傳、卷十七序卦傳、卷十八雜卦傳。

◎光緒《重修安徽通志》卷二百十八《人物志·儒林》一：少雄於文，晚乃獨究經義，尤深於易，著《西樓易說》十八卷既成，作書致其友江潯源，謂講章行而六經晦，《易》與《春秋》尤甚。今《易說》成書，亦庶幾闡其歸趣、正其舛謬，補程朱之所未備。家貧未梓，歿後十餘年，潯源取而稍加裁節，欲為之刊行，亦未果（《懷寧縣志》）。

◎光緒《重修安徽通志》卷三百三十五《藝文志》：《西樓易說》十八卷（楊洙著）。

◎民國《懷寧縣志》卷十一《文藝》：楊家洙《西樓易說》十八卷。

◎《耕經堂年譜》下卷：撰《西樓易說序》。是編為同邑楊東川先生家洙所著，先生乾隆年間歲貢生，事蹟載《安徽通志·儒林傳》中。先生少以文雄，晚歲究心經學，尤邃於易，著《西樓易說》十八卷，書成，寓書於其友江潯源，謂講章興而六經晦，《易》與《春秋》尤甚。今《易說》成書，亦庶幾闡其歸趣、正其舛謬，以補程朱之所未備。潯源欲刊而未果。陳雪鑪先生撰《周易廓》，於是書採取尤多。今年春，先生族人恐先澤之就湮，謀付剞劂，先期以書乞為弁言，且云是書無副本，不能全錄，擇其要者錄以示余。余受而讀之，所著元亨利貞諸說，絜靜精微，明白曉暢，粹然儒者之言。其必傳無疑也。夫《易》為寡過之書，孔子曰：「五十以學易，可以無大過矣。」伯英壯年筮仕，馳驅戎馬，遊宦燕秦，今忝荷國恩，畀以疆寄，位高責重，無日不在有過之中，無時不存寡過之念，而批閱公牘，接見官寮，碌碌終朝，弗暇窮經，深以為憾。今幸覩是書之成，倘獲全編浣而讀之，以為洗心之一助，豈非

深幸也歟？

◎殷兆熊《殷譜經侍郎自訂年譜》同治庚午九年：是年作《朱半塘師傳》《重修霍邱縣碑》《揚東川西樓易說序》《徐鳳岡聖門被誣辯跋》。

◎民國《懷寧縣志》卷十一《文藝》：楊家洙《西樓易說》十八卷。

◎民國《懷寧縣志》卷十九《儒林》：晚乃獨究經義，冥追心得，不拘守傳註，於易尤深。著有《西樓易說》十八卷，既成，致書於其友江氏潘源，略曰：「六經惟《易》與《春秋》尤難治，《春秋》程朱無成書，四傳分行，兼歷代諸家解說，終未灼見屬辭比事之真，則折衷書法為難。《易》得邵圖、程朱《傳》《義》，精深廣大，冠絕古今。然邵子無註，《程傳》理精而例疏，《本義》亦為朱子未及改正之書，故遺漏猶多。又汨於羣儒之紛紜駁雜，易道晦矣。蓋嘗論之，宋末元初諸儒，去程朱未遠，淵源有自，而學漸膚，故經數傳而其說愈差。明以《四書》取士，諸儒專精書理，而後經學既能墨守傳註，而說經實不及元。故自講章行而六經之理愈晦，《易》與《春秋》尤甚焉，某之抱憾於此究矣。今《易說》幸已成集，君向勉我以羽翼經傳作四聖功臣，某敢言此哉？亦庶幾闡其歸趣、正其舛謬，稍補程朱之所未備焉云爾。」後家洙歿十餘年，江氏為錄其《易說》，貳之，稍加裁節。

◎周按：此書以朱子《本義》為宗，大體依朱子原本，卷一至八解上下經，卷九至十解上下彖傳，卷十一至十二解上下象傳，卷十三解文言，卷十四至十五解上下繫，卷十六解說卦，卷十七解序卦，卷十八解雜卦，意欲補程朱之未備，故取義理而摒象數，凡經義有未盡之處，則考之程傳以溯其源，旁參先儒以暢其緒。

◎楊家洙，字東川。安徽懷寧人。乾隆五十三年（1788）貢生。

楊嘉 易經困學錄 四卷 存

中科院藏稿本（族孫椿年字慰喬校補）

◎目錄：卷一圖說、通論、上經。卷二下經、卷三繫辭、說卦、序卦、雜卦。卷四附載雜論。書中又有楊嘉之族孫楊椿年的眉批校補，對楊嘉著作中的舛陋謬妄之處進行了校正。

◎自序略謂：課蒙之餘，閒取《周易本義》讀之，玩索反復，至再至三，竊歎紫陽夫子纂輯之精、措辭之簡、抉理之細、窮變之廣，誠非淺學鄙識所能窺其藩蘺之萬一。

◎黃壽祺《易學群書平議》卷六：蓋嘉徒慕程朱義理之名，不獨於漢魏諸儒易說及清諸儒訓詁考訂之書未嘗寓目，即程朱《傳》《義》亦非真能切實體會。不然，何至荒陋如是？椿年能糾正嘉之誤謬，斯可謂幹蠱者矣。

◎周按：是書以朱子之說為宗。書中楊椿年眉批校補，於原書舛陋謬妄之處多所是正。黃壽祺《易學群書平議》卷六軒輊可參。

◎楊嘉，號曦齋。安徽桐城人。諸生。

楊珂 周易觀玩偶鈔 四卷 佚

◎乾隆《武進縣志》卷十《儒林》：取宋元明諸儒易解盡讀之，著《周易觀玩偶鈔》若干卷。

◎光緒《武陽志餘》卷七《經籍》：《周易觀玩偶鈔》四卷，國朝處士楊珂砥齋撰。黃晞曰：楊子之學從格物入，得力於梁谿高景逸先生。博訪宋元諸儒易書，折中羣言，標舉獨得。三十餘年，年七十有四，乃著是書以傳學者。趙氏《見聞隨筆》有楊維寅《周易觀玩鈔》十卷。按維寅砥齋父，不應父子所著同名。黃氏與砥齋友四十餘年，所撰傳論未言易學本於其父。洪氏錄維寅書，蓋沿《隨筆》之誤。

◎光緒《武進陽湖縣志》卷二十八《藝文》：楊珂《周易觀玩偶鈔》四卷（佚）。

◎楊珂，字逢玉。江蘇武進人。八歲通《毛詩》，九歲屬文。

楊景行 古周易草 十二卷 佚

◎同治《黔陽縣志》卷三十四《藝文略》：《古周易草》十二卷（楊景行輯）。

◎同治《黔陽縣志》卷三十九《儒宿傳》：年十四即通易理，邑人潘士權以易象樂律負京師重望，所著《大樂元音》景行為刪存其要，而自著《樂論》以抒己見……遺著有《古周易草》《周易億》《詩經添聲說》《春秋纂義》《左傳彙集》《郡縣志編定》《詩韻提綱》《願體集》《潛溪文集》等書。

◎楊景行，字魯峰。湖南黔陽人。乾隆優廩生。幼聰穎好學，留心經濟，凡天文曆數、輿圖史事無不涉獵。學政盧文弨歎為奇才。屢舉未中，授徒為業。著有《古周易草》十二卷、《周易億》三卷、《春秋纂義》二卷、《左傳彙集》、《左傳類鈔》、《詩經添聲說》一卷、《詩韻提綱》一卷、《樂論》一卷、《陸子撮要》二卷、《願體集》二卷、《郡縣志編定》、《潛溪文集》。

楊景行 周易億 三卷 佚

◎同治《黔陽縣志》卷三十四《藝文略》：《周易億》三卷（楊景行輯）。

楊浚 漢儒易義針度補 八卷 存

國圖、南京藏咸豐五年（1855）侯官楊氏冠悔堂刻巾箱本（楊浚補）

◎楊浚（1830～1890），字雪滄。號健公，一號冠悔道人。原籍福建晉江，寄籍侯官（今閩侯）。咸豐二年（1852）孝廉。授內閣中書，充國史、方略二館校對官。歸里後主講丹霞、紫陽、浯江諸書院。工書，隸尤拔勁。同治五年（1866），左宗棠召入福州正誼書局，後邀之入幕。同治八年（1869）至臺南，越年纂《淡水廳志》。著有《山左六朝摩崖各碑存目》一卷、《滕縣漢殷微子墓碑考》一卷、《冠悔堂詩文集》、《島居錄》、《島居續錄》諸書。

楊可震 易經證 佚

◎同治《新化縣志》卷第三十三《藝文志》一：《易經證》（國朝邑人楊可震撰）。

◎同治《新化縣志》卷第二十四《人物志》七：可震說經鏗鏗，嘗謂漢學之廣博、宋學之精微不可缺一。其所論著上窺孔鄭下括程朱，原原本本，時以比之井大春，蓋邑中之言經者莫盛於可震也。熔考據義理於一爐。著有《易經證》、《書經省括》、《詩經的》、《春秋禮記備要》、《廿一史類編》、《太極析解》、《河洛要旨》、《啟蒙發明》、《洪範九疇論》《洪範九疇五行論》、《博物匯纂》、《楚辭朱注疏》、《鱔堂文集》等書。

◎楊可震（？～1749），字又西，號畏庵。湖南新化縣北渡村（今北渡鄉）人。少師新寧傅相高，博覽群書，尤喜經學。為諸生時，每試輒冠，為宜興儲在文、邵陽王元復、車無咎所重。後屢困舉場，乃授徒為業，一時名士如毛學古輩，皆出其門下。乾隆十一年（1746），以歲貢選茶陵州訓導，改綏寧縣訓導，卒於任。為學以居敬窮理為主。著有《易經證》、《書經省括》、《詩經的》、《詩經捷》、《春秋的》、《四書衡定》、《禮記會要》、《禮記獲》、《春秋禮記備要》、《廿一史類編》、《太極析解》、《河洛要旨》、《啟蒙發明》、《洪範九疇論》、《洪範九疇五行論》、《博物匯纂》、《楚辭朱注疏》、《鱔堂文集》等十餘種。

楊夔 讀易臆說 一卷 存

上海合眾圖書館 1933 年傳鈔楊子卓先生遺著稿〔註9〕本

楊蓮青 詩易解義 一卷 佚

◎同治《孝豐縣志》卷十《藝文志》：楊蓮青《詩易解義》一卷、《輝萼樓詩集》一卷。

◎楊蓮青，浙江孝豐（今安吉孝豐鎮）人。著有《詩易解義》一卷、《輝萼樓詩集》一卷。

楊遴 周易解 佚

◎同治《金谿縣志》卷三十二《藝文志》一：《周易解》《書經廣義》《春秋獨斷》《天中山古文集》十卷（楊遴撰）。

◎光緒《江西通志》卷九十九《藝文略》一《國朝》：《周易解》，楊遴撰（《貴溪縣志》）。

◎楊遴，字雲將。江西金溪新鵝塘人。楊煥曾孫。

楊陸榮 易互 六卷 存

廣東省立中山圖書館藏乾隆十三年（1748）刻楊潭西先生遺書本

◎目錄：卷一卦互。卷二爻互。卷三卦爻互。卷四褉說上。卷五褉說下。卷六輯參：經文異同及句讀異同者彙集於此以備參考。

◎序：或問于余曰：「子彙《易》之象爻而占其互，夫亦本互卦之意歟？」曰：然此求易之一法，而不足以盡易者也。子亦觀夫易之所取材乎？陰陽合散參伍錯綜天地定位以示互之象、四時日月錯行代明以通互之理，是皆易之所取材者，而未有不互者也。取材于互，則易安得不互？故易本一，一生二，而一二互矣；三畫成卦，重之為六，而三六互矣。卦成而先後之序互，爻成而卑高之位互，反而求之，不知其所自起；順而布之，不知其所終極。當其動也，茲以雷霆，潤以風雨，光相射而氣相薄者，互之用，所以行也。所以成天下之大業者，此也，而必藏諸用。當其靜也，無思也，無為也，以此洗心而退藏者，互之根所以息也。所以妙天下之萬物者，此也，而必顯諸仁。故互可

〔註9〕五卷，括《西湖記遊草》《紅薔薇館未刪吟草》《集四書對》《秦鏡漢硯齋詩餘》《讀易臆說》各一卷。

占也，而占不必其互也。得乾占乾，得初占初，夫何互之有？然占不必互而實則無有不互者。得乾占乾，卦同而吉凶不必同；得初占初，爻同而吉凶又不必同。此何以故耶？蓋占者人，而人有貴賤賢否之殊；所占者事，而事有可否成敗之別。人與事既各異，而所占之時又萬有不同，以事互之于人，復以人與事互之于時，而易之為互，夫安得而測之，故曰善易者不言易。東漢嚴遵最名善易，以易來占者，子則與之言孝、臣則與之言忠，未嘗沾沾于易，何況于互？今余之為是說也，泥有定之象爻以占無定之易理，南轅北轍，相背而馳，容有當乎？雖然，易不可以言盡，卒不能舍言以求易。譬如摩尼高懸，圓光四照，在南者見南，在北者見北。偏南偏北，雖不足總攝圓光，要于光之所及亦未嘗不各有所見，故執而求之，則亦趨亦步，差以毫釐，彼短此長，都無一是。推而通之，則紫綠青黃無非是道，風馳電掃所見皆空。得魚忘筌，桶底脫矣。故姑存之，以與世之求易者共商之。乾隆戊辰四月上浣，楊陸榮識。

◎嘉慶《松江府志》卷七十二《藝文志》：《易互》一書，各志均未載，今從《四庫全書存目》採入。

◎四庫提要：是書卷一曰卦互，若乾、坤反對是也。卷二曰爻互，若小畜、大有、大畜、需、大壯、夬、泰下卦皆三畫陽，則相互；姤、同人、履、遯、訟、無妄、否上卦皆三畫陽，則相互。而皆統以乾。推之巽、離、兌、艮、坎、震、坤七卦皆然。卷三曰卦爻互，若姤初爻陰與復初爻陽互，夬上爻陰與剝上爻陽互是也。卷四、五曰雜說上下，卷六曰輯參，乃經文及句讀異同者，大抵本何楷、黃道周之餘論也。

◎楊陸榮（1669～1756），字采南，居學郡城白龍潭西，故自號潭西。江蘇青浦（今屬上海）人。諸生。早慧，博通古今。同邑王原妻以女，並得原傳授，學益進。研究經史，潛心著述。著有《禹貢臆參》二卷、《經學臆參》二卷、《五代史志疑》四卷、《歷代紀事本末》、《三藩紀事本末》四卷、《北轡紀略》、《殷頑錄》六卷、《遼金綱目》、《潭西集》九卷、《潭西詩集》二十一卷、《楊潭西先生遺書》。

楊履瑞 易經大義 不分卷 存

遼寧藏清進呈寫本

◎楊履瑞，字伯典。廣東南海人。楊裕芬子。梁鼎芬弟子。

楊履泰 易經纂說 四卷 佚

◎光緒重修《香山縣志》卷二十一藝文：《易經纂說》四卷，國朝楊履泰撰。

◎楊履泰（1811～1883），字子安，號際熙、耕心老人。江蘇丹徒人。道光諸生。光緒初曾與修《丹徒縣志》。晚任教諭，未赴而卒。著有《周易倚數錄》、《河防策》、《耕心書屋詩存》、《虛白齋初集》一卷、《楊孝廉詩鈔》一卷。

楊履泰 周易倚數錄 二卷 附圖一卷 存

山東藏光緒貴池劉世珩刻聚學軒叢書本

江蘇廣陵古籍刻印社 1982 年據聚學軒叢書第四集本重印本

續四庫影印復旦藏光緒貴池劉氏刻聚學軒叢書本

◎目錄：卷上八卦之數、萬物、六位時成、六龍御天、四德、六爻旁通、直方大、非一朝一夕之故、暢於四支、用九用六、雷雨之動滿盈、十年乃字、初筮告再三瀆、有不速之客三人來、邑人三百戶、終朝三褫之、王三錫命、原筮、王用三驅、三歲不興、四時不忒、先甲三日後甲三日、至於八月有凶、七日來復、至於十年不克征、十年勿用、三歲不得、明兩作、二氣感應以相與、四時變化而能久成、從一而終也、晝日三接、三日不食、照四國也、二女同居（睽）、睽孤遇元夫、載鬼一車、往得眾也、百果草木皆甲坼、田獲三狐、二簋可用享、三人行則損一人、或益之十朋之龜、一握為笑、天地革而四時成、革言三就有孚、震驚百里、躋於九陵勿逐七日得、天地不交而萬物不興、三歲不覿（豐）、射雉一矢亡、田獲三品、先庚三日後庚三日、天地節而四時成、勿逐七日得（既濟）、三年克之、三年有賞於大國。卷下八卦相盪、一寒一暑、六爻之動三極之道也、一陰一陽之謂道、千里應違、二人同心、天一地二天三地四天五地六天七地八天九地十、天數五地數五、五位相得而各有合、天數二十有五地數三十凡天地之數五十有五、大衍之數五十其用四十有九、分而為二以象兩卦一以象三、揲之以四以象四時、鬼奇於扐以象閏、五歲再閏故再扐而後卦、乾之策二百一十有六坤之策百四十有九凡三百有六十當期之日、二篇之策萬有一千五百二十、是故四營而成易十有八變而成卦、八卦而小成、參伍以變錯綜其數、著之德圓而神卦之德方以智六爻之義易以貢、一闔一闢謂之變、易有太極是生兩儀兩儀生四象、八卦定吉凶、變通莫大乎四

時、易有四象所以示也、八卦成列象在其中矣因而重之爻在其中矣、天下之動貞夫一者也、陽卦多陰陰卦多陽、同歸而殊途一致而百慮、萬夫之望、變動不居周流六虛、原始要終、兼三才而兩之故六、參天兩地而倚數、兼三才而兩之故易六畫而成卦、分陰分陽迭用柔剛故易六位而成章、數往者順知來者逆是故易逆數也、一再三索、為近利市三倍、大有眾也小畜寡也。

上下兩卷計百則。算式附卷：第一圖積數疊法、第二圖方積圍法、第三圖圓積圍法、第四圖方形開方法（圖十）、第五圖勾股形勾股積（圖二）、第六圖長方勾股相求法（圖三）、第七圖累方算法、第八圖內容外切方圓倚數法、第九圖勾股方圓相容法（圖五）、第十圖和較相求法（圖二）、第十一圖測量算法（圖二）、第十二圖測圓要法（圖二）、第十三圖各圓形算法（圖七）、第十四圖弧徑測度法、第十五圖天度高弧距地法（日景表）。附卷計十五則（四十一圖。一表）。

◎序：《周易》合四聖人之手而成。象取天地人物，理判吉凶悔吝，統貫三才，包涵眾有。所謂潔淨精微奇而法也。第其間理以象顯，亦以數明。自古易家多善言象。漢儒若孟喜推卦氣、京房述占卜、荀爽著世應、焦贛測變化、虞翻主日月、康成按星辰，其最著矣。唐宋以來，王弼空談易理，後儒非之。周、邵取圖書而理有未安，程朱宗德義而象又太略。無惑乎學易者倀倀無所之也。夫象之于理若影與形，數之于理若身與目，見物之有形而不識其形，知人之有身而不觀其目，可乎？《傳》云：「象也者，像此者也。」又曰：「易有四象，所以示也。」又曰：「參天兩地而倚數，象其尚矣。」數不竝重歟？伏羲畫卦，文王演象，周公繫爻，孔子作十翼，莫不有象，即莫不有數。所謂數者，非若道家之推衍術家之讖緯也。什百千萬，物數可憑；幼牝強老，人數可據。日月星辰，山川道里，天數可步，地數可稽。是故聖人著之於易，以見象與數不容偏廢，而數與理不可相離也。後無闡之者，易道自明；後有闡之者，易學愈顯。閒嘗紬繹經文，彙參眾說，久之恍有所得。爰踵前賢之言象言理者，專考其數，擇而詳之，凡百則。釐為二卷，曰《周易倚數錄》。其數之由算見者，圖式於後，附錄一卷。時維咸豐十年庚申六月望日，丹徒楊履泰子安氏自述於邗江東鎮之僑居。

◎跋：《周易倚數錄》二卷附算圖一卷，丹徒楊子安先生著。歲甲午，見同歲茅肺山闈中《易經》文詁經新穎，迨相見後始知引用是書者。遂以先生手錄清本附珩刊以傳之。先生道光庚子以《易》舉孝廉，生平邃於易。嘗聞諸

肺山，其語諸弟子云：「易，漢儒尚象，宋儒尚理，未有言數專家。易之為用，實兼象數理三者。」乃取本經文「參天兩地而倚其數」著《周易倚數錄》。數之變動則有算學，如句股容方圓適合大衍五十之數，乃附算圖數十，自列其目，次第衍說。算學至今日窔奧盡闢，非五經算說所能賅。先生此作，乃經生之算，非疇人之算也。附卷圖說頗有殘闕，肺山為據算理補之，說見某圖，校刻時并代補注於正卷各條下。其長方句股方圓相求法各圖為推廣句股之理，累方算法為推廣疊積之理，句股方圓相容法各圖為證明句股方圓互容理，和較相求法為推廣句股和較錯雜之理，測圓要法為證明求圓必藉方之理，各圓形算法為推廣平圓渾圓之理，弧徑距度法為測量之先步。特誌於此，以證原書言倚數之本旨焉。光緒二十六年庚子六月，貴池劉世珩識。

楊茂湛 易明 三卷 佚

◎光緒《宣城縣志》卷三十五《載籍》：《易明》三卷（楊茂湛著）。

◎楊茂湛，安徽宣城人。著有《易明》三卷。

楊名時 易經劄記 三卷 存

乾隆刻楊氏全書本

◎卷目：卷一上經、下經。卷二象傳、彖傳。卷三繫辭上傳、繫辭下傳、文言傳、說卦傳、序卦傳、雜卦傳。

◎盧文弨《抱經堂文集》卷二十六《楊文定公家傳》（丙申）：公於諸經皆有講義，近詔求遺書，其家始錄以進。門人嘗輯公說經之言為《易義隨記》八卷、《詩義記講》四卷，先已版行。

◎何焯彥《易經遵孔八晢類稿》卷十二《集晢》：楊氏名時《周易劄記》，其學得之其師李氏光地，是書惟《說卦傳》及《附論》《啟蒙》之類推衍先天諸圖，餘皆發揮易理。

◎楊名時（1661～1737），字賓實，一字賡實，號凝齋。江蘇江陰（今常州）人。康熙三十年（1691）進士。座主李光地以經學倡導，名時有所稟受，潛思默究，措之躬行，久而益熟於進退取予利害之際，持之確如。以候補翰林院侍講與纂《周易折中》諸書。歷官翰林院檢討官、順天學政、翰林院侍講、陝西正考官、直隸巡道、貴州布政使、兵部尚書、雲南總督兼雲南巡撫、轉任吏部尚書、禮部尚書兼國子監祭酒，入值南書房，侍皇太子課讀。卒諡文定，加贈太子太傅。著有《四書劄記》、《周易劄記》、《詩經劄記》、《大學講

義》、《中庸講義》、《辟雍講義》、《經書言學指要》、《楊文定文集》、《自滇入都程記》諸書。

楊名時 周易劄記 二卷 存

四庫本

上海藏清鈔本

南京藏鈔本

山東藏 1983 年臺北商務印書館景印文淵閣四庫全書影印國立故宮博物院藏本

山東藏臺灣新文豐出版公司 1983 年大易類聚初集影印文淵閣四庫全書本

◎四庫提要：是編乃其讀易所記，前後無序跋，未詳其成書年月。觀書中所引證，蓋猶在欽定《周易折中》之後也。名時本李光地所取士，故其易學多得之光地。雖《說卦傳》及附論《啟蒙》之類，頗推衍先天諸圖，尚不至於支離附會。至其詮解經傳則純以義理為宗，不涉象數，大抵於程朱之義，不為苟異亦不為苟同，在宋學之中可謂明白而篤實矣。名時為雲南巡撫時，夏宗瀾嘗從之問易，所作易說皆質正於名時，其問答具載宗瀾書中。然宗瀾所說，如《漸卦》「禦寇」證以孤雁打更之類，頗為膚廓，不及名時所論猶有光地之遺也。

◎田俶《歷代儒學存真錄》卷十：公於諸經皆有講義，門人輯《易義》八卷、《詩義》四卷版行（見《政學錄》）。

◎彭紹升《二林居集》卷十五《故光祿大夫文淵閣大學士李文貞公事狀》：公門下士楊名時、陳鵬年、冉覲足、蔡世遠竝以德望重於時。它如張曧、張瑗、惠士奇、秦道然、王蘭生、何焯、莊亨陽之徒，類有清節，通經能文章。故本朝諸名公稱善育材者，必以公為首焉。

◎彭紹升《二林居集》卷十七《故資政大夫禮部尚書楊文定公事狀》：公於諸經皆有講義，門人嘗輯《易義》八卷、《詩義》四卷先版行。已而詔求遺書，其家始錄以進。

楊澎 易訓日鈔 四卷 佚

◎光緒《江西通志》卷九十九《藝文略》一《國朝》：《易訓日鈔》四卷，楊澎撰（《新建縣志》）。

◎楊澎，字景聖。江西新建人。著有《易訓日鈔》四卷。

楊求照 周易玩辭半解 佚

◎民國《宿松縣志》卷三十二上《藝文志》一：《周易玩辭半解》，楊求照著（《通志》）。照見《文苑傳》。學精易理，通貫天人，專於觀變玩辭，尋其真諦。書待刊。

◎民國《宿松縣志》卷三十九《文苑》：澄思渺慮，深契天人，尤精易理，著有《周易玩辭半解》。

◎楊求照，一名星源，字飛泉，號瀑崖。安徽宿松人。邑庠生。溫厚孝友。善詩古文辭，博涉諸子百家，一返之於六經，務求心得。

楊若銑 周易集解 佚

◎同治《六安州志》卷三十二《儒林》：有《論孟質疑》《周易集解》《十三經異同攷》《考工記車制圖攷》《九章算法》《句股八線表》《奇門堪輿》諸書，皆卓有根柢。經兵燹，遺稿散佚。

◎楊若銑，字麗生。安徽六安人。以經學冠全皖。受知沈鼎甫學使，拔道光丁酉萃科。絕意進取，鍵戶著書。

楊詵 易經切解 八卷 存

河南藏雍正問心齋鈔本（清楊四知跋）

◎楊詵，河南河內縣（今沁陽）人。任閿鄉縣教諭。又著有《四書切解》。

楊聖 太極粹言 一卷 存

山東藏 1925 年鉛印學鐸社叢書本

◎楊聖（1891～1965），號踐形，學者稱中一先生。丁福保曾為撰聯：「宿世早應成佛去，今生單為著書來。」著有《易學演講錄》、《太極圖說考原篇》、《太極粹言》、《太極圖考》、《太極圖象作法之研究》、《指道真詮》、《雪墨》、《氣功自療》、《氣功哲學》等。

楊聖 太極圖考 一卷 存

山東藏 1925 年鉛印學鐸社叢書本

楊聖 太極圖說考原篇 一卷 存

山東藏 1925 年鉛印學鐸社叢書本

楊聖 太極圖象作法之研究 一卷 存

山東藏 1925 年鉛印學鐸社叢書本

楊聖 先後天卦象交變圖說 一卷 存

易學會 1943 年鉛印本（附易學源流考）

◎目錄：

第一題解：解一先天。解二後天。解三卦象。解四交變。解五圖。

第二引言：解六體用。解七後天出于先天。解八數。解九氣。解十爻。

第三理由：解十二宇宙象。解十三家庭象。解十四坎離二用。

第四說明：解十五月窟。解十六剝爛。解十七因濟。解十八錯綜。解十九姤益。解二〇渙鼎。解二一建。解二二移風易俗。解二三剝萃。解二四明夷。解二五晉夬。解二六家人。解二七翼傳。

第五方法：解二八定象。解二九移風。解三十易俗。解三一本象。

◎沈序：易學為楊氏家寶，至中一子而集其大成。間嘗讀其自序，知其學易功候之專、講易徵引之博，於漢易、宋易、清易各有根據，無一語一字嚮壁虛造。此《先後天卦象交變圖說》，殆龍之一鱗鳳之一毛耳。聽講者既有味乎其聽之，要求復講者屢矣。茲復以付印為請，以期各手一編，拳拳服膺而弗失，其確有心得，可揣而知也。他日所著《易學叢書》三十六種果一一印而行之，其霑溉後學寧有量邪？！癸未四月，毫翁沈恩孚。

◎胡序：尚辭尚變尚象尚占，是易之四道。漢易大概尚變，宋易大概尚辭，尚象見於《繫辭》，後無作者。漢古五子、焦氏《易林》、宋朱熹《本義》是尚占。蓋制器尚象，原人時代取法現象之初步。後世文化進步，是取法想象中之象，非取法現象中之象，其精者遂成今日之科學，易之尚象已無有價值。尚占是易之最古者，見於《左氏傳》者十七處，而其繇辭與今易多不同。古五子不存，焦氏《易林》僅有繇辭而無占法，尚占之易究竟若何，是不可考。朱熹《本義》雖存，今之占者皆不之用。尚占一道遂成為社會上之技術。易有君子之道四，僅有尚變、尚辭二道。一為漢之象數，一為宋之義理，清代易學各家，言象數而明易例：焦理堂作《易通釋》，能明易例，而於尚變極有精意。端木鶴田，融合漢象數宋義理，為易體例之學，其辭雖晦，其例頗密。此其大概也。無錫楊中一，世傳易學，繼清代易學之後，博覽過之，又有精密之發見，先後箸錄易學三十六種，大概皆尚變之一道，而又嚴於體例者，如

《先後天卦象交變圖說》是也。先後天說，紀慎齋、沈竹礽易學中各有精密之說。中一之《卦象交變圖說》與紀、沈不同，而加明白矣。則是研究先後天之說者，多得一種之指導也。余於易，雖肄業及之，而於漢之象數、宋之義理皆不能有深刻精微之研究，清之體例更無論已。第本《序卦》之說寫成一部《周易古史觀》，不於象數義理立場，而於古史立場，自知非說易堂堂之旗、正正之陣。中一謂《周易古史觀》必於漢之象數、宋之義理、清之體例外，別著古史觀一派。在中一為稱之過情，在余為受之無實，但不知能否持之有故、言之成理，以偏師當一軍而已。茲者中一《卦象交變圖說》付印，問序於余。余於象數義理體例皆不能有所闡述，發揮卦象交變之妙。第言其大概如上云。民國三十二年四月，安吳胡樸安序。

◎召序：博學通儒，非俗言所能議。名師善教，易當面錯過，而盜名漁利之徒，專鶩迎合社會心理，不惜視學術為投機，眩世駭俗，以聳聽聞；或索隱行怪，以誣當時而欺後世。而天下者，亦吠影吠聲互相盲從，溷蛆腐蠅儼成風習。人心愈險詐，道德愈墮落。長此以往，不知胡底，最可痛心。果欲為挽救計，惟有矯正僻流，貫徹主張，喚醒迷誤，回頭正道。雖明知高山流水識者無人、白雪陽春和者益寡，然祗能依足擇履，決不能削足適履。凡所欲為，悉惟良心之安。人知吾如是，人不知亦如是。惟聖賢然後能識聖賢，師儒然後能識師儒，人不識我，於我何傷？若必求人之認識而為之，則不贊成者，雖合理當為之事亦將不為，是小人儒為人，非君子儒為己也。所貴為君子者，舉世混濁而獨清，眾人皆醉而獨醒，祗求事之合理與否，不問社會之心理於我何如也。人能如是存心，庶幾動靜語默，一準諸天理人情，而無過不及之弊。故能獨往獨來於天地之間，而與造物者為友。此聖賢之用心，而非凡俗所能識，豈得以凡俗之好惡而易其心哉？！世之不學或淺學者流，欲自文其陋而又不甘自歉，於是有三說焉……自欺欺人，不可與言讀經。吾師教人，必先從漢學訓詁以得其制度名物，然後通諸宋儒義理，此即孔子博文約禮之誼。東周有子學、西漢有經學、宋明有理學、清有樸學，自今而後繼起者必聖學矣。傳聖學者何人也？其庶乎吾師。受羲孔道統之心傳，尊為聖導師也久矣。以聖師而述聖學，上考下俟，先後一揆，豈徒文以載道而已。吾師所為，每超過時代。即不為社會所知，然開風氣之先。他年聖學昌明賢才輩出，始知一瀉千里者皆導源於涓流之泉也，彼視短識淺者固不足以語此。

棠不肖，衣食於奔走，不獲常侍几席、時聆教誨。私心禱祝者，天將以

夫子為木鐸，《易經救世》《聖學心傳》諸書，早日即行，以覺我後學也。此《先後天卦象交變圖說》發明於辛亥暮春，至今已三十二週年。巧合六十四卦中陽儀之數，其法別有心裁，視世俗之僅拾術士牙慧者不同，此所以感格羲皇、榮膺天爵而開易學之新元也。初名《原旨》，書凡三卷，均經杭辛齋先生圈點眉批，惜已遺佚。今所印行者乃轉錄自中國國學會《衛星月刊》，僅及《原旨》十之一，然已為《易學叢書》絡續付刊之先聲矣。敬獻數言，以志吾道之不孤，且為師學之有傳人也慶。癸未五月，門人安慶召國棠謹識。

　　◎自序：易學，先人之世業也：皇祖文王始演《周易》，十七傳至晉太傅叔向公，躬踐易教，孔子賢之；又二十傳至漢太尉伯起公，有《易論》見本傳，諸儒尊稱關西孔子；累傳至宋先賢文靖公，學者稱龜山先生，程門立雪，吾道南矣，得二程道統之真傳，為洛閩中樞；一傳羅豫章，再傳李延平，三傳而至朱子，開理學之新元。程有《易傳》，朱有《本義》。公之《易說》詳載家乘，公之祠在無錫東城東林書院東。六歲隨先祖謁祠歸，先祖抱之膝上，指几上書曰：「此文靖公《易說》，汝他日克傳家學，庶道南有繼人矣。」因教作先後天八卦圖象。稍長，讀《周易折中》，習江永《河洛精蘊》、朱子《啟蒙》、邵雍《皇極經世》、周子《太極通書》、張載《西銘》《正蒙》，治宋易義理之學。先大夫郵賜《古越藏書樓書目》，遂興博覽志。十七歲，負笈毗陵，日就圖書館鈔讀李鼎祚《周易集解》、《易緯八種》及胡（渭）、惠（棟）、張（惠言）、劉（逢祿）、姚（配中）、孫（星衍）諸書，始知孟（喜）、京（房）、鄭（玄）、宋（衷）、荀（爽）、虞（翻）、陸（績）、姚（信）、翟（玄）、范（賢）、干（寶）、侯（果）等漢易象數之學。既讀焦循《易通釋》、端木《周易指》，又發見清易體例之學，遂主融會漢象宋理清例為研易之準。三十三年至今，無或渝此心。辛亥暮春，發明《先後天卦象交變原旨》，夢格羲皇，心傳易統，語詳故友徐君記中。又寢謁尼山，授與麟書一卷、五色五五化生筆一，語詳門人姬生記中。自後讀易輒有心得，先後著錄成《易學叢書》三十六種。辛酉夏，與康南海住茅山月餘，暢談孔孟微言，每及窮理盡性以至于命。返滬，與杭辛齋嚴論易學，特重象數。癸亥春，尚賢堂李佳白請余講易學，從此到處講易，成演講錄八編。丙寅，易學會成立，就余中一圖書館所儲歷代易學專著六百餘種，為別闢易藏一室，以公同好。丙子冬，中國國學會金松岑編《衛星月刊》，函索易著，因將舊作《原旨》刪改為《先後天卦象交變圖說》以應，分登一二兩期。庚辰夏，沈心老集老友數十人為講易會，請余主講。初即用《卦象交變》，

後更編《孔易微言》及《易象因重篇》二書。秋，又集融五講經社，迄今三閱寒暑。余分期編講《易學研究》，而《卦象交變》又複講三次。易學會誕自坤範女學，壬午夏而至愛國女學，蓋已三遷矣。近為第三講所諸君編《易經讀法入門》，以期速成。而多數同好復求復講《卦象交變》，並慫恿付梓，爰為述其緣起如此。癸未清明，梁溪中一子楊踐形識。

楊聖 學鐸社易學叢書 六卷 存

山東藏 1925 年鉛印本

臺灣翔大圖書公司 2010 年李崇仰重編本

◎重編本目錄：辛太炎炳麟題字。杭辛齋題字。作者肖象。杭辛齋公函。杭辛齋通簡。杭辛齋纂稿。杭辛齋論學。徐璣衡序。召國堂序。重編者序。

◎子目：易學演講錄。太極圖說考原篇。太極粹言。太極圖。太極圖考。太極圖象作法之研究。

◎目錄：

易學演講錄第一編卷上：

先天後天八卦交變篇一：第一章引言，第二章創制圖象之緣由，第三章個人研易之歷史，第四章易學史分三大時期，第五章先天八卦圖象確解，第六章先天後天交變圖象，第七章後天八卦圖象略說。

先天後天八卦交變篇二：第一章卦畫為文化之發源，第二章述易含三義，第三章釋先天之定象，第四章證明先天卦位不自宋始，第五章明先天卦位之得成立，第六章有先天即有後天之可變，第七章先天後天八卦交變圖象，第八章先天後天交變之因，第九章泰否為先天後天交變之徵，第十章姤復為先天後天交變之樞。太極類：第一章述宋易之說，第二章述漢易之說，第三章述清易之說，第四章分釋各字之誼。

易有太極生兩儀篇三：第一章陰陽兩儀之本誼，第二章本質自具陰陽，第三章兩儀非分兩物，第四章表裏兩面即陰陽兩儀，易有太極是生兩儀篇三，第一章陰陽為兩儀之異觀，第二章瓜分黑白喻陰陽兩儀，第三章瓜臍瓜蒂喻兩極習染之偏反，第四章瓜兼表裏喻善惡同具一心，第五章變化氣質為瓜旋善惡兩途，第六章採道佛家說證瓜旋陰陽之變化，第七章月有晦朔弦望證瓜旋陰陽表裏之動象。

易有太極是生兩儀篇四：第一章陰陽兩儀由物體有與交接時而生，第二

章依月體以證陰陽兩儀，第三章依參同納甲之理以證月體之自具陰陽，第四章特製巨骰以證立方體之六面，第五章立方體之六面自具陰陽兩儀，第六章六合兩儀之三面觀，第七章六合兩儀有無量變化，第八章廣證各種正多面體以明萬物各自具陰陽兩儀之理。

易有太極是生兩儀篇五：第一章易為最古哲學，第二章太極即一陰一陽之道，第三章易有太本無太極，第四章雖無太極而易有太極是生，第五章易不言無，第六章無極為太極之無象，第七章太極是生之旨，第八章太極即易之總體。

易有太極是生兩儀篇六：第一章極字之本誼，第二章書洪範篇獨多極字，第三章經傳子史諸書摘引極字，第四章易道之中，第五章聖德之中，第六章孔子之文章在贊易，第七章太極之誼與周易全書諸極字一貫，第八章太極是生兩儀即聖人執兩用中之道。

易有太極是生兩儀篇七：第一章太極自有本誼，第二章極字本兼二誼，第三章陰陽因對待而有，第四章陰陽因分別而見，第五章陰陽唱和說，第六章陰陽吸噓說，第七章太極之名因陰陽之名而存在，第八章太極本來無極端，第九章陰陽之極中淳和，第十章陰陽之名存於所交之一瞬，第十一章無極中而為太極，第十二章太極之外更無無極。

易有太極是生兩儀篇八：第一章易象有三極，第二章自體之兼兩，第三章以位之比較明對待可遞變，第四章以數之比較明對待可遞變，第五章以電之比較明對待可遞變，第六章以光色之比較明對待可遞變，第七章以人之比較明對待可遞變，第八章兩極端之進退，第九章執兩用中之道，第十章一極中之平均，第十一章兩極之和合，第十二章兩極之較差，第十三章陰陽之互變，第十四章兩極由異觀現。

易有太極是生兩儀篇九：第一章孔子之太極即文王之乾元伏羲之一畫，第二章無極之誼出自道家，第三章極字有各種分別名相，第四章乾鑿度之說，第五章列子之說，第六章古三墳之說，第七章諸家之異說，第八章太極是無說，第九章太極是無中之有說，第十章太極是有說。

踐形易講錄第一編卷下：

易有太極是生兩儀篇十：第一章太極之道，第二章道一之舉證，第三章始於一之舉證，第四章道生一無通於元，第五章無具非無可有之誼，第六章一之幾微，第七章一之有若無實若虛，第八章一即太極之舉證，第九章一生

二即太極是生兩儀。

易有太極是生兩儀篇十一：第一章道生一之廣證，第二章一生二生三三生萬物合周易之廣證，第三章老莊合證，第四章形學合易之證，第五章點之應用，第六章線之應用，第七章代數合易之證，第八章是生之旨趣。

易有太極是生兩儀篇十二。

易有太極是生兩儀篇十三：第一章乾坤為陰陽之極，第二章定象八卦之兩畫法，第三章表陽表陰，第四章隱顯一理，第五章表陰陽儀，第六章儀象八卦，第七章表陰陽儀象，第八章儀象在實相可證，第九章定象八卦妙符磁極，第十章磁電之異同，第十一章磁電之關係，第十二章定象八卦妙符電位，第十三章磁電體質之微分子，第十四章磁電場內之指力線，第十五章陰陽之感應，第十六章易象自然中和。

易有太極是生兩儀篇十四：第一章二氣感應以相與，第二章序卦獨不舉乾坤咸三卦名，第三章雷電之字說，第四章電光種類，第五章坎離二用可見陰陽之感應，第六章先後兩象可見陰陽之感應，第七章舉電流證陰陽之交變，第八章寡過在致中和，第九章乾坤一變為天地交變為既濟，第十章陰陽感應在致其平，第十一章物物一太極。

易有太極是生兩儀篇十五：第一章定象本象妙符天地，第二章衡直正交為先後天轉變之樞紐，第三章衡直正交先後天異觀非異型，第四章周易上下二經皆終坎離二用，第五章坎離二用可證磁電在先後天之關係，第六章後天本象攝盡先天定象，第七章衡直正交顯磁流相互之關係，第八章中直外圈實磁電流異觀之隨象，第九章磁電可互相感應造成，第十章磁電兩流互成環中，第十一章先後天互為體用，第十二章磁電流正反自對。

太極圖說考原篇：華齊膺序，第一章太極有圖遷始於周濂溪，第二章太極圖說是周濂溪個人心得，第三章濂溪太極圖出自釋家說，第四章濂溪太極圖出自道家說，第五章太極圖說之尊信與懷疑為漢宋異同之辨，第六章太極圖說之尊信與懷疑為朱陸異同之辨，第七章濂溪太極圖說之來源及其內容解剖。

太極粹言：太極粹言。

太極圖。

太極圖考：

太極圖考引言

　　易簡法第一：無極式太極圖，分兩式太極圖，（一）立中式，（二）行中式，（三）成中式，兩儀式太極圖，（一）左右式，（二）上下式，（三）互動式，（1）林至式內外交互象，（2）踐形式表裏交互象。

　　交互法第二：三圜式太極圖，（一）直立旋轉法，（二）平衡旋轉法，雙儀太極圖，（一）擺式雙儀太極圖，（二）通俗式雙儀太極圖，（三）踐形式雙儀太極圖，迴旋式太極圖，（一）圓圖，（二）太極圖，（附一）迴旋式太極河圖象，（附二）迴圈式太極河圖象，（1）踐形式迴旋河圖，（2）踐形式迴旋洛書。

　　聯拆法第三：聯拆圜中式，（一）左右圓，（二）上下圓，（三）奇偶圓，（四）四象圓，（五）八卦圓，分合圜中式，（一）兩儀規，（二）四象規，（三）六合規，（1）啟運式六合規，（2）踐形式六合規，（四）消息規，（1）滄曉式消息規，（2）踐形式前後規，（五）環中規。

　　倍析法第四：黑白象，（一）康節式層象，（二）圓象，（1）德久式圓象，（2）滄曉式圓象，奇偶象，（一）紫陽式橫圖，（二）雙湖式豎圖，（三）荊陽式圓圖。

　　分合法第五：分合式，（一）兩儀重，（二）四象重，（三）八卦重，懸象法第六，懸象式，踐形式懸象太極圖實相。

　　太極圖象作法之研究：

　　引言。

　　太極圖象之作法一：

　　第一作法外作法：第一步求圓象，第二步求中線，第三步求內蘊。

　　（一）雙儀式：（1）二一徑系：二一徑求點法：第一項求地天兩點得二一徑，第二項求見飛兩點，第三項求日月兩點及上下兩點。青田式起線法：第一項起左儀自子至中四段曲線，第二項起右儀自午至中四段曲線。通俗式起線法。（2）九二徑系：求點法：第一項求子午兩點，第二項求辰戌兩點，第三項求乾艮巽坤四點，第四項求寅申丙壬四點。起線法：第一項起左儀自子至中四段曲線，第二項起右儀自子至中四段曲線。（3）三一徑系：求點法：第一項求天地兩點，第二項求上下左右四點，第三項求坎離兩點及上下兩弧周。起線法：第一項起左儀自子會中三段曲線，第二項起右儀自子會中三段曲線，第三項起四維線。

　　（二）三圜式即四一徑系：求點法：第一項求天地兩點，第二項求見飛

兩點兼起次圓線，第三項求見點。起線法：第一項起裏圓線，第二項起廣圓線。

（三）迴旋式即三一徑系：求點起線法：第一項求上下兩點兼起裏圓線，第二項求作上下兩切圓周。

第二作法：內作法。

太極圖象之作法二。

◎學鐸社叢書序言：《學鐸社叢書》者，易學研究會長中一子楊君踐形所手撰也。楊子梁溪產，漢關西夫子之後嗣，宋龜山先生之嫡裔也。累葉樂善，代稱積德，自高曾以來相繼董長景雲市政，五傳至其尊翁已百五十年矣。里俗感化，同歌賢良，甘棠遺蔭，澤隆鄉望，群謂大德之後必有名世者生。逮清季辛卯之歲卯月卯日，首辰夜半，家人咸聞鈞天廣樂，音韻悠揚，忽聆空際神語云：「群聖擁送一玉麒麟來矣。」其母侯夢感瑞雲環身，宸斗隕懷，龍負圖象矯首天中，麟吐玉書光曜地上，恍然而覺遂生楊子。曾祖熊飛公聞報，歡喜無量，深感麟吐玉書之瑞，大衍積善餘慶之報，遂錫命為嘉名云。楊子生而神靈，頭角嶄嶷，周歲即識書文，其母教之方字，字非排滿八八六十四方陣弗讀也，讀竟遍已弗忘。四歲即通《孝經》，慨然以宗聖曾子自任。戚族與之周旋，群歎為雞林鳳雛。五歲時有塾師愛慕自薦，《大學》已竟，即授《中庸》，注解全讀，以警其敏，頃刻輒背誦數百行，同學無弗咋舌。六歲時，其祖戀先公抱置膝上示以伏羲先天八卦太極圖，欲窮其理，精思至廢寢食。八歲時得《群真秘錄》一書，值大病甚劇，猶據牀私自抄玩。僕婦陳惜其傷神，竊付諸祝融，其書遂不傳。惟手制機輪玩具頗類活動影戲，深符物理，至今猶存。九歲致力於易學，手畫太極圖凡九十有九幅，揭宅之諸門殆遍，倦則臨摹鐘鼎古文，尤酷嗜象形字，今均有成書，而《六書源流詳考》《音韻源流詳考》為最辯。每歲作正平日記及大事年月表，自四歲六月起迄現在，其書法則仿《春秋》經傳及《通鑑綱目》為之。楊子天資穎悟聰慧異常，髫年博覽群書，諸子百家靡所弗窺，必悉窮其理而後止。既而負笈毗陵，學業輒冠群曹，研究科學，尤擅中外哲理，編譯實用新書甚夥，遍訪各地圖書館，搜羅藏書至富，獨於易學、《說文》、性理、佛典、道藏諸籍最稱詳備。辛亥暮春神遊無極，謁羲皇於宛丘，命受易學之道統，由是遂屏雜學專肂《易經》，自偽《子夏傳》以迄近代日本高島解凡五百餘家。其間漢易宋易之爭、言象言理之辯，為歷來治易家所不能決者，一一溯而疏其流、芟其蕪而整其棼，辟邪說之近

似，廓莠言之亂真，選擇其純粹撮其精微，理或未得，徹夜不寐，豁然有悟，坐以待旦，慨然深憂易道之久失真傳，晦盲垂絕，遂發憤著述，先後成《易學叢書》三十六種，以上承羲、文、周、孔四聖之心傳，而下啟後覺於將來。政體革新，被選議員，不以為榮，嘗歎曰：「人存政舉，人亡政息，吾寧為學者，以為著作貢獻社會，無志聞政，不願以私己功利誤國也。」味斯言，有隱痛矣，先後迭長三校，兼任景雲教育會長，大有孟子樂育天下英才之意。甲寅春，督率教職學員嫻習健身術，翻譯名著，參易筋、按摩、銅人、催眠諸說，積年心得經驗，著《自然康壽法》。丁巳秋，楊子董長精神學會來申江，承其尊翁宇青先生命，偕俞君仲還、陸費君伯鴻創設靈學會，中國之有靈學之發明實自楊子始也。楊子救世心殷，不覺形諸闡研學術，將欲崇善行以維持世道、闢邪說而匡正人心、踐道德以輔教育之所未周、尚感化而補法律之所不逮，實說修齊以悟上智，權說感應以通流俗，總期世際升平，化干戈而為玉帛，人安康壽，登衽席而免塗炭焉耳。傳道院開，楊子為指導師，深恨自唐以來，方士技術之流僭纂道家法統，而一切詖行邪說、惑世誣民之怪誕且愈出愈奇，實與老子提倡道德救世之旨風馬牛不相及也，遂博稽歷朝《老子》注解，自漢河上公以迄近代有數百家之說，述《老子確解》，以考證異本字句為老子辯非白誣，不第有功老子，實有功社會也。庚申冬，遍覽《道藏》全書七千八百餘卷，其間什九盡屬無稽讕詞，而值供參考者尚不及什一，搜集數十家《黃庭經》注解異本為考證，本其實驗心得，博采古今中外醫道修養諸學說，而著《黃庭經發籥》。外更輯《修道纂要》一書。暇兼精研佛學，各宗如唯識、天台、華嚴等大乘勝義悉能得其究竟，同證人生最後圓滿之真歸宿，而《耶教源流考》《回教主麻末傳》等尤為其研究世界十大宗教之餘稿。嘗歎曰：「觀於海者難為水，日月出而爝火熄，其惟孔孟之學已乎！以之正心修身則心正而身修，以之齊家治國則家齊而國治，以之理事接物無所處而不當，小施小得大用大成，行之萬世而一無弊。彼各宗教之蜃市空華說不足信也。」旨哉斯言！昔濂溪、晦庵、象山、陽明皆先出入佛老而後返歸儒家，故其學說能兼吞二氏而深悉其流弊，語云：「不入虎穴，焉得虎子」，世人不深究而妄聞異端，不中宜矣。勇哉楊子，出入各宗教而不為所困，辭而廓之，偃如也。眾人所難能，而楊子竟優為之，非出類拔萃、中立而不倚者不足以當此，信乎楊子之以昌明聖道自任也。癸亥，楊子為國際教務聯合會孔教總代表，殷痛軍閥用事，故到處演說孔道之精義，必歸本於《周易》咸彖傳聖人感人

心而天下和平之旨。甲子敷華大會,楊子欲因武城弦歌,革陋俗而登仁里,滌污染而倡善風,新一世之耳目,伺後進入聖賢,故編《大學歌舞樂譜》,以象勺教盛德學校,為禮樂導泉之源。余深欽楊子立志之卓,不苟與眾同,而又悲世風日下人心日壞,胥由道德淪喪學術荒落所致,苟得一二人提倡道德發撝學術,則風行草偃善感同化,即轉移舊習啟迪新猷亦非不可能也。天生楊子,將以生花之斗筆橫掃異說,警世之木鐸振作斯心,正末流之叢弊,延既絕之心傳,闡揚至學,昌明大道,以復唐虞三代之正規,紹纘羲皇、周、孔之遺緒,傳此修己之準繩,垂作入聖之階梯。裒輯其等身之著作,頓使夫洛陽之紙貴。爰本斯意,題曰《學鐸社叢書》,名稱其實也。余讀其書,知其必有以嘉惠士林也,不禁鼓舞而為之序。甲子天正冬至,龍湫徐璣衡識。

楊聖 易學演講錄 二卷 存

山東藏 1925 年學鐸社叢書第一編鉛印本

臺灣文聽閣圖書有限公司 2009 年林慶彰主編民國時期經學叢書本

楊聖脩 易經解義 佚

◎民國《龍游縣志》卷七《藝文考》:易經解義(卷數未詳),楊聖脩譔(見子昶所具行狀)。

◎楊聖脩,字瑞芝,號巽峯。喜讀書,尤喜讀易。著有《周易解》、《蝶園閒筆》。

楊十朋 易經訂疑 佚

◎光緒重修《香山縣志》卷二十一《藝文》:《易經訂疑》,國朝楊十朋撰。

◎楊十朋,字參起。廣東香山人。諸生。又著有《西圃文集》。

楊世琦 序卦圖說 佚

◎民國《祁陽縣志》卷九《藝文志》:《序卦圖說》(楊世琦撰。見《省志》)。

◎或有誤題鄧世琦者。

◎楊世琦,湖南永州祁陽人。

楊世樹 讀易法 一卷 存

山東藏稿本

◎楊世樹,又著有《聲律易簡編》。

楊世英 易經輯要 不分卷 存

山東藏嘉慶二十二年（1817）刻粹攟諸經百種本

楊樹達 周易古義 七卷 存

湖南藏手稿本（存卷一、卷二）

山東、山西大學藏中華書局 1929 年鉛印本

山東藏臺北成文出版社 1976 年無求備齋易經集成影印中華書局 1929 年鉛印本

臺灣文聽閣圖書有限公司 2009 年林慶彰主編民國時期經學叢書本

◎周易古義代序：秦燔六經，《易》以卜筮獨存。《漢書・藝文志・六藝略》載易十三家，惟孟喜、京房之學傳習者多。迄於東漢，鄭、陸、荀、虞，皆其緒也。今之治漢易者若惠氏棟、張氏惠言，於兩漢易說存佚扶微，厥功甚巨。然舉其大，不外爻辰、卦氣一偏之主張，於易之本義無與也。門人長沙楊遇夫近輯《周易古義》一書，遍采經傳、周秦諸子，司馬、班、范、《三國》、四史，兩漢儒書，比傅經文，存其舊誼，因附考證，不事繁徵。執以示余。余曰：此誠善說易者也。曩嘗言考據之學至有清乾嘉諸儒既博且精，然博則昧於多聞闕疑，精或誤於碎義巧說。如桓譚譏秦近君說《書・堯典》「曰若稽古」三萬言；班固論齊、韓二家傳《詩》，好采雜說，非其本義。今之儒者，或不免同蹈此弊。況易教廣大，體象至繁。古之學者三年而通一藝，存其大體，玩經文，是故用日少而畜德多，以之治易，尤為切要。今所采古義不專一家一師之言，其中明人事、近義理者多，是可推見易之本義，不言天而言人。王、韓二家注，知之而宗尚虛玄，流於老、莊，致可惜也。此書出於漢魏人注家之失，皆有所借鑒而自得，尋其指歸。夫而後知易之以卜筮而存，不必以卜筮而明。蓋卜筮亦人事之一端，非三聖作易之心傳、孔門寡過之學旨即於是乎盡之也。古義日明，野言自息，是則作者撰述之旨也夫！甲子三伏，同學兄葉德輝序。

◎自序：余年十七八始治易，頗不然漢儒象數之說，而獨喜宋程子書，以為博大精深，切於人事，與孔子繫易之義為近。私謂今所傳漢儒之說殆一家之學，非其全也。及涉獵《史》、《漢》、諸子，見有說易者大要皆明人事，則大喜，以為說易之道當如此矣。乃竊仿儀徵阮氏集《詩書古訓》之例，輯而錄之，凡得百許事。乙巳之歲，年二十一，感於國難，發憤出遊，此書不復在

心目。辛亥兵興，困餓於倭之故都，治任歸來，頗理舊業。發篋陳書，曩所比輯赫然在焉。遂復賡續，置之行篋時有增益，去歲更遍檢類書多所補綴，蓋自始事以迄今茲凡歷二十六七載矣。《漢書・儒林傳》記丁寬已從田何受易，至洛陽復從周王孫受古義，然則易有古義舊矣。竊取其義，以名茲編。甄采所及，斷自三國。以晉人書有王輔嗣之書具在，其他多以清談為說，不足復錄故也。嗚呼！逮白首而無成，憶青燈之有味，循覽是編，蓋不勝其掩卷太息之情也。民國十七年十二月蔡將軍雲南起義紀念日，長沙楊樹達書。

　　◎楊樹達（1885～1956），字遇夫，號積微。湖南長沙人。五歲從父孝秩讀書。少入求實書院肄業，有志訓詁。年十五受業於葉德輝、胡元倓。年十七治《周易》，輯成《周易古義》一書。嘗留學日本，歸國後任教於北師大、清華大學、湖南大學、湖南師範大學，1948 年當選中央研究院首屆院士。

楊思誠　周易輯義　四卷　佚

　　◎光緒重修《香山縣志》卷二十一《藝文》：《周易輯義》四卷（國朝楊思誠撰）。

　　◎新修《香山縣志》卷六《列傳》上：晚精易理，著有《周易輯義》四卷、《百誠堂詩集》一卷。

　　◎楊思誠，字伯真。廣東香山南門人。順治貢生。授茂名教諭，日與諸生講論經義，砥礪廉隅，暇則旁及詩歌，鼓吹風雅。旋署茂名縣，薦補高州學正。

楊嗣震　易經待虛　十五卷　佚

　　◎同治《長沙縣志》卷三十五《藝文》：《易經待虛》十五卷（楊嗣震著。有傳）。

　　◎同治《長沙縣志》卷十九《人物》：於易著《易經待虛》十五卷。

　　◎楊嗣震，字子方，號靜齋。湖南長沙人。留心經濟。著有《易經待虛》十五卷。

楊緯　易經四書集解　佚

　　◎康熙《安平縣志》卷之六《選舉志》：性樸學博，通天文，著有《易經四書集解》。

　　◎楊緯，河北安平人。康熙三年歲貢生。

楊文言 洛書別論 未見

◎陳夢雷《周易淺述》卷八：楊子道聲《洛書別論》曰：洛書之數起於一，中於五，窮於九。五建極於中，為眾數所取法。自五以下皆為生數，為一為二為三為四。自五以上皆為成數，為九為八為七為六。生數與成數相間而立，以成右轉之形。夫數始於合中五而生六，六合一而生七，七合中五去十而生二，二合七而生九，九合中五去十而生四，四合九去十而生三，三合中五而生八，八合三去十而復生一，運行無窮焉。而其相合相生之法，凡奇數則合中五以生下數，耦則合前位之奇以生下數。耦從奇，奇不從耦也。奇必生耦，耦必生奇，陰陽互根也。中五建極，奇耦相生而自右至左，法自然之運。此不同於河圖之不奇耦，耦之合中五而為數也。至其對待之法，更有大異於河圖者。河圖奇耦重列以相對，洛書則單列以相對。奇對必奇，耦對必耦。以中五為之綱，而餘數相伍以列。及計其對待之共數，莫不各倍中五以成十，而十已默寓於眾數之中矣。楊子道聲之論如此。今按《易・繫辭傳》曰「河出圖，洛出書，聖人則之」，是圖書相為表裏，夫子之言可據。後人以洛書至禹始出，其訛固不俟辨。

◎楊文言《南蘭紀事詩・謝當事某公》（錄首節）：生質本孱劣，誦讀唏晨光。發燥授經書，搦管試討量。十三學詩賦，嘔心古錦囊。十五棄雕蟲，六藝恣翱翔。天官本聖典，悠繆排機祥。指掌披輿圖，所志在匡襄。農工執握算，經畫具九章。最後問禮樂，探幽析豪茫。同心二三子，攬轡馳康莊。筋骨愧未周，岩棲願深藏。悠忽四三年，困院殊可傷，母死不得葬，饑軀走他鄉。

◎楊文言（1652～1711），字道聲，號南蘭（樓）。江蘇武進人。楊瑀子。少與兄昌言皆以善文名，能詩詞。長棄文而為實用之學，兵農、河渠、曆算、律呂無不深曉。與陳夢雷、李光地等交。徐乾學、李光地、余國柱爭禮聘之，光地《曆象本要》即道聲所作。撰有《書象圖說》、《易俟》、《南蘭紀事詩》五卷、《南蘭紀事詩鈔》二卷、《楚江詞》一卷。又經陳夢雷援引纂修《曆律淵源》。

楊文言 周易淺述圖 一卷 存

四庫本（附於陳夢雷《周易淺述》卷八）

◎一名《圖卦闡義》。

楊維仁 周易匯參 十卷 佚

◎自序〔註10〕：嘗讀《繫辭大傳》，謹玩文周作《易》深意，辭危言警，其憐生民至矣。蓋易畫於伏羲，天地之道傳、性命之理揭，歷黃帝、堯舜，尚象垂治，胥是道也，第有畫而無文。至商末周興，文王因傷當時之不用易，復憂後世之不知易，遂取六十四卦命名繫辭，從變易交易陰陽升降生化上揭以元亨利貞，從變易交易剛柔變動處判以吉凶悔吝。周公以爻發象，從常互變而理益顯。孔子作傳，反覆詳申，而義愈明。則窮理盡性之教燦然大備於周矣。夫《易》也，堯、舜、禹、湯、文、武以此為治，伊、傅、周、召以此為輔，孔、曾、思、孟以此為教，周、程、張、朱以此為學，是《易》為性學大原，故為五經鼻祖。凡格物致知、誠意正心、修身齊家治國平天下者靡不以是為學，以是為學則明德新民要於至善。此易裨於斯世者不亦多乎？歷代師儒早見於此，壯年發志皓首成疏，而四聖心傳不啻炳如日星矣。然各闡真發微派分百家，讀者疑異無有適從，遂委易理深奧常人難窺。嗟乎！此不獨失四聖垂教之心，而且失儒先註釋之志，人安望其能學易也？仁從事《靈樞》《素問》諸書稍悟易之陰陽交變，從易之升降生化略識人道之一本萬殊，用是不揣固陋，殫精竭慮，本《繫辭傳》旨，取諸註而會參之，則異者同、難者易。仁雖不敏，竊願與嗜學者共證焉。

◎光緒《重修皋蘭縣志》卷二十《藝文》：《周易匯參》十卷，（國朝）楊維仁箸。

◎光緒《重修皋蘭縣志》卷二十七《雜傳》：生平論述最富，皆能發前人所未發。晚尤好易，著有《周易匯參》《傷寒體註》《醫學楷梯》等書。

◎同治《鉛山縣志》卷十七《人物》：王鳳翔號梧岡，長沙壋頭人。性孝友，內行甚修，生平喜閱《周易匯參》，多所特見，惜積學未遇。

◎楊維仁，字伯廉。甘肅蘭皋人。嗜醫術。

楊新甲 讀易管窺 六卷 佚

◎光緒《武陽志餘》卷七《經籍》：《讀易管窺》（無卷數），國朝楊新甲西園撰。黃懷孝序略曰：易學自漢以來，言義理者指象數為穿鑿，言象數者指義理為空虛。先生言象數必衷諸義理，言義理必依乎象數，指事類情，旁引曲證，一歸於經國大業。先生生平未見誠齋楊氏書，而大旨適與之合。然誠

〔註10〕錄自光緒《重修皋蘭縣志》卷二十《藝文》。

齋以史證經，務為通達，不必定與聖情相比附。先生緣象立義，窮天地之變，盡萬物之情，視楊《傳》尤精密，有功於易學非淺。

◎李兆洛《養一齋文集》卷十五《西園楊先生家傳》：所著《讀易管窺》六卷、《讀史質疑》十卷、《西園詩鈔》九卷。道光四年八月五日卒，年六十有三。子夢篆能傳其學。道光三年春，先生攜所著《周易管窺》見示，予始識先生。其治易原本程朱而於漢儒消息納甲之說則深取之，以為坤之東南得朋西北喪朋，非此則取象皆假借，其不為膠守類如是。

◎張維驤《清代毗陵名人小傳》卷六：其治易原本程朱，而於漢儒消息、納甲之說則深取之。以為坤之東南得朋、西北喪朋，非此則取象皆假借。其不膠守類如此。

◎楊新甲，字振華，號西園，一號艾山。世居武進孟墅里，後析陽湖，遂為陽湖人。諸生。世耕讀。六歲能詩，比長，益篤於學。治經史，所得益邃密，以文行重於鄉。

楊瑄 易說 四卷 存

嘉慶道光張氏書三味樓刻書三味樓叢書本

◎一名《抱質堂易說》。或著錄三卷。

◎嘉慶戊寅秋月張應時《楊閣學蘿村詩稿序》：楊玉符先生為一代風雅之宗，文行兼優，著述甚富。嘗自言古文惟讓汪堯峰出一頭地，詩則不多讓人。惜其所著罕傳，未得窺其全豹。到處搜求，前於翁君淳處得《易說》乙冊，余即付梓以廣其傳。

◎楊瑄（1657～1727），字玉符（斧），號楷庵，金山衛洛北村人（今上海）人。楊枝起子。康熙十四年（1675）舉人、十五年進士，官翰林院編修。二十九年（1690）因撰祭文失誤觸忌革職，發奉天尚陽堡當差，與陳夢雷、戴梓、顧永年等交往頗深。三十四年（1695）放還。四十二年（1703）復原職，官至經筵講官、內閣學士兼禮部侍郎，兼詹事府詹事。四十八年（1709）以原品休致歸里，專事著述。雍正元年（1723）遣戍哈剌察衛。著有《塞外草》、《楷庵集》，與修《佩文韻府》。子楊錫履、楊錫恒，嘗從戍黑龍江，俱工詩。

楊學泗 義經講義 四卷 佚

◎光緒《諸暨縣志·經籍志》著錄。

◎楊學泗，字魯嶧。浙江紹興諸暨人。庠生。幼穎悟，讀書輒能自解。

楊一夔 讀易口義 四卷 存

廣東藏咸豐二年（1852）南雪山房刻本

◎駱偉主編《廣東文獻綜錄》上：此書斟酌羣言，理象皆舉義例。分時位德應比卦，俱主李安溪說。

◎楊一夔，字南學。廣東順德人。

楊以迴 周易通解 四卷 圖說二卷 存

南京、遼寧藏光緒十年（1884）大成巷楊氏家刻本

吉林、上海、南開大學、暨南大學、寧波市天一閣博物館藏光緒十年（1884）楊氏刻二十年改定本

光緒十三年（1887）杭州三元坊小酉堂書坊刻本

臺中文聽閣圖書有限公司 2010 年晚清四部叢刊第二編影印光緒二十年（1894）改定本

◎此本為增訂其《周易臆解》之作，較《臆解》末多論說三篇。

◎或著錄為楊以迴。

◎楊以迴，江蘇金匱（今無錫）人。楊延俊子。

楊以迴 周易臆解 四卷 存

國圖、復旦、上海、山東、浙江、遼寧藏光緒十年（1884）大成巷楊氏家刻本

國圖藏臺灣文聽閣圖書有限公司 2010 年起林慶彰主編晚清四部叢刊第八輯本

◎自序：昔孔子刪定六經，其文約而純、其義曲而達、其條理秩然而不紊。經，一也，解經者代有增益且累千百家，其說為是耶，衷於一而可矣；其說為非耶，一且贅。況千百其喙乎！千百其喙，必至抵捂而駁詰，甚且怪妄而支離，遑論發明滋惑爾。夫六經之旨其原皆出於易，易理未明，奚以暇旁及哉！然而解易者上自戰國下迄今昭代，或託象數而逞私智，象外求象，其失意；或假義理以衍空言，義外演義，其失則我。意與我，孔氏所絕，尤斯文之大患。竊惟卦卦爻爻自具本象，其發為義理，亦卦卦爻爻本象中自具之義理，初無俟泛引旁通以期偶合也。雖然，智者見之謂之智，彼解易諸儒殆智者也。聖人以易簡示天下，而智者或過之。以迴則至庸極而謹，不敢屬枝駢自作聰明，第就卦卦爻爻本象中自具之義理而發明之。曰《臆解》者，終不敢

自信為已然也，吾知不免夫是古非今者之誚已！

◎潘雨廷《讀易提要》卷九（摘錄）：《周易臆解》六卷，凡上下經各二卷、圖說二卷，未及十翼。清楊以迴著。以迴金匱人，始末未詳。自序未署年份，而首頁有「光緒十年仲春月，大成黃本宅開錄」字樣，今以著成即刻論，則當光緒十年（西元 1884 年）。其言曰：「竊惟卦卦爻爻自具本象，其發為義理，亦卦卦爻爻本象中自具之義理，初無俟泛引旁通以期偶合也。」故此書皆就本卦本爻言。凡首引先儒之說，計有《注疏》、《傳義》、蘇氏（東坡）、項氏（安世）、胡氏（炳文），偶及李氏《集解》等十餘家之說；後加「案」字，以自述所見。能全書一例，解尚簡明。卦爻之具有本象義理，未可謂非。若二象或數象之間，其可無關係乎？《文言》曰：「六爻發揮，旁通情也」，豈可無俟泛引旁通哉？！

楊以迴 周易臆解圖說 二卷 存

國圖、復旦、上海、山東、浙江、遼寧藏光緒十年（1884）大成巷楊氏家刻本

國圖藏臺灣文聽閣圖書有限公司 2010 年起林慶彰主編晚清四部叢刊第八輯本

◎摘錄凡例一：明體用。三畫為卦，六畫為重卦，重卦分內外：以卦象言則內卦為體外卦為用，兼卦爻言則卦象為體爻象為用，以主應言則主爻為體應爻為用，明體用而後知先後輕重。

楊翼亮 譯古含奇 三卷 存

山東藏光緒十三年（1887）楊氏家刻本

國圖藏光緒十三年（1887）杭州三元坊小西堂書坊刻本

◎各卷卷首題：古陽羨楊翼亮堯門甫著，男光熙煥庭、樹滋西銘參訂，孫桂如印丹、梓如景韶、柏如定臣、棠如頌南校刊。

◎譯古含奇集總目：

內篇天部目次：河圖似太極圖式、河圖集說、河圖藏三陰三陽圖式、河圖合八卦五臟圖說、人身五臟合河圖八卦說、河圖合人形圖說、河圖藏洛書數圖說、河洛圖說、洛書合河圖說、洛書藏後天八卦圖說、後天卦合洛書說、圖書集說、羲皇三畫卦圖說、三畫卦非先天說、三畫卦合洛書體用圖說、人身五臟合三畫卦圖說、八卦變六十四卦圖式、羲皇六十四卦橫圖卦序說、六

十四卦橫圖序、復以橫圖作交錯圖說、六十四卦圓圖說、六十四卦為相綜圖說、六十四卦方圖說、後天卦說、統論三畫六畫卦說、易序反對卦說、卦變考說。

內篇地部目次：繫辭上下傳十一章說、序卦傳說、雜卦傳說、洛書天心變易圖說、洛書藏三元元運說、蔣公指南針盤說、干支八卦陰陽定局式、中宮戊己說、二十四向配合定卦說、三元九運飛星圖說、三元元運挨星定局說、河洛交易圖式、納甲圖說、奇門遁甲陰陽圖式、九宮八卦神奇儀式、千金訣、神符經七十二局補註圖式、二十八宿分野歌訣、辯江氏駁來氏錯綜說、說卦傳錯簡疑字辯、二十八宿歌訣。

外篇人部目次：筮蓍策圖式（附驗數記）、扐卦式、變占說、占法考、變占餘義、河洛未分未變方圖、河洛未分未變三角圖、點數應河圖十位圖、冪形應洛書九位圖、冪形為算法之原圖說、天圓地方圖、人為天地心圖說、大衍勾股之原說、老陽數合方法、老陰數合勾股法、加倍變法圖說、先天為序卦之根說、三十六宮說、十二辟卦說、後天為雜卦之根說、雜卦即互卦之法說、互卦說、四象相交為十六事圖、六十四卦中四爻互卦圖、十六卦五成四卦圖、勾股原始、勾股名義、律呂聲音本於圖書說、算律不用三分損益說、河圖為律呂長短之源說、律呂圖說、河圖五行本數圖說、河圖五行順序相生圖說、河圖五行變數圖說、洛書應十二律圖說、洛書配支辰律呂應六合圖說、納音說、六十納音歸河圖變數圖說、納音配六十調圖說、六十納音分上中下聲圖說、圖書為聲音之源說、字母配河圖之圖、五十音應大衍之數圖、河圖加減之源、洛書乘除之原、洛書加減四法、洛書乘除十六法、五運圖、陳子圖南易龍圖自序、皇極經世先天數圖說、元會運世總論。

◎序：昔朱竹垞作《明人小傳》，於戴叔能之學言其旁及天文地理醫卜佛老之書，明初兵起，避地吳中，欲投擴廓軍，前不得達，其自贊曰：「處榮辱而不二，齊出處於一致。」竹垞之在史館所為名人傳甚夥，而所稱旁及天文地理者只叔能一人，兼才之難如此。乃予讀吾宗丈堯門先生《譯古奇書》，而歎亙古難得之學復見於此也。先生少時即邃於學，博通經史，旁及詞章諸子百家，凡地輿律呂遁甲納音勾股韻學無不貫微而一以本之於易，故所著書闡易為多，以各事隸於後。夫易之為道，統於六十四卦，而析之為三百八十四，天下之人物，以及人物之一動一靜贏虛成敗，無不備具。故夫坤厚載物，即輿地之學也；載鬼一車，先張之弧奇門之變也；先甲後甲，雷風水火納音律

呂之所由生也。讀易音而知音韻之概，擘大衍之數而知九章之原，非知之艱，筆之於書之為艱也。先生於世變之起，如英國之肇釁、粵逆之搆禍，皆先知之。投書當路，娓娓萬言，切中時弊。其欲更張法令，近於顧亭林《日知錄》之旨。當路韙其言而卒不能用，先生固知命與數之不可挽，特慨世亂相仍，不忍見疲癃無告之苦，欲出所學以濟之，而聞之者或駭其怪或病其迂。既知終不得用，於是歸隱其鄉，益以著述為事。書既成，其子懽庭參軍將梓而行之，問序於予。予以為道咸以來外患之偪、潢池之亂，其間起布衣隸卒歷戎行取高爵厚祿者何可勝數，此其人豈皆奇材異能哉？！以先生之學之才，洞燭先機通達世故，一不用其言拂衣徑去，著書贏医，其視人世之富貴如浮雲然，此與竹垞所稱叔能之學貫天人，投軍不達跡頗相似，而其志趣高遠又庶幾處榮辱而不二、齊出處於一致者。獨怪叔能以彼其才，其文章無所表見不傳於後世。先生雖不見用，而此書之傳後之成純儒、建勛業者，咸賴是以導其先用不用亦无悶也。書此以質先生，其以為知言否耶？！光緒十有三年丁亥冬十月，婁縣楊葆光拜序。

◎譯古含奇集序：學無裨天下國家，其文不貴；理必窮古今上下，其用乃宏。宜邑楊君堯門，予倡和詩友也。其先大夫靜遠公生子七人，君行居六。昆季先後游庠序登賢書，君獨不拘拘於舉業，以為大治宜獻賦金馬門，否則勒石燕然山，此君之素懷也。道光年間，朝廷詔求直言，君約同邑徐君慎獨擬赴京都上《中興六要》萬言策，行期已訂，筮著得艮卦，乃止。後因失怙為親覓吉壤，博覽群書，得黃石公三字《青囊經》，恍然悟明洛書元運之理，兼通象數之學。洎滄桑變起，懷用世之略而仍未見用於世，惜哉！晚年著書盈尺，分內外篇三卷，蓋謂圖是先天之體，書是後天之用，先天卦已是後天之體，後天卦亦是後天之用。且發明三元元運之理，分配二十四向定局，何者得元，何者失運，幾盡洩天地之奧、古今之密鑰。豈不大有裨於世之為人後者哉？並闡註黃石公奇門七十二局，皆數千年來不傳之訣也。至筮著勾股音律及字母序卦互卦諸說，雖前人已詳言之，亦足見獨具會心。予老眼昏花，不知畔岸，略述其梗概，題曰《譯古含奇集》，速當鏤板問世，他年洛陽紙貴可預望焉。光緒七年辛丑孟春月，婺源齊學裘玉谿甫拜言。

◎序：吾邑楊堯門先生，古之振奇人也。生長世族，而獨不屑應有司之試。好讀異書，尤精於易，通象數之學。中年洊遭寇亂，鬱鬱無所試。鍵戶著書，矻矻不倦，晚乃勒成一編，窮河洛之變，兼及元運奇門筮著勾股，顏曰

《譯古含奇》，凡為卷三，為圖四十有八，為說幾數萬言，多發先儒之所未發。讀者茫不知其畔岸而先生固自有見也。因以書屬余為序。余於易學懵懂然無知，乃取先生是書，循覽數四，觕得其崖略，遂僭為之說曰：易自漢初多專門名家：孟氏、費氏最稱有師法；焦氏、京氏源流稍異；虞氏翻最後出為《虞氏易》，後儒多服其精審；王輔嗣祖述莊老，其註易略象數而譚名理，為一時所信嚮，其書大行，然後人多訾之；逮宋，圖南陳氏讀易，始陳河洛之數，展轉相授，程邵二子并傳其學；至朱子《本義》出而究心學易者遂不數聞矣。先生別有會心，言圖書是先後天，先天卦是體，後天卦是用，發前人所未發，每譚後事輒多奇中。壬寅癸丑之變事前策之，故眾人以為神。今年近八旬，精神矍鑠，將以鋟板問世。夫以先生之學之才，苟奮乎時會，必與中興戡亂之列，運籌帷幄坐蕩寇氛，身歷崇華名輝竹素，直指顧間事耳。乃終已不遇，徒於湖壖荒村蕭條寂寞之濱日手一編，孜孜終老，亦可慨已。然才不鬱不奇，學不專不篤，天若故抑之，而使先生優游俯仰，積之歲年，成此千古未有之書，大暢其經世濟物之用以利天下，後世區區名位之顯晦又奚足為先生道哉？余幸獲觀厥成，喜誌數語以伸景仰。光緒十三年丁亥孟夏日，姻愚弟徐葆辰拜譔。

　　◎自序：夫河圖之數、八卦之理昧於世也遠矣，自邵子述圖南陳子之說，以羲皇三畫卦為先天之學，後儒多遵信之，愚竊以為未盡也。蓋物之未生者為先天已生者為後天，自古不易之定論。倘誤以己見天地之象之數而為未分天地之數之象，無是理也，宜其以後天之水火木金配先天一二三四之數。先後天源頭一錯，故千言萬語無破的之論耳。愚不揣蕪陋，察其變卦以他卦反者，疑其求深之誤也。後閱薛溫其塞、解兩卦相反之義，欣欣然以為識同古人，觀玩不已。讀至「近取諸身」一句，恍然會圖書八卦各具三才之道，從古未有論及者，此古人之剩義也。於是以羲皇八卦合河圖之數，配人身之四體，且以八卦易鑒圖式分屬五臟宛然有人形之象焉。是說雖數千年未經人道，實乃河圖八卦之精義也。況古聖皇按圖畫卦之意指，安見非先參人道後定天道之卦位也哉？又發明洛書元運，闡註奇門秘訣，並及筮著勾股音律之源、字母序卦說卦之義，無一非上古之秘竅。分內外篇為三部，吾友齊君學裳題曰《譯古含奇集》，以為是書行世可有裨於世之為人後者。古陽羨楊翼亮堯門甫誌於承志草堂。

　　◎自題譯古含奇集：昂首雲霄眼界寬，側身湖上強為歡。入山避寇千峰

過，跨海從軍萬里搏。蓄志常懷依天劍，好奇傾慕進賢冠。自忘著筮六爻艮，義在立言留世看（愚弱冠時已悟明黃石公三字《青囊經》，兼通經緯之學。道光年間詔求直言，海內上書者二人。一忘其姓；一徐君慎獨，舊相知也。愚亦欣欣然擬《中興六要》萬言策，行期已訂，筮著得艮卦，乃止。後聞金陵失守，筮得艮之剝，斷曰：「數有一紀。」上《團練策》於故中丞，法以每縣選壯士一萬，計三府幾州可得三十萬之眾，教之戰陣，三年後，小用可禦寇，大用可克復，倘能幹成之，公侯萬代之業也。見其繙閱幾次，起而笑曰：「法雖好，不必多事，彼從陸路來，我從水路去。」是時在座者史君春浦、胡君云良。知事不諧，退而嘆曰：「大數已定，果不能挽。予之來城，本逆數也。」浹日，陳君若木招予同入大營，且曰幫辦軍務，出仕甚易。予笑曰：「潛晦幽閒，不答州郡之命。況時非平寇之時，人非平寇之人，徒費心血，智者不為也。」若有不豫色，然曰：「何人？」曰：「未出山也。」若默然，予亦拂衣而出，謂史、胡二公曰：「若翁招予者上冬西寇在湖南時，數定春令必到。今因數驗，故邀予同往耳。」因問：「蘇常不見否？」曰：「寅申相沖，恐不能免。」後果然宜邑失守。寇向虜貢王有，王推薦人才，有曰：「君等來宜十年前，某某已知之矣。」寇喜，將以轎馬送至金陵。予覺，星夜潛遁馬山洞庭，又飛渡至揚州府教授家兄燮堂任所居焉。明年，臥海三晝夜至滬上，欲訪若翁推薦曾侯大營，不料已捐館矣。於是皇皇然遍訪邑人，忽聞任君連山設帳於李君友琴寓所，入城尋訪，始得駐足焉。坐而嘆曰：「初若翁招予入營，以為非其時。今其時矣，又無門可入。」友笑曰：「君欲入營，將獻何策？」曰：「予渡海來滬者，占定賊數滅在甲子。一用招降旂、一用長圓牌、一用鐵輪車，以此攻城，指日可破。」友曰：「既有如此抱負，何弗早出？前者克復安慶與末策相符，即補授巡撫大名李某是也。倘若翁在，一舉筆之勞。予與名公鉅卿未相識也。既來之，且住為佳。聞令兄燮堂說精於奇門，請占一課，本省何時克復？」曰：「國家大事清晨卜。」於是用奇門數局。忘之矣，記得日干是庚斷曰，來歲冬令有坤數，頭目出降，不廢一矢，全省可復。」二公笑曰：「聽說亦好。」翌日占常郡，斷曰後一年火旺時可滅。二公愈不信，笑曰：「省城既收復，常郡何故半年？」曰：「魚死網破，定數也。」又羈留半載，仍歸家兄任所。迨聞宜邑克復，春三旋里。中秋節連亦歸來，過鎮，忽遇於市，笑相迎曰：「東翁道及，不料數學通神，未能推薦，惜哉。」予笑曰：「予來滬上，本逆數也。其如命何？！」一笑而別。光緒四年年六十有九，適抱采薪之憂，以《本義》遣懣，識其反卦之誤，後閱諸儒之說，始知陳氏圖南弟子問先天卦序，乃隨問隨答，《圖說》一句未曾說及後天之象，所以後儒認定先天之學，而八卦圖書之昧於世也又千餘年矣。愚因不揣冒昧，著《譯古含奇集》三

卷，還祈世之精於易者考覈焉。因年邁無事，以洛書推命，交艮之五爻曰：「艮其輔，言有序，悔亡」，象曰：「言有序，以正中也。」回思前十年已改號悔翁，細玩爻辭，無一字不應。著之為數也，真神矣哉）。

◎光宣《宜荊續志》卷九中：通曉易理，於堪輿河洛之祕、奇門元運之法皆能探索奧旨，發明義蘊。著有《譯古含奇》六卷、《遠軒詩艸》一卷。

◎楊翼亮，字堯門，號悔翁。江蘇宜興官莊里人。年九十卒。著有《譯古含奇》六卷、《遠軒詩艸》一卷、《西麓堂琴統》。

楊應俊 周易象解 六卷 存

蘇州藏謄清稿本

濰坊藏清鈔本

◎楊應俊，山東濰縣（今濰坊）人。又著有《吳越行吟草》。

楊應麟 易經辨義 三十五卷 佚

◎乾隆《貴州通志》卷三十《隱逸》、道光《遵義府志》卷三十四《列傳》二：晚年屏迹林泉，究心易理，著有《易經辨義》三十五卷。

◎光緒《續修正安州志‧人物志上》：著有《易經辨義》二十五卷。

◎鄭珍《播雅》卷三：晚年究心易理，著有《易經辨義》三十五卷。

◎楊應麟，字吉庵。先世麻城籍，卜居貴州正安州。天性仁厚，嘗從亂軍中救捕掠者二十餘人。拾遺於道，訪而還之。順治四年（1647），孫可望陷遵義，其軍狷獝食人，應麟營救之。

楊有慶 周易疏解 佚

◎光緒《諸暨縣志‧經籍志》著錄。

◎楊有慶，字履旋。浙江紹興諸暨人。又著有《詩序闡真》。

楊嶽東 義經精言 三卷 佚

◎孫葆田《山東通志》卷百二十七《藝文志》第十：是書專言理解，不取象數，見《採訪冊》。

◎楊嶽東，字曉巖。山東寧海（今屬煙臺）人。嘉慶戊辰進士。歷官合州知州。

楊召　易經稿　佚

◎同治《六安州志》卷二十七《宦績》：著有《易經稿》藏於家。

◎楊召，字化南，號鈍樵。楊淇園仲子。安徽六安人。嘉慶丁卯舉人，歷官蒙城訓導，授安慶府訓導。協修省志。掌霍山奎文書院。道光十九年升浙江嵊縣知縣。分校庚子浙闈同考官，加運同銜。癸卯引疾歸，與楊寶卿、沈順卿、許琴舫、徐鏡溪諸同人詩酒相樂。卒年七十一。嘗校刻《文廟從祀考》四卷。

楊肇修　易經補注　四卷　佚

◎光緒《嘉定縣志》卷二十四《藝文志》一：《易經補注》四卷（楊肇修著。張欣告曰：範之治易頗有神悟，爻辰卦氣之旨發揮尤暢）。

◎楊肇修，字範之。嘉定（今屬上海）人。著有《易經補注》四卷。

楊真如　周易入門八要　存

臺灣文聽閣圖書有限公司 2009 年林慶彰主編民國時期經學叢書本

◎類目：法、象、數、理、道、教、文、事。

楊中訥　徐文駒　歷科大易文遠　存

康熙刻本

◎楊謙《朱竹垞先生年譜》：湛深經術，尤精於《易》《春秋》。

◎民國《海寧州志稿》卷十三《藝文志・典籍》八：生平精於書法，並擅經學。查氏慎行為撰墓誌，特著其《周易》《春秋》二論。

◎吳騫序楊中訥《藥房心語》云〔註11〕：先生湛深經術，尤精於《易》《春秋》。蚤從秀水朱錫鬯檢討、姚江黃晦木徵君游，故造詣譔論多有發先儒所未發者。惜其不肯著書垂後，故世尠知之者。

◎楊中訥（1649～1719），字耑木，號晚研，自號拙宜主人。浙江海寧人。楊雍建子。少師朱彝尊、黃宗羲、黃宗炎。康熙十七年（1678）舉人、三十年（1691）進士，選庶吉士，散館授編修。三十五年（1696）典試河南。歷官至中允。有書名。又著有《藥房心語》一卷、《蕪城校理集》一卷、《邗江校理集》、《春帆別集》一卷、《細雨集》、《叢桂集》一卷，參編《全唐詩》九百卷、

〔註11〕錄自民國《海寧州志稿》卷十三《藝文志・典籍》八。

《守高贈言》一卷、《拙宜唱和集》一卷。

　　◎徐文駒（？～約 1723），字子文，號耿庵。浙江鄞縣人。康熙四十八年（1709）進士。又著有《明文遠》、《唐宋元明文選要》、《丹崖文鈔》、《師經堂集》十八卷、《燕行小草》二卷，編集《皇清文選》不分卷。

楊鐘洌　周易精義　二卷　存

　　山東藏民國石印本

　　臺灣文聽閣圖書有限公司 2009 年林慶彰主編民國時期經學叢書本

　　◎楊鐘洌，號軌泉。關中人。

楊鐘洌　周易原注　十五卷　首一卷　存

　　山東藏民國石印本

　　臺灣文聽閣圖書有限公司 2009 年林慶彰主編民國時期經學叢書本

楊□□　周易補注　佚

　　◎光緒《江西通志》卷九十九《藝文略》一：《周易補注》，楊（失名）撰（謹按是書奉新閔鉽序稱：「謙吉楊先生取《本義》，補其未備，豫章學者咸衣被焉」，則為豐城人無疑，而其名乃無可考矣）。

　　◎楊□□，江西豐城人。

楊□□　周易象解　佚

　　◎孫葆田《校經室文集補遺》：吾友王菊人明經以同里楊君所撰《周易象解》屬予為序。其撰述大指見於君所自序者詳矣，古人書不兩序，君獨安取於予言哉？！記予幼時，嘗見一老儒說易，專主象數，心竊以為新奇可喜。既乃知其本於明儒來氏，因取來氏書讀之，更進而求漢儒，得近人所輯鄭、荀、虞諸家易說，亦嘗粗識其梗概。最後讀御纂《周易折中》，於漢儒宋儒皆酌取其平，所謂道契羲文、心符周孔，後之說易者可以無異辭矣。夫易說愈衍而愈繁，古聖人因卜筮以示教，故於六十四卦大象皆曰君子以之。今乃穿鑿傅會，拘拘焉以變互錯綜為言，是聖人教人以作易，而非教人用易也矣。昔朱子嘗言易本為卜筮而作，其言旨皆依象數以斷吉凶。又謂上古之書莫尊於易，易是尊陽抑陰、進君子而退小人，明消息盈虛之理。然則離象以言易固不可，而非深明乎消息盈虛之理，則於其象必不免穿鑿傅會，固猶未能真

得聖人之本義也。予觀《四庫書目》易類著錄至一百五十九部一千七百四十八卷，而存目之書乃多至三百十七部二千三日七十一卷，可謂繁矣。楊君是書興明劉氏濂《易象解》取名偶同，吾不知世有續成《經籍考》者，將舉君此書與來氏《集注》並傳耶？抑第與存目耶？聞菊人言君於易象亦精研三十餘年，予之荒廢此經久矣，讀君是著，輒興加年學易之思。故述幼時所習以坿君撰述之末。又竊有感於時事，以為專陽抑陰、進君子退小人乃古今之通義。君既深明易理，異日願更因菊人就君質之，君其以予言為何如？光緒戊戌春正月。

姚椿　易贊　一卷　佚

◎劉聲木《桐城文學撰述考》卷三「姚椿撰述」（摘錄）：《易傳》（缺《繫辭》）、《易贊》一卷、《樗寮隨筆》、《周易集義》□卷（補□卷。陳壽熊補撰，已脫稿，未分卷）。

◎姚椿（1777～1853），字春木，一字子壽，號樗寮生、樗寮子、東餘老民。江蘇婁縣（今屬上海松江）人。博聞強記，有「兩腳書櫥」之目。舉孝廉方正不就。與洪亮吉、楊方燦、張問陶等多所交往。又著有《晚學齋文集》十二卷、《國朝文錄》八十二卷、《樗寮文續稿》一卷、《通藝閣詩錄》八卷、《詩後錄》、《和陶詩》三卷、《灑雪詞》、《校定朱子文選》、《校定朱子語類選》、《通藝閣家藏書目》諸書。

姚椿　易傳　佚

◎王柏心《百柱堂全集》卷四十三《姚君春木墓誌銘》：其治經也，融合漢宋而審其至當；其析理也，博涉蓄變而約諸至精；其為學也，去私蔽，惡倍譎而該備體用；其論治也，正本原，鄙功利而參酌時變。修諸己者必誠，導諸人者必詳，淹通羣籍，不以自矜，兼擅文辭，不以自伐，世有笑為迂遠、駭為閎大者，不顧也……所選《國朝文錄》八十二卷、所采輯《國朝學案》未及就，《易傳》若干卷未竟者，門人陳壽熊補之。所自著詩文多刊行，他撰錄甚富，不盡著。

◎沈曰富《姚先生行狀》〔註12〕：諸經皆有所論述，未及類聚為書。輯《易傳》若干卷，上下經備而不及《繫辭》。

〔註12〕錄自繆荃孫《清碑傳合集》。

◎劉聲木《桐城文學撰述考》卷三「姚椿撰述」亦著錄。

姚椿 周易集義 佚

◎劉聲木《桐城文學撰述考》卷三「姚椿撰述」（摘錄）：《易傳》（缺《繫辭》）、《易贊》一卷、《樗寮隨筆》、《周易集義》□卷（補□卷。陳壽熊補撰，已脫稿，未分卷）。

姚德堅等 周易全旨彙述 四卷 存

山東藏康熙十七年（1678）六經堂刻本

◎姚德堅（1659～1731），字艮南，號冰玉。浙江烏程（今湖州）人。姚淳燾次子。縣學貢生。歷紹興府蕭山縣學訓導、工部都水司主事、虞衡司員外、兵部武選司郎中，改戶部福建司郎中，升廣西柳州府知府。康熙癸未、雍正癸卯迭遇覃恩授承德郎加中憲大夫。子世鏌、世鉉。

姚範注 周易 一卷 存

安徽師範大學、湖北藏道光十六年（1836）淮南刻援鶉堂筆記本

◎方東樹《攷槃集文錄》卷三《援鶉堂筆記序》：《援鶉堂筆記》五十卷，鄉先生薑塢姚編修之言也。先生早歲歸田，專精修業，自壯至老，未嘗倦怠。其所校閱羣書包括古今，探纂雅故。凡墜簡訛音，乖義謬釋，一一是正。或錄記上下方，或籤片紙簡中，反覆書之，旁行斜上，朱墨狼藉。然弟自求貫通，不希著述。歿後學者借鈔傳寫，致多散佚，或並原書為人所竊，今其存者纔能過半，又頗顛倒脫爛，不可辨識。先生曾孫瑩，前仕閩中，始輯而刻之，名曰《筆記》，本其實也。惟閩中之刻既非足本，又失於讐校，訛誤實多。及茲移官江左，亟事改補，以樹麤堪盡心，過蒙誆諉，於是始其商榷，隨文究義，彙以部居，檢校本書，足得依據，整齊首尾，標疊章句，乃定箸為此編。微言奧旨，昔人未宣；眇識精解，當年罕對。後有作者，斯知為貴。

◎方東樹《攷槃集文錄》卷五《援鶉堂筆記書後》：古人校定書籍，綜覽義旨，軌式前則，有大體有細意。大體炳諸所裁，細意隨時而發，一出通賢之手即為凡例。故曰自揚雄、劉向方偁斯職。歷覽古今，若馬、鄭、賈、服逮於陸元朗、孔沖遠，等之於經；應孟如徐遠於、顏師古、胡身之，等之於史。類皆以英敏之資、勤銳之志，識明心專，反覆討論，鑒別精審，意詞方雅，采獲分散，貫穿齊一，周其藩籬，窺乎區蓋，脈絡次弟，曲得其怡。故每編校一

書，所費日力即與自箸一書等。是以獨步邁俗，無媿雄、向。準此而論，求之近人，惟惠氏定宇、何氏屺瞻、盧氏抱經、錢氏竹汀四家，識精鑒密，差足與於斯流。顧三家書皆整雅，惟獨何氏之書體例乖俗，殊乏裁製，前人以紙尾譏之，殊為不虛。閒取而衡之，似遠遜後來錢、盧二家條理淵密枝葉扶蘇精神煥發也。推尋其故，蓋由錢、盧手自訂箸，何氏出後人彙次，不得其措注之宜故也。蓋傳其所僅傳，而其不傳者與人俱亾矣。是知書非自訂而託之後人，多成增謗少成減謗，尟不失其怙者。先生平日校勘羣籍，本以糾繆正誤拾遺補闕為旨趣，使編其書者納於謬誤闕陋之途，遺誚通識，比於誣謗，能無懼乎！編審既畢，特發斯義以諗來者。笑古人之未工，忘己事之已闕，不敏之媿重為口實已。

　　◎道光《續修桐城縣志》卷之十五《人物志・儒林》：國朝以來，通如亭林、精如義門，範殆兼之。或有勸著作者，輒笑而不言。既卒，其曾孫瑩乃掇拾餘緒，編輯之為《援鶉堂詩集》七卷文六卷經史子集筆記四十六卷。

　　◎姚範（1702～1771），初名興涑，字已銅，又字南青（菁），號薑塢，晚號几蓬老人，學者稱薑塢先生。安徽桐城人。乾隆七年（1742）進士。授翰林院庶吉士，充三禮館纂修。未幾告歸，往來天津、揚州之間，主講書院。與齊召南、杭世駿、胡天遊、邵齊燾等交遊，致力於經傳子史，晚尤好釋氏書。私淑方苞，有志研經，曾以經學傳侄鼐。所作詩文，不主家法，必達其意，又著有《援鶉堂筆記》五十卷刊誤一卷刊誤補遺一卷、《援鶉堂集》十三卷、《南豐年譜》一卷、《曝書亭詩評點》、《望溪文集評點》、《古文集》、詩集七卷等。

姚棻　讀易管窺　二卷　佚

　　◎道光《桐城續修縣志》卷第十三《人物志・宦績》：著《鐵松隨筆》二卷、《蒙求草》二卷、《別音正偽》《焚餘草》各一卷、《讀易管窺》《宦轍檢存》各二卷、《居安要語》、《訓子錄》一卷。

　　◎姚棻（1726～1801），字香苾，號鐵松。安徽桐城人。乾隆十五年（1750）舉人，二十六年（1761）進士，知湖北宜恩縣，調知甘肅靖遠縣。調皋蘭知縣，署固原州。升安陸，移武昌。三十九年改施南府，四十一年改福建漳州府。四十六年後升汀漳龍道、廣東按察使、江西布政使、江西巡撫。五十七年丁憂去官，服闋代理廣西巡撫。六十年任貴州、雲南、福建巡撫。嘉慶二年

（1797）病歸。著有《鐵松隨筆》二卷、《蒙求草》二卷、《別音正訛》一卷、《焚餘草》一卷、《讀易管窺》二卷、《宦轍檢存》二卷、《居官要語》一卷、《訓子錄》一卷。

姚光晉 周易貞字質疑 佚

◎同治十年門人陳其元《瓶山草堂集序》：吾師姚午泉先生，博學工詩文，所著述甚富。惟《瓶山草堂詩鈔》曾刻以行世，此外尚有《古史掎逸》《周易貞字質疑》《四裔年表》皆藏其家，庚辛之亂，付之劫灰。

◎《杭郡詩三輯》：所著有《古文掎逸》《周易貞字質疑》《四裔年表》，書成，已燬。其甥俞太史樾為輯詩文四卷、《瑣談》二卷以傳。

◎姚光晉《瓶山草堂集》卷二《易經貞字說》，可參。

◎姚光晉《瓶山草堂集》卷六《瑣譚》下：理之一字，始於贊易，所謂性與天道也。理托於虛而道蹈其實，夫子教人總在日用間求其實踐，其言平易，其事真切，故《學》《庸》《論語》言道不言理。後世之虛言理學者，何不求其實也？朱子補經，開口說理，何異《近思錄》一書開口即遠談道體乎！

◎姚光晉（1780～1860），原名琨，字仲瑜。更名慶寅，又更名光晉，號平泉。浙江餘杭臨平人。道光四年（1824）舉人，博學工詩文，以句股算術受知於儀徵阮元。八試禮部不第。與修《一統志》，得知縣，不樂吏職，改授上虞縣教諭。時年已六十有八，遂不復遠遊，主石門、長興兩邑講席者數年。著有《瓶山草堂集》六卷、《古文掎逸》無卷數。生平可參俞樾《平泉姚公家傳》。

姚際恒 易傳通論 六卷 佚

◎姚際恒《古今偽書考》：予別有《易傳通論》六卷。

◎姚際恒（1647～？），字立方，一字首源。安徽休寧人，寄居浙江仁和（今杭州）。初好作詩，後專心治經，歷十四年撰寫《九經通論》。又著有《庸言錄》、《古今偽書考》、《尚書通論》、《禮經通論》、《詩經通論》、《好古堂書目》等。

姚際恒 易通論 二卷 首一卷 存

浙江藏康熙刻本

◎《四庫提要·庸言錄》：其姚氏說經也，如辟圖書之偽，則本之黃宗

義……至祖歐陽修、趙汝愚之說，以周易十翼為偽書，則尤橫矣。

姚柬之 易錄 七卷 存

南開大學藏道光二十八年（1848）刻姚伯山先生全集本

南京藏清王檢心刻本

◎一名《伯山易錄》。

◎《易錄》標注十卷，實刊一至七卷，括《周易》上經下經、《彖辭》上下傳、《象辭》上下、《繫辭》上。

◎王檢心《姚伯山先生全集序》：昔所作多散失，謹就其家鈔錄，得文若干首分為八卷，詩若干首分為十卷，而以日記一卷附焉。《易錄》雖未成，而讀其書亦可得先生老而學易之大旨，因並付諸梓。

◎劉聲木《桐城文學撰述考》卷二「姚柬之撰述」：《伯山易錄》十卷、《伯山日記》一卷、《漳水圖經》一卷、《綏瑤廳志》四卷、《貴州苗紅山菁溪崗輿圖》、《連山志》一卷。

◎姚柬之（1785～1847），原名崇之，字幼揩（幼之／佑之），號伯（檗）山。安徽桐城人。元之從弟。少受學於族祖姚鼐，與劉開、曾燠等為友。道光二年（1822）進士，授直隸臨漳知縣，歷任廣東揭陽知縣，連州綏瑤廳同知、代理肇慶知府，擢貴州大定知府，政聲卓越。因政見不合上，遂辭職。工詩詞，通古文，以文學知名。著有《易錄》七卷、《漳水圖經》一卷、《連山直隸廳志》一卷、《綏瑤廳志》四卷、《伯山日記》一卷、《伯山文集》八卷、《伯山詩集》十卷、《且看山人文集》、《且看山人詩集》。

姚濬昌 讀易推見 三卷 佚

◎劉聲木《桐城文學撰述考》卷二「姚濬昌撰述」：《五瑞齋日記》十四卷、《讀易推見》三卷、《慎終舉要》一卷、《里俗糾謬》一卷、《鄉賢續錄》一卷、《叩瓴瑣語》二卷、《安福縣志》十八卷、《妙香齋叢鈔》七卷、《姚石甫年譜》一卷、《叩瓴瑣語》十二卷（摘刊二卷）、《痛定錄》一卷、《易說》四卷。

◎姚濬昌（1833～1900），字孟成，號慕庭，又號寒皋，晚號幸餘。安徽桐城人。姚瑩子。國子監生。居曾國藩幕，曾親課其文而評第之，又延莫友芝為之其師以訓導。並奏薦補江西湖口知縣，調安福，繼湖北竹山、南漳知縣。於經邃於易，於史好《通鑑》，尤好朱子及宋元明儒書，慨然以故作者自期。

著有《讀易推見》三卷、《叩瓴瑣語》十四卷、《五瑞齋遺文》一卷、《五瑞齋遺詩》九卷、《幸餘求定稿》十二卷、《慎終舉要》一卷、《里俗糾繆》一卷、《姚石甫年譜》。

姚濬昌 易說 四卷 佚

◎劉聲木《桐城文學撰述考》卷二「姚濬昌撰述」：《五瑞齋日記》十四卷、《讀易推見》三卷、《慎終舉要》一卷、《里俗糾繆》一卷、《鄉賢續錄》一卷、《叩瓴瑣語》二卷、《安福縣志》十八卷、《妙香齋叢鈔》七卷、《姚石甫年譜》一卷、《叩瓴瑣語》十二卷（摘刊二卷）、《痛定錄》一卷、《易說》四卷。

姚夔 周易群銓合璧 佚

◎民國《紹興縣志資料第二輯‧書目》著錄。

◎姚夔（約 1668 年前後在世），字胄師，號成荐。浙江紹興山陰人。順治十一年（1654）舉人。官湖南安化知縣。有《周易群銓合璧》若干卷、《飲和堂集》。

姚亮 易存 佚

◎道光《續修桐城縣志》卷二十一《藝文志》：《井田圖說》《古今名臣合纂》《讀史辨疑》《易存》（姚亮撰）。

◎姚亮，安徽桐城人。

姚鼐 評點易經 佚

◎劉聲木《桐城文學撰述考》卷二「姚鼐撰述」：《評點易經》。

◎姚鼐（1732～1815），字姬傳、夢穀，世稱惜抱（先生）。安徽桐城人。乾隆二十八年（1763）進士，授庶吉士，散館改主事，曾任山東、湖南副主考，會試同考官。乾隆三十八年（1773）入充《四庫全書》纂修官，三十九年（1774）辭歸，先後主講揚州梅花書院、安慶敬敷書院、歙縣紫陽書院、南京鐘山書院。又著有《九經說》十九卷、《三傳補注》三卷、《評點毛詩故訓傳》三十卷、《評點左傳》、《惜抱軒文集》十六卷《文後集》十二卷、《惜抱軒詩集》十卷、《惜抱軒筆記》十卷、《惜抱軒尺牘》十卷、《五七言今體詩鈔》十八卷，輯《古文辭類纂》七十五卷等書。

姚配中 姚氏易斅闡元 一卷 存

山東藏光緒八年（1882）蛟川張氏花雨樓刻花雨樓叢鈔本

山東藏臺北成文出版社 1976 年無求備齋易經集成影印張氏花雨樓刻本

續四庫影印復旦藏光緒八年（1882）蛟川張氏刻花雨樓叢鈔本

◎此書實即姚氏《周易姚氏學》十六卷之序，別出單行，而綴以張壽榮後識。

◎易學闡元跋：易中之元，自宣聖發之，漢儒明之，我朝東吳惠氏、武進張氏述之，已可得其端倪矣。嘉道以來，旌德姚君仲虞著易學，復為大暢其說。於卷首即列《贊元》、《釋數》、《定名》三篇以闡發易中微言精義，而一歸於元。書中如云全卦之氣畢具於元云：「易『氣從下生』，實從中生。五上之中，乾元託位；二下之中，坤元託位。合乾坤之元謂之太極云。卦畫者元之象也，九六者元之變也。用九用六，用之者元。變者，陽進由七而九，陰退由八而六，非陰變陽陽變陰之謂。」及以二至二分之中和往來升降之周替明元之義，說甚塙鑿精深，有裨學者不淺。因亟以此卷授剞劂，為揭其旨曰《易學闡元》，全書俟更續刊。同時包季懷謂其書初出行世，自不及皋文述虞義之勝，百年後當獨為學易者宗。予觀其論元論用九用六諸義，亦決其說之必傳。刻既成，因為綴數言於後。光緒壬午秋七月既望，鞠齡張壽榮識。

◎包世臣《清故文學旌德姚君傳》〔註13〕：甫弱冠已博覽經史，旁通百家言，而尤嗜易。既善毘陵張先生《虞氏義》，因求李氏《集解》，研究羣說，鄭氏最優。苦其簡署，意推之至形夢寐。嘗夢請業於鄭氏者再，侍鄭氏與虞氏辨論者一，又夢吞乾爻自初九至九五，意乃豁然。客廣陵五年，成《周易參象》十四卷，又為論十篇，說其通義附於編後。予讀之嘆為絕業。時儀徵劉文淇孟瞻、甘泉薛傳均子韻、丹徒汪沅芷生、江都汪穀小城、丹徒柳興宗賓叔、予從弟世榮季懷、族子慎言孟開以治漢學與君朝夕，皆嘆為莫及。季懷則曰：「仲虞書行於今世，自不及張先生之盛。百年後當獨為學易者宗矣。」遂為之序。仲虞旋歸里門，至道光甲辰子遊旌德、去廣陵，別已久，君出示定本，點竄原書至什七八，刪說通義之十篇為三，移冠編首，題曰《周易姚氏學》，而序則仍季懷之舊。其微妙詳審益非予所能測識矣。君又嗜琴，東南琴學有金陵、常熟、武林三派，而譜則皆出廣陵。君長於金陵而遊廣陵，雜

〔註13〕摘自《周易姚氏學》前附，道光乙巳四月撰。

習各派，及歸里，潛心默悟，乃知傳譜多舛誤，更正世所盛習者十數曲，又自直七曲，原數說聲，上溯本始，為《琴學》二卷，亦出以示予。予未習此事，惟驚賞文義瑰奇而已。君言七弦各有本數、倍數、半數，損益上下，旋相為宮，以定宮商角徵羽正變清濁之位，而六十律三百六十四聲俱以和相應。凡吟猱必在角羽位，蓋宮為君、商為臣、徵為事、角為民、羽為物，君臣所有事皆為民物，故吟而上、猱而下，往復遲回，必當民物之位。予聞言不能解，請君一再鼓。君於對几設副琴，鼓至窈眇之時，則副琴弦不動而自鳴，又几案所置杯盎及櫺槅時或響應。余怪問之。君曰：「各物皆有數，數同則聲應。《唐書》所載寺磬每無故自鳴，僧慮其不祥。萬寶常為剋磬成痕而鳴止。蓋其磬與宮中鐘同數，鐘鼓於宮則磬應於寺，剋痕雖幺細，而磬之得數已與鐘異，故鳴止，秉筆者不曉此義，是以載其事而不能言其故。雖寶常精察，然其數不可誣也。予考董子《同類相動》篇云：『調琴瑟而錯之，鼓宮則他宮應，鼓商則他商應，比而自鳴，非有神其數然也。』又云：『其動以聲而無形，人不見其動之形，則謂之自鳴；又相動無形則謂之自然，共實有使之然者。』蓋和聲之道自古如斯，末俗失傳，故詫以為奇。」然則君真冥契古初者矣。君又嗜書，為《書學拾遺》四千餘言。又注智果《心成頌》以傳立書大幅執筆之法。又和予論書次東坡韻五言十四韻，實如親受法於晉唐諸公，掃宋氏以來謬說，而自書亦足踐其言，時流無與比者。君家貧而守堅，學優而遇蹇。

◎姚配中（1792～1844），字仲虞。安徽旌德人。穎悟絕人，用思沈摯不怠倦。督皖學者前後十數，皆奇其文。而杭州學士胡敬、湖州侍郎張鱗尤器之。博覽經史，旁通百家言，尤嗜易。著有《一經廬叢書》五種、《書學拾遺》一卷、《琴操題解》一卷、《一經廬琴學》二卷、《一經廬文鈔》一卷、《智果心成頌注》。

姚配中 周易輯注 七卷 存

中科院藏稿本

◎一名《周易參象》。

◎《清史列傳》卷六十九《姚配中傳》：博覽經史百家，尤嗜易。初得張惠言氏《虞氏義》，因研究李氏《集解》，以鄭為主，而參以漢魏經師，成《周易參象》，後復定為《周易姚氏學》，凡十六卷。

姚配中 周易通論月令 二卷 存

國圖、陝西藏道光十四年（1834）一經廬汪守成等木活字印一經廬叢書本

光緒中貴池劉氏刻聚學軒叢書本（無胡敘）

江蘇廣陵古籍刻印社 1982 年據光緒貴池劉氏刻版重印本

國圖藏清鈔本

續四庫影印國圖藏道光活字印一經廬叢書本

◎敘：考宣州得旌德姚生卷，易義貫通，大有心得。後知生精於易學，及觀《月令箋》，以易解禮，深得陰陽卦氣進退消長之理，駸駸乎入康成之室矣。輶軒載途，未暇細為訂正，略誌其大旨如此。道光九年五月，會稽胡開益。

◎陳序：古之聖王欽崇天道，愛養民生，考麻以授時，布月以定氣，三微成著，三統得中，始于農畝之稼穡，終于明堂之政令，用能保世延祚，錫羨蕃祉。堯舜三代，鮮不臻此。秦呂氏頗采古書傳十二月紀，合諸《大戴記》之《夏小正》、《逸周書》、《管子》、《淮南書》及《易緯是類謀》、《書緯璇璣鈴》、董子《繁露》所載，皆三代緒餘，呂氏間糅以秦制。鄭氏注此，取王居明堂禮為證，頗訾其牴牾。若夫淹通該洽，制作同符，體裁精簡，輔經而行，故詞無支羨。獨恨孔仲遠為《正義》，搬演雜說，鶩廣游詞。至於鄒子書、崔寔《四民月令》、《氾勝》、《蔡癸》諸作，雖篇帙可徵，亦多從刊落，後人病之。旌德諸生姚子仲虞，慨九流七略十不一存，勤心稽考，零章碎句，筆采字摘，以發明鄭學，芟罛孔義。搴蘭蕙于蕭稂，拾金璧于滑涽，繁稱博衍之中，使人逡循而得聖王齊七政、調玉燭之大要，可謂好學深思如揚雄其人者也。余自湖埶來權寧篆，適生以季考入郡，持此書問序于余。名曰《箋》者，以繼鄭公之後，猶鄭之箋毛、何休之學《公羊》，不敢自名一家耳。姚生年富力強，前代之書需實事求是者尚多。吾一麾出守，衰衰二十餘年，宦情已淡，名心未忘，尚欲整齊舊句，俟得如姚生者共商推之。道光九年五月，燕山陳雲序。

◎宋序：《月令》者，大易陰陽之道敉於政事者也。以六十卦當七十二候，錯綜於四時為政，由是驗消息之故。至於日度周星音律數法，皆通乎易，非周公不能作。周公立明堂以布月令，自秦以後皆所依用。故《周書》及《呂覽》、《淮南》遞相沿襲，不得以《呂覽》所錄，遂以為秦時書也。要之，《月令》一篇，備觀象於天觀法於地，鳥獸之文與地之宜，合乎君子先慎乎德、以義為利之旨，則可以疑《周官》而不可不信《月令》也。余久思致力，斯事體

大，遲回未就。今仲虞以學易之暇，貫通以其言其理，是則可為豪傑之士矣。余每欲明大義，無信之者。不意得識仲虞，上下議論，無不渙焉冰釋，是亦一樂也。道光八年二月十七日，長洲宋翔鳳記。

◎自序：《漢書‧藝文志》云：「樂詩禮書春秋五者，蓋五常之道相需而備，而易為之原。」易為五常之原，義無不通，故伏生以之傳《書》，轅固生以之說《詩》，董仲舒以之解《公羊》，劉子政以之詁《春秋》，劉子駿、京君明以之詮律呂，至鄭氏注禮，往往以易為證，是以周秦百氏罔不淵原于易，易固無不通也。而其陰陽消息卦氣從違之驗，則莫近于《月令》。以故明堂陰陽之說舊有專家，惜其書久佚，無從考證耳。《周易》首乾，正月建子；《歸藏》首坤，正月建丑；《連山》首艮，正月建寅。而要皆以乾元為消息之宗。《月令》季秋為來歲受朔日，法乾元也。《月令》之傳，其原自遠。配中于注易之暇，會通其義，為《月令箋》五卷，以鄭為宗，其有不同，取諸羣說。猶鄭之箋毛，不嫌存異義也。因復探其微言大義，統而論之，附于《周易姚氏學》之後。述己所聞，證以經傳；於所不知，蓋闕如也。凡二卷，名曰《周易通論月令》。憶曩注《周易》，與友涇包季裒反復辯論，解疑釋惑，益我良多。季裒捐館舍今已九年矣，是書之成，莫由正其訛謬，恨何如之！道光十四年歲次甲午五月十一日，書於栖真山麓之文石居（受業舒城李宗沆，合肥趙彥吉，同邑郭賢坤、汪守成、饒本然，男邦選仝校）。

◎跋：道光辛卯歲，家君秉鐸旌德，以先生品學之優也，命沆受業焉。先生博通經史，於易尤精，著有《周易姚氏學》究鄭公六藝，吞虞氏之三爻，緝柳編蒲，多歷年所。是書乃即《周易》而推驗之者。夫日月往來，二用發乾坤之秘；陰陽貸謝，六爻成消息之圖。六十四卦之周流寒溫，悉應七十二候之順逆休咎，胥徵此《周易》所以為羣籍之原而《月令》所以為大易之驗證也。愧宗沆淺陋，莫究高深，謹述所聞，誌諸卷末。受業李宗沆謹識。

◎跋：先生於道光丁亥歲讀書于梓山之麓王氏笠園，時汪君守成從先生學易，賢坤竊向往之，因從先生游，得聞今古文家之說，受《月令》及《白虎通》。先生于時撰《月令箋》方脫稿，諸名公為之序。繼復繹其微言大義以成是篇，乃《月令箋》之綱領也。故仍以原序列諸卷首焉。先生注易二十餘年，其寢食于周秦百氏也，洵有非末學所能窺其蘊奧者。宋于庭先生稱為絕去依傍，獨探本元，百里一賢，下觀千古；沈小宛先生稱為通儒之學，非沾沾一師之言。蓋由其學之博而擇之精也。讀是篇可略得其概矣。受業郭賢坤謹識。

姚配中 周易姚氏學 十六卷 存

道光二十五年（1845）汪守成等活字印一經廬叢書本

山東藏光緒三年（1877）崇文書局刻崇文書局彙刻書本

光緒石印經策通纂（經學輯要）本

山東藏光緒十四年（1888）南菁書院刻皇清經解續編本

山東藏上海商務印書館 1935 年鉛印國學基本叢書本

臺灣廣文書局 1971 年影印光緒十四年（1888）南菁書院刻皇清經解續編本

山東藏臺北成文出版社 1976 年無求備齋易經集成影印皇清經解續編本

山東藏臺灣新文豐出版公司 1983 年大易類聚初集影印光緒十四年（1888）刻皇清經解續編本

續四庫影印上海藏道光二十五年（1845）汪守成等活字印一經廬叢書本

臺灣文聽閣圖書有限公司 2009 年林慶彰主編民國時期經學叢書本

儒藏精華編點校本

◎宋題辭：吾友包君甘說士（春伯），姚子姓名早在耳。百聞或未及一見，心頗然疑口諾唯。茲來不邑雖相知，邑人譽子同一辭。不愁寂寂耳口際，惟有躍躍心神馳。聞聲急相見，握手明相思。著書一編示赤綠。治易三古追黃羲，何止條流分漢學。周秦百氏歸揚推，張侯絕業竟同情（皋文先生）。惠子遺文謝先覺（松崖徵君），欲通尺牘劉原父（中受）。始見今時有門戶，乍涉津涯義便驚。終慚薄劣中無主，埽地遲君旦夕來。揮塵使我心胸開，詞多紛紛撥荊棘。書成鬱鬱沈草萊，君不見名場議論變寒暑。鄉曲轉無私，取予樵夫漁父各有辭，還待端著占出處。道光七年秋仲，長洲宋翔鳳于庭氏題。

◎包序：易者三才之秘蘊六藝之根原也。漢儒言易，見於志傳者十餘家，今唯鄭、荀、虞三家注尚存梗概。三家皆言易象，司農并詳典禮。淵原本一，所造有深淺也。自王輔嗣以清言說易，漢儒師法斬焉泯滅者千載。我朝文運昌明，漢學復盛，元和惠氏棟宗禰虞氏，旁徵他說，作《周易述》。武進張氏惠言，專據虞氏注，作《周易虞氏義》。吾友姚君仲虞，始于市得張氏書，因為虞氏之學。余為改今字，美其志也。後得李氏《集解》，見三家注，精心研求，以為司農之注優於荀、虞，乃據鄭為主，參以漢魏經師舊說，作《周易參象》。時尚未覯惠氏書。余因取惠氏書，校其所得，同者居其三四，而精到之處足以正惠氏之非者已復不少。更約煩就簡，改其體例，名曰《周易疏證》。

疏者疏以己意，證者證其所自也。薆凡四易，時經七載，風雨寒暑無間而書成。其書中發揮三聖之奧旨，自序詳言之。余於嘉慶甲戌歲居金陵，識仲虞。仲虞始學易，寄居甚困，以課蒙給俛仰，家有舊欠，索負者日擾其門，漏屋數椽，盎無米儲而庭多噪擾，勢已無可奈何。然開卷研思，勇氣憤發。凡篇中消息義例閒有不明，輒至不寐久之，雖寢食不廢也。其精如此。薆甫脫，陽湖孫伯淵觀察見之，嘆為絕學復明。丁丑遊揚，館于揚者數歲，同輩見者俱服其精博。荀子曰：「無冥冥之志者，無昭昭之明。」仲虞于易，其志定也夫！余于易未能卒業，何能知仲虞之所造。然仲虞于詩禮之學及天文算法韻學，凡過目者皆能言其意，況其專門名家，歷艱難辛苦，不間寒暑而成者哉？其為人，誠于身，信于友，庶幾寡過之君子，信乎于此道深也。書既成，屬序于余。余學淺，烏能序其書？然以《谷風》之義無殊骨肉，且接以婚媾約為比鄰，又烏能辭也！聊誌其功力之苦及具為人，以示後之讀是書者。道光元年三月，同郡友涇包世榮書于揚州湖上之假館。

（此余友包君季裘為余序《周易疏證》者。余壬午歸里，復刪舊薆為《姚氏學》，而季裘以丙戌謝世，不得復請其序，因列是簡端，時復一過，亦庶幾彷彿其人，消我鄙吝。嗚呼，喪我良朋，箴規誰繼？言念故人，悲來橫集。憶甲戌歲識季裘于金陵之尊經書院，即殷殷然以經學勸。先是家大人命受業於婺源戴斗垣先生，稍聞經師家說，竊向往之，得季裘為先路之導而志益定。季裘以余涉獵之多涂也，謂余曰：「易者五常之原而寡過之要，學之，達足以善天下，窮亦足以善其身。學以專成、以廣廢，慎毋泛騖也。」余深然之，遂壹志於《易》，采輯舊聞，成《參象》十四卷。而季裘之揚，因就正於孫伯淵先生，先生可之。時家日以落，謀食維艱。丁丑遊揚，由季裘館於洪桐生先生家，為按書籍，得盡閱其所藏。又得識季裘兄慎伯世臣，其族子孟開慎言，其姻兄弟翟徽五慎典、徽五弟楚珍維善。若揚之薛子韻傳均、劉孟瞻文淇、楊季子亮、汪小城穀、劉楚楨寶楠、梅蘊生植之、吳熙載廷颺，皆季裘之友也。鎮江之汪芷生沅、柳賓叔興宗，則余館於洪桐生先生家及館於鎮江汪氏之所友而季裘亦友之者。切磋之益，惠我靡窮。乃更《參象》為《疏證》十六卷，每卷脫薆，必與孟瞻挍之、諸友討論之。書成而季裘序之，可謂極友朋之樂矣。嗚呼！孰意季裘竟長謝故人，今不得復見邪！載誦遺文，潸焉隕涕。弱冠始交包十五，卅載棲遲託羈旅。後來見君十九弟，廿年亦向江淮寄。阿兄奇才說經濟，阿弟樸學異時世。弟兄上策不見收，刺促還為衣食憂。衣食不足顛頓死，阿兄痛哭蕪城裏。如余更與近家法，從此後少相磨礪。姚子學易成交親，平生一序留遺文。回環卒讀數百字，掩卷歎息猶微聞。紅橋初

見春濯濯，曾喜老蒼得還璞。眾中抑塞苦言詞，暗裏精神喪彫斲。姚子食貧將遠遊，遠遊吳門吾舊邱。欲憑寄聲包十五，何必輕為常人謀。）

（包季懷為姚仲虞作《易周〔註14〕疏證序》，季懷歿後其家始以遺稿寄仲虞，仲虞以見示，因賦此篇。宋翔鳳幷記。）

◎朱序：予在都，習聞宋于廷業師、包慎伯世丈言安徽旌德姚仲虞之賢。謁選得旌德，私幸為其長官，得資麗澤。比至皖，晧曾蒞旌德者，交口稱仲虞，然皆未得識其面，謂其人抗心希古，恥與俗士伍，蓋狂而狷者。予蒞邑閱四年，至壬寅七月旱甚，予虔禱於西竺寺，仲虞讀堂寺中。予排闥竟造，乃得接晤。及甲辰春初，仲虞忽介學博崇海秋執贄門下。予驚喜無以自任。然後此亦惟吾母氏六旬一進署，而綵觸仍不能屈與也。夏杪，余赴金陵秋闈調，蕆事赴皖，則已改官靈璧。冬仲，以交案小住旌德，而仲虞奄在殯宮，余就哭之。其弟子汪生守成醵金為刻《周易姚氏學》、《一經廬琴學》，以稿本質余宋師、包丈，久為宇內尊宿又先文正公所歎賞不置者，皆謂仲虞書精深不可測。何論余之薄殖而荒落，又值役役簿書，心手不相及之時乎？唯承乏七年，仲虞竟肯矗然枉顧，與前此諸君始終不得一見者有榮施已。故紀締結始末於簡端，以告善讀仲虞之書者。道光甲辰仲冬月朔，大興朱甘霖晴佳甫書。

◎醵栞一經廬叢書記：《一經廬叢書》，先業師姚仲虞先生所著，守成受遺命約同門諸友醵金所栞也。先生文學精深，躬行修潔，諸名公傳序備紀其詳。守成淺陋，深慚紹述，豈敢更有論說？至大節在三，師恩同於君親；服勤無方，洒循分盡職耳。況區區醵金，此何足道？然古人有言，師道立則善人多，諸友之能輕財從義，亦足見先生之教道孔長也。先生遨遊江淮而歸教授鄉里，其道義交脫驂賻贈，隨在有人。誼屬尊長，不敢屈名簡末。惟在弟子列者附識姓名。是書之栞也，呂景文醵金百五十為倡，朱柳塘、汪雨亭率諸晟弟助資贊成之。若夫讎校有舛牾，則守成荒謬之咎也。先生所著仍有《月令箋》七卷，其大義微言已見《周易通論月令》中，俟當續刻以成完璧。醵金弟子：呂振宗（景文）、朱百朋（柳塘）、汪家禧（雨亭）、朱銘（仲西）、汪一生（孟泉）、朱鈺（相甫）、汪應鎔（夾三）、汪家福（叔垣）、郭元章（用廷）。道光二十五年歲次乙巳季秋月，受業汪守成謹識。

◎姚氏自序：

〔註14〕周按：原文如此。

天一地二天三地四天五地六天七地八天九地十，何也？一也。一者，元
也。元者，易之原也。是故不知一者不足與言易。元藏于中爻，周其外往來上
下，而易道周，是故不知周者不足與言易。日月為易，坎離相推，一陰一陽，
窮理盡性，是故不知太極之始終者不足與言易。爻畫進退，變化殊趣，差之
毫釐，謬以千里，是故不知四象之動靜者不足與言易。聖人設卦觀象繫辭，
擬議動賾，言盡意見，是故不知《繫辭》之旨者不足與言易。《樂》《詩》《禮》
《書》《春秋》五者，五常之道，而易為之原，是故不通羣籍者，不足與言易。
師儒授受，別派專門，見知見仁，百慮一致，是故不深究眾說之會歸者，不足
與言易。以十翼為正鵠，以羣儒為弓矢，博學以厚其力，思索以通其神，審辯
以明其旨，則庶幾其不遠也夫。覽總大要，論附篇首〔註15〕。

◎袁長江主編，王開學輯校《郭象升藏書題跋》：

說經之書以《易》為多，有高下而已矣，竟不知其誰是也。至於清世，則
又以雅俗為高下，惠、張學行，則古訓稱先師，源遠流長，其書最雅，塵容俗
狀為之一洗，天下翕然宗之，然而貌相敬也，心實惑之。惠、張之後，姚氏鼎
興，世人貌敬而心惑，猶惠、張也。易可以意說乎？莫敢作此主張也。說易者
但依古義，不得自聘其智乎？血氣心知之倫，終有所痒痒也，則古稱先復饒
心得，是為折中之說。惠、張、姚三先生既得之矣，後之學易者，舍是何由
焉？皮鹿門《五經通論》，示學易者入門之書曰：張皋文《虞氏易》、焦里堂
《易經通釋》。余以為里堂之易絕特聰悟，貫串精巧，比之諸家，尤資發揮，
然不可以再推其波、再助其瀾。守惠、張、姚三氏之書，讀之五年而後張口，
其亦可以遠於俗矣（惠書亦可少緩）。總之，此書不得心惑貌敬。（扉頁）

姚仲虞生平，觀之包安吳所作傳，一寡過遠俗、貞靜自守之人也，此等
性情自與說易為近。然吾以為易乃憂患之書，三聖皆閱歷天地間非常之變而
後有作，後之說易者，付之英雄豪傑乎？彼不讀書也；付之讀書者乎？彼無
非常理想也。則此書終無滿意之注釋矣。（書名頁）

姚仲虞易學，論者以為遠軼惠、張。余閱乾坤二卦，信有偉辭，自屯卦以
下，亦復平平耳。說易者多引史為證，姚氏矯之，乃引子為證，尤覺皮傅。

此廿年前舊批也，今觀之，不知當時何所見而云然矣。

昔年治易之時，以程伊川《易傳》為讀本，而諸家擅大名者均羅列案頭，
有所得則批於《程傳》眉端。如是經年，遂了得易說十五六種。此書即爾時卒

〔註15〕下略。

業者也。雲舒郭象升記。（卷 2 後）

姚球 周易象訓 十二卷 佚

◎四庫提要：其凡例稱「辛未歲，年二十七始讀《周易》，二十餘年間，見注疏百三四十部。」不知為前辛未後辛未也。是書雖用古本分十二篇，而篇數迥異。其分《象傳》於《爻傳》之外本於宋吳仁傑；又分《說卦》為三，以《繫辭》上下傳為《說卦》之第一第二，以應《隋志》三篇之目，而合《象／爻傳》之上下為一，以為古本，殊不見其確據〔註 16〕。每卦前之六畫，古本皆先下後上，乃用朱謀㙔之例標曰上某卦下某卦，亦非古本之舊也。

◎沐雲叟《錫金志外》卷二：《周易象訓》，姚球。

◎姚球（？～1735），字頤真，堂號學易草廬。江蘇無錫梁溪人。精岐黃，活人甚眾。雍正十三年（1735），與子夢熊避暑惠山，渡蓉湖遇風，舟覆，父子同溺死。著有《南陽經解》《痘科指掌》，托名刊有《本草經解要》四卷、《景嶽全書發揮》、《周慎齋遺書》。

姚實虞 易經辨偽 佚

◎道光《續修桐城縣志》卷二十一《藝文志》：《四箴堂詩文集》《四書折衷》《易經辨偽》《三禮辨通》（姚實虞撰）。

◎姚實虞，安徽桐城人。

姚孫枝 松鶴居易經衷論 佚

◎一名《易經衷論》。

◎道光《續修桐城縣志》卷之十五《人物志‧儒林》：著有《松鶴居易經衷論》《涵春閣子史辨正》《誠意齋四書補義》《白鹿山樵詩集》《虛受軒文集》《敦敬堂四書制藝》《吳興家訓》等書。

◎道光《續修桐城縣志》卷二十一《藝文志》：《白鹿山樵詩集》《虛受軒文集》《易經衷論》《四書補義》《子史辨正》（姚孫枝撰）。

◎姚孫枝，字元公，號仁山，一號西峰居士。安徽桐城人。父歿，母以父手錄諸經旁註授之，闡明性理，鑽研《周易》。援例入國子監，兩試南闈不售，即隱居西山之麓。康熙間舉賢良方正不就。

〔註 16〕殿本「以應《隋志》三篇之目，而合《象爻傳》之上下為一，以為古本殊不見其確據」作「本於《隋書‧經籍志》，皆非確據」。

姚文田 學易討原 一卷 存

嘉慶六年（1801）粵東刻本

南開大學藏道光七年（1827）歸安姚氏刻邃雅堂全書‧邃雅堂學古錄本

◎學易討原目錄：原數第一、原圖第二。原書第三。原卦第四。原蓍第五。原八卦之序第六。原出震圖第七。原乾南坤北圖第八。原六十四卦第九。原三百八十四爻第十。原卦變第十一。原筮法第十二。

◎自敘：嘉慶辛酉八月，文田奉命典八閩試事，既撤棘，即承恩命視學粵東。閩至粵二千二百餘里，郵程迢遞，孤寂無事，因憶昔年講貫於易而似有所得者，分條闇自詮次。薄暮抵逆旅，則索燭書之。凡得一十二則，名之曰《學易討原》。行篋未攜書籍，故有昔人之所已言者，今亦不能悉檢。擇善而從，非云掠美；漫付剞劂，以質通儒。未知其言有當否也。是年十月二十四日，歸安姚文田自敘。

◎姚文田（1758～1827），原名加畬，字秋農，號梅漪，諡文僖。浙江歸安（今湖州）菱湖人。乾隆五十四年（1789）舉人，五十九年（1794）高宗巡幸天津，召試第一，授內閣中書。嘉慶四年（1799）進士，授修撰，與修《高宗實錄》，曾三典廣東、福建、山東等鄉試，得士稱盛。一充會試總裁，三任廣東、河南等學政，以為圖治之要，惟以任人為本。二十年（1815）擢兵部侍郎，歷任戶部、禮部侍郎。道光四年（1824）擢左都御史，七年（1827）遷禮部尚書。著有《學易討原》一卷、《春秋經傳朔閏表》、《說文校義》、《說文聲系》、《說文解字考異》、《古音諧》、《四聲易知錄》、《廣陵事略》、《歷代世系紀年編》、《漢初年月日表》、《顓頊新術》、《夏殷曆章蔀合表》、《周初年月日歲星表》、《建元重號》、《後漢郡國志校補》、《四書瑣語》、《四子義》、《說理雜識》、《內經脈法》、《傷寒通論》、《重注疑龍撼龍經》、《相宅》、《陽宅闢謬》、《夜雨軒小題文》、《求實齋稿》、《學古錄》、《邃雅堂文錄》、《邃雅堂學古錄》諸書。

姚象申 宗經齋易圖說 四卷 存

中科院藏咸豐八年（1858）集文堂利文堂刻本

◎一名《易圖說》。

◎《宗經齋易圖說敘》〔註17〕：經之有《易》也，天地人物之理備。《易》

〔註17〕錄自李有棻等《昭萍志略》卷十一《藝文志‧文徵》。

之有圖也，天地人物之理彰。圖之有說也，天地人物之理詳。自來說易者不一矣，然或各自為說而不繫之於圖，或繫之於圖而未曲暢其說，則其理究有所未明，而易之垂教幾晦矣。是編援古證今，折衷至正。其有不說是圖而實與是圖相發明者，悉取而並圖之，務求不背乎理，可徵諸象而有以入乎人之意中，不啻共見而共聞焉。一切傅會之談影響之語弗敢濫及，懼其混淆也。間有心得之處，則本其虛者實之、微者顯之、缺者補之、畧者詳之、謬者正之、分者合之，如心為大極本《大學》、無極而大極本《中庸》，是虛者實之也。河圖洛書，吳草廬曰：「傳自希夷者皆作圓圈，取其省易耳。」是編卦圖皆用黑白圈，不用陰陽畫，亦取其易辨而已。例以人影之見於地者黑，而見於天者白，無非陽明陰暗之至理所關，是微者顯之也。聖人則河圖以畫八卦，與夫日月行道圖，是缺者補之也。三十六宮因類而極為推廣，是畧者詳之也。左海二圖理氣據先聖、形勢據目前，是謬者正之也。體用一原圖、九重圖、歲差圖，因其已然之迹而會通以盡其變，是分者合之也。餘皆不過集其說而著之於圖、或無其圖而參之以說，莫非易中應有之義。不敢有一毫穿鑿支離於其間，終乃歸之以三才一貫。斯則願與世之讀易者共矢其戒謹恐懼之志，知行並進，無愧於衾影，庶幾精神之所運、心術之所動，可以自得於俯仰上下之餘，不負前聖以易垂教之至意，而河以通乾出天苞、洛以流坤演地符，直互萬古而不磨也矣。

　　◎光緒《江西通志》卷九十九《藝文略》一《國朝》：《易圖說》四卷，姚象申撰（《萍鄉縣志》）。

　　◎李有棻等《昭萍志略》卷十一《藝文志·書目》：《易經圖說》，清舉人姚象申著。

　　◎周按：是書廣引宋元以來諸家圖說，間附己見。卷一有太極圖、河圖洛書等圖二十幅，圖說二十三則；卷二有先天八卦順逆等圖十六幅，圖說二十一則；卷三有配卦節氣圖、卦爻直日圖等圖十六幅，圖說十六則；卷四有卦氣人象圖、坎離圖、物象圖等圖十二幅，圖說十四則。

　　◎《江西省圖書館館藏》著錄為姚象升。

　　◎姚象申，字嵩（松）嵒。江西萍鄉人。又著有《宗經齋制藝》。

姚永樸 讀易述聞 二卷 存

　　山東藏清末鉛印本

◎劉聲木《桐城文學撰述考》卷四「姚永樸撰述」:《讀易述聞》二卷。

◎姚永樸（1862～1939），字仲實，號展孫，一號素園，晚號蛻私老人。安徽桐城人。姚瑩孫，姚濬昌子。光緒二十年（1894）舉人。與弟永概皆以道德文章繼其世業，與馬其昶齊名，有「二姚一馬，名聞天下」之說。嘗任廣東信宜縣起鳳書院山長、山東高等學堂教習、安徽高等學堂倫理教習、宏毅學舍都講，又先後執教於京師法政學堂、北京大學、東南大學、安徽大學。著有《群經考略》、《蛻私軒易說》二卷、《讀易述聞》二卷、《蛻私軒詩說》三卷、《尚書誼略》二十八卷、《論語解注合編》、《蛻私軒讀經記》、《十三經述要》、《七經問答》、《我師錄》四卷、《史事舉要》七卷、《歷代聖哲學粹》、《蛻私軒集》三卷續集三卷、《倫理學》、《諸子考略》、《群儒考略》、《大學古本解》、《大學章義》、《論語述義》、《經學入門》、《六經問答》、《桐城魏氏碑傳集》、《清代鹽法考略》、《起鳳書院答問》五卷、《倫理學》、《文學研究法》、《史學研究法》、《初學古文讀本》、《舊聞隨筆》、《十三經舉要》、《諸子考略》十八卷、《群儒考略》、《鹽法考略》、《小學廣》十二卷、《惜抱軒詩訓纂》、《五瑞齋詩鈔》六卷、《歷代聖哲學粹》、《文學研究法》、《國文學》、《蛻私軒詩文集》五卷及續集一卷、《素園叢稿》八種、《蛻私軒文稿》不分卷、《古今體詩約選》。又與姚永概合編《歷朝經世文鈔》，節錄明張居正撰《論語直解》二十卷。

姚永樸 蛻私軒易說 二卷 存

南開大學藏民國周學熙師古堂刻周氏師古堂所編書本

◎或著錄作姚永概。

◎是書非全錄經文，僅通論六十四卦，明卦爻之大義。

◎劉聲木《桐城文學撰述考》卷四「姚永樸撰述」:《蛻私軒易說》三卷。

姚章 周易本義引蒙 十二卷 首一卷 存

康熙清稿本

清華、山東圖、中科院藏康熙三十四年（1695）陳鍾岳刻本

四庫未收書輯刊影印康熙三十四年（1695）陳鍾岳刻本

國圖、湖北、上海、山東大學藏康熙三十四年（1695）刻道光二十三年（1843）姚鏞、姚鉽補刻主靜齋印本

◎周易本義引蒙總目：卷之首：朱子易本義圖、筮儀、程子上下篇義、

朱子五贊。卷之一：乾、坤。卷之二屯、蒙、需、訟、師、比、小畜、履。卷之三泰、否、同人、大有、謙、豫、隨、蠱、臨。卷之四觀、噬嗑、賁、剝、復、無妄、大畜、頤、大過、坎、離。卷之五咸、恒、遯、大壯、晉、明夷、家人、睽、蹇。卷之六解、損、益、夬、姤、萃、升、困、井。卷之七革、鼎、震、艮、漸、歸妹、豐、旅。卷之八巽、兌、渙、節、中孚、小過、既濟、未濟。卷之九繫辭上傳。卷之十繫辭上傳。卷之十一繫辭下傳。卷之十二說卦傳、序卦傳、雜卦傳。

◎周易本義引蒙序：四書五經各有《大全》行世，大約以本註為主而博採諸儒之說以輔翼之。獨《周易大全》傳義並存。朱子《本義》發明占象變，深合孔子釋經之意；而程子《易傳》專講義理，不及象占。故兩說往往互異。《大全》取諸家之相近者分附兩說之後，則流派不能不殊；即其間說宗《本義》者，亦時有出入異同。學者苦於條緒紛然，不能會通旨趣。晉江蔡虛齋先生作《蒙引》一書以闡明《本義》，剖析詳細，不啻繭絲牛毛。學者由辭占象變之指以求羲、文、周、孔之書，朗朗如別黑白，而無復紛紜參錯之見。顧其為書尚苦繁簡失宜。陳紫峯先生親受業於虛齋，因作《通典》以括其要，順文解義，與《蒙引》相為表裏。至二書之中間有隱而未暢膚而不切者，得林次崖先生之《存疑》而議論曉暢、斷制謹嚴更有加矣。吳江徐伯魯先生又合三書輯成《演義》，而《本義》之旨自此無復餘蘊。迨明季《說統》《衷旨》橫行於世，致先儒之說既明復晦。余遍購四家之書，積十數年而得之，欲從事彙輯，愧未能也。丙午歲，適有《易論一選》痛駁時解之謬。嗣後陳五宜氏有《口義》之刻，頗知分別象占而於君道臣道相延陋解猶未盡脫。近得蕭山來氏《會解》一編，而諸儒之蘊奧畢收，簡當明潔，誠數十年所未有者。丁卯春日，得姚子青崖《引蒙》十有二卷，披讀數過，服其辭說不繁而意已醒豁，其亦可謂《蒙引》之功臣矣乎。行見授之剞劂，得與《會解》並存於世，雖語有詳略而理歸一致，皆讀易梯航也。余邇來顛倒風塵，經學久廢，喜把翫是書以收放心，固日翹首而望梓人之告竣也。時康熙戊辰熹平月，甬江年家弟仇兆鰲頓首題於燕臺邸舍。

◎周易本義引蒙序：吾友姚子青崖嘗與予言易，謂讀易不可以不學，且無人不可以學易也。其說曰：易之作，聖人所以前民用也。予初固未知易之可學也，數年來取易之《程傳》讀之，矞昧其意。亦未知易之所以不可不學也，又合朱子《本義》讀之，意其於前民之用庶幾有得；亦未知其所以無人不

可不學也。今青崖即生平所學之易彙為成書，名為《本義引蒙》，將以梓示來學。仇滄柱先生既與之序矣，更命予一言辱其後。予故學易而不知易之不可不學者，其何以序易？乃取青崖所為《本義引蒙》者讀之，見其演說經文，詮疏傳義，博采眾家之說而獨折衷於《蒙引》。夫易之要歸在於象占，朱子《本義》主之，而《蒙引》所為獨宗其旨而發明之者也。第虛齋先生說易觸處逢源，辭義浩瀚，學者胸鮮依據，不知取舍，往往苦焉。青崖潛玩日久，學深理熟，裁旁行之枝解，尊正說之源流，刪繁就約，去疑歸當，使人一展卷而六十四卦之象、三百八十有四之爻、盈虛消長之理、參伍錯綜之數隨在洞然矣。且聖人所以畫卦立體制，著達用，與民同患，與世趨避之意，無不可以心領神會焉。予始知易之不可以不學也。噫！易之衰也，漢儒病在知數而不知理，其究至於道器不分。至有宋而程朱出，辭變象占闡發盡致，而易道始明。近世帖括之家又變其說以希世取榮，而先儒發明聖人前民之旨幾何而不湮沒也。青崖恪守《蒙引》，上接程朱易學之傳，而又通《蒙引》之義以為《引蒙》，其立說易簡明確，使學易者可不煩解而直透宗旨，即俗學獵名之士，亦不至以偽說亂真，久而漸忘其歸宿。若是人之說易如天日之清明、如菽粟之平澹，而利用出入如瞽者之需相、老者之需杖，頃刻而不可離，豈非所謂人無不可學之易而易無不可學之人歟？然則《引蒙》一書，謂其可與《本義》、《蒙引》并傳於世也，亦宜矣。康熙乙亥五月，濰水同學弟劉潢題於清白堂中。

　　◎刻本自序：余成童時受壁經，十有八歲改讀易。易之詮註，所聞不下數十家。質之《本義》，皆不甚合。然《本義》之妙，予亦未能深悉也。後得虛齋蔡先生《蒙引》，朝夕研窮，寢食於斯者有年。始悟《本義》之作，分析象占，字字句句無一不自卦畫中來。《蒙引》真考亭之功臣哉！但辭語浩瀚，初學未易融通。每欲序其文義，斂繁就簡以為童蒙階梯，有志而未逮。乙卯冬，門人有講易之請，乃以《蒙引》為宗，而眾家之書有相符會者并為採集，為書十有二卷。越五年庚申，講易鄖城，取眾說而折衷之，增以論辨，復合圖說、筮儀上下篇義、《周易》五贊彙為首卷〔註18〕。歲丁卯，表弟郭蔡齋遊宦京師，託以就正太史滄柱仇先生。先生謬為許可，慨賜序文，且遺書諄諄囑

〔註18〕「并為採集，為書十有二卷。越五年庚申講易鄖城，取眾說而折衷之，增以請辨復合圖說、筮儀上下篇義、周易五贊，彙為首卷」，稿本作：「並為採集，名曰《本義引蒙》，草稿雖就，以用工貼括，未暇更定。越五年庚申，講易鄖城，復取前稿而訂之，去其過，增其不及，始編輯而成帙焉。」

付剞劂。顧力不能就。甲戌春，適鍾岳陳公江西給假歸，見此書而善之，遂倡率同人捐貲授梓。明年乙亥春始告竣事焉。噫！易理精微，安能窺其奧妙，此不過童蒙之一助耳，敢言知易哉？！萊濰姚章識〔註19〕。

◎張貞〔註20〕《周易本義引蒙序》：吾友姚子青崖取《周易》諸家訓解，決擇其酡精密者都為一集，命曰《周易本義引蒙》，屬序于余。刊墨斯竟，走介布書來告成事，且謂：「非子題其簡端，無以垂世行遠。」余甚愧其意而不獲辭也。竊聞夾漈鄭氏有云：「秦人焚經而經存，漢儒窮經而經絕。」蓋言詮釋經義之難也。若夫《周易》，通神明之德，類萬物之情，廣大悉備，孔子晚喜讀之至絕韋編，是可知其所重矣。嘗考古者三易掌于太卜，自商瞿、橋庇、馯臂而後又兩傳為田何，則漢興言易之始乎？然漢儒言易分三家，各有師傳不可易：丁寬傳之魯之孟喜、齊之梁丘賀，再傳之宦，皆原于子夏，受之孔子，此其一也；焦贛起而東郡京房傳其學，殷嘉、乘弘、姚平、任良為之徒，此其一也；費直之後，傳者為鄭玄、王弼諸人，此其一也。至唐孔穎達著《正義》則祖輔嗣、李鼎祚作《集解》則宗康成、陸德明為《釋文》則又尊君明。其後作者蠡軌，或主名理，或專象數，各有偏重。至宋，二程子為傳可稱探微，乃詳于理而略于數，亦不能不啟後人之擬議。紫陽夫子出而合兩先生之學，以為書質理驗，數貫殊析，同其精詣獨得，有非漢儒所及知者，而大易之道始無遺憾。青崖為給諫公孫，以古直先生為之父，以熙如先生為之兄，濡染其風尚，浸漬其議論，蓋不出家庭唯諸几席丈函之間。淵源授受已迥出儔倫，而其為人，視精而行端、心和而志厚，布衣疏食，蕭閒淡止，無所誘以散越其神，無所脅以虧疎其氣。韓子之稱李翱所謂有道而文者也。其治易也，卻埽杜門，焚膏宿火，假年窮老以從事，由唐至漢溯而通之，由宋元至有明沿而別之，獨取其有合於考亭之旨者，會稡成書，遂使世之為其學者，如見斗杓而得指南焉。或謂是編有資於場屋帖栝者為多，其於闡揚性道尚隔一塵，不知經義之設正以剖析前人未發之祕也。歷代以來，念六經之蘊深而難知，故取章句裁以為題，敷陳詞旨，如一出於聖賢之言，其道之精微變化盡矣。特患傭耳剽目之徒，附會穿鑿，櫝釀而叢脞，始倍背於大道耳。何若斯之擺落悠悠，研尋雅故，發皇盪滌，煥然與《本義》同風。用以譚理則洞前燭後，可以窺周、孔之閫奧；用以為文則根茂實遂，可以挽輓近之頹靡。余雖衰老，

〔註19〕稿本署：康熙辛酉清明日古北海郡姚章題。
〔註20〕安丘人。字起元。錄自張貞《杞田集》卷一。

猶將執簡以觀其盛，又安見窮經而經不賴之以存也哉？康熙三十四年歲在旃蒙大淵獻夏四月丁酉，牟山張貞謹序。

◎姚章，字青崖。山東濰縣（今濰坊）人。康熙丙子副貢。

姚正謙　易論　佚

◎道光《續修桐城縣志》卷之十七《人物志・篤行》〔註21〕：著有《易論》《廿一史摘要》《篆籀考》《來雲閣詩草》藏於家。

◎道光《續修桐城縣志》卷二十一《藝文志》：《易論》《廿一史摘要》《篆籀考》《來雲閣詩草》（姚正謙撰）。

◎姚正謙，字逸齋。安徽桐城人。天性純孝。例得銓選，以親老不就。博古能文，工詩畫，尤長於草書。

姚之蓮　易釋義　佚

◎道光《續修桐城縣志》卷之十五《人物志・儒林》：著有《易釋義》《四書旁通》《過江詩集》《漱藝堂古文》《散花軒四書制義》。

◎道光《續修桐城縣志》卷二十一《藝文志》：《易釋義》《四書旁通》《過江詩集》《漱藝堂古文》（姚之蓮撰）。

◎姚之蓮，字汝茂。安徽桐城人。性沉靜，於書無所不讀，以一日七藝補諸生。

野鶴老人　簡易秘傳　十五卷　存

山東省博物館、臺灣藏清鈔本
◎周按：又有著錄一卷者。

野鶴老人　野鶴老人書　十五卷　附雜說　存

康熙三十七年（1698）臨川李綬手鈔本
◎李文輝輯。

野鶴老人　增刪卜易　十二卷　存

建甌藏康熙二十九年（1690）刻本
康熙三十年（1691）刻本

〔註21〕姚正謙作嚴正謙。

乾隆乙巳德盛堂刻本

山東藏道光八年（1828）三槐堂刻本

山東藏道光十年（1830）古越崇文堂刻本

山東藏光緒六年（1880）上海江左書林刻本

山東藏上海廣益書局石印本

山東藏清成文信刻本

錦章書局 1941 年石印本

山東藏 1951 年馮欽哉手鈔本

中醫古籍出版社 2012 年中國古代占卜經典最新編注白話版孫正治注譯本

◎卷首題：湖南李文輝竟子增刪，男婿陳文吉茂生茹芝山秀全校。楚江李坦我平鑒定。

◎一名《增刪卜易大全》《增刪卜易全書》《增刪卜易正宗全書》《重鐫增刪卜易》《校正增刪卜易》《重訂增刪卜易》《重編野鶴卦書》《野鶴占卜全書》《野鶴老人占卜全書》。

◎目錄：

卷之一八卦章第一，卦象圖章第二，占卦法章第又二，八宮六十四卦名章第三，渾天甲子章第四，六親歌章第五，世應章第六，動變章第七，用神章第八，用神元神忌神仇神章第九，元神忌神衰旺章第十，五行相生章第十一，五行相克章第十二，克處逢生章第十三，動靜生克章第十四，動變生克沖合章第十五，四時旺相章第又十五，月將章第十六，日辰章第十七。

卷之二六神章第十八，六合章第十九，六沖章第二十，三刑章第二十一，暗動章第二十二，動散章第二十三，卦變生克墓絕章第二十四，反伏章第二十五，旬空章第二十六，生旺墓絕章第又二十六，各門類題頭總注章第又二十六，各門類應期總注章第又二十六，歸魂遊魂章第又二十六。

卷之三月破章第二十七，飛伏神章第二十八，進神退神章第二十九，隨鬼入墓章第三十，獨發章第三十一，兩現章第三十二，星煞章第三十三。

卷之四增刪《黃金策》《千金賦》章第三十四。

卷之五天時章第三十五。

卷之六身命章第三十六，終身財福章第三十七，終身功名有無章第三十八，壽元章第三十九，趨避章第四十，父母壽元章第四十一，兄弟章第四十二，夫婦章第四十三，子嗣章第四十四。

卷之七學業章第四十五，治經章第四十六，延師章第四十七，求名章第四十八，童試章第四十九，歲考科考章第五十，增廩章第五十一，考遺才章第五十二，發案卦榜章第五十三，庭試章第五十四，鄉試會試章第五十五，升選候補章又第五十五，升選何方章第五十六，在任吉凶章第五十七，援例章第五十八，武試章第五十九，投廛效用入武從軍章第六十，署印謀差章第六十一。

卷之八占面聖上書叩閽獻策條陳劾奏章第六十二，占防參劾慮大計及已有事尚未結案者章第又六十二，養親告病辭官章第六十三，修陵修河一切營造公務防患章第六十四，憎官道紀醫官雜職陰陽等官章第六十五，功名到何品級章第六十六，子占父功名章第六十七。

卷之九求財章第六十八，謁貴求財章第六十九，為貴人奔走效力求財章第七十，開行開店及各色鋪面章第七十一，投行損益章第七十二，囤貨賣貨章第七十三，賣貨宜守宜動章第七十四，往何方賣買章第七十五，買何貨為吉章第七十六，借貸章第七十七，放債索債章第七十八，買賣六畜章第七十九，博戲章第八十，請會搖會章第八十一，行險求財章第八十二。

卷之十婚姻章第又八十二，此婚子嗣有無章第八十三，此婚有宜於父母否章第八十四，納寵章第八十五，娶離婦跳娼婦章第八十六，胎孕章第八十七，問產婦安否章第八十八，產期章第八十九，嬰童否泰章第九十，出行章第九十一，舟行章第九十二，同舟共行第九十三，行人章第九十四。

卷之十一防非避訟章第九十五，鬥毆爭競章第九十六，興詞舉訟章第九十七，已定重罪章第九十八，疾病章第九十九，痘疹章第一百，病源章第一百零一，鬼神章第一百零二，延醫章第一百零三，醫卜往治章第一百零四。

卷之十二家宅章第一百零五，蓋造買宅賃宅章第一百零六，創造宮室章第一百零七，修方動土章第一百零八，遷居過火章第一百零九，歸宅入火章第一百十，入宅六親吉凶章第一百十一，馬房豬圈章第一百十二，舊宅章第一百十三，同居章第一百十四，蓋造官衙章第一百十五，占衙宇章第一百十六，蓋造寺院章第一百十七，塋葬章第一百十八，尋地章第一百十九，卜得地於何時章第一百二十一，得地於何方章第一百二十二，占地師章第一百二十三，點穴章第一百二十四，謀地偷葬章第一百二十五，祖塋舊塚章第一百二十六，因何事所傷章第一百二十七，修補秘法章第一百二十八，再占修補吉凶章第一百二十九，新亡附葬祖塋章第一百三十。

◎序：易書以揲蓍求卦之法示人趨吉避凶之機，諸先賢闡明精義莫不謂詳且盡矣。野鶴老人學道數十年，博覽群書，依書以斷事，廣集占驗；存驗以考書，書之屢驗者存之，不驗者刪之。如單用世爻，使人有一定之見；刪去卦身、世身、星煞、本命，使人無歧路之疑。其談旬空、月破、刑沖、進神，別有奧理；墓絕生旺，動散反伏，剖析真偽；財官父子，法用分占。盡辟諸書之訛，獨出一心之悟；發先賢未發之理，啟後人易曉之門。惜未成帙問世。覺子得之，不忍秘為枕中藏，加以增刪，編輯成書，亟命剞劂，求序於余，余曰：野鶴有覺子而野鶴傳，覺子有野鶴而覺子亦傳矣！是為序。時康熙庚午秋七月，寧陽維則張文撰。

◎自序：易之理微乎曰微。庖犧氏以一畫開天，始作八卦，通神明之德，類萬物之情；文王周孔繫彖、繫爻、繫象，闡明先天至理，精義入神。惟聖人而後知聖人也。微乎易乎！迨鬼谷之後，諸名賢繼起，別為五行生克、世應向背之理，父子兄弟爻，妻財官鬼爻，各以其事為類，以前民用，以闡聖教。善卜者卜之，不善卜者亦卜之。較先聖揲蓍求卦之法更簡更便，其為趨吉避凶更明更顯也。往予幼年，隨先大人宦遊粵西，遇參兩徐先生，卜予兄曰：「將來繼起者此子，立功封爵，惜乎不克其終。」卜予身命謂：「三十以前，虛譽亦隆；三十以後，垂簾都市，功名不復問矣。」彼時先大人處極盛之勢，愚兄弟在蔭庇之下，不足其言，誕而置之矣。嗣後，兵燹蜂起，家破從戎，先兄立功封爵，實比螢光，果死非命。迨順治庚寅，予投誠定南藩下。時年三旬有一，壯遊都門，滿擬復職，乃竟歸烏有。旅邸蕭索，回思參兩之言，信不誣矣。因遍覓卜筮諸書，靜觀兩月，即代人以卜吉凶。有明顯而易見者，有隱微而難測者。每占一卦，默存其稿，至期探之，驗與不驗悉以筆記，其不驗者無處考證。偶於江寧遇同鄉李我平，問予生平所看何書，即以《大全》《全書》《海底眼》《黃金策》《卜遺》《易冒》諸書以告之。公曰：「諸書悉有悖謬。向有野鶴老人，亦存四十餘年之占驗，考證諸書，刪辟其謬。先叔蒞任雲南，得此鈔本，生平識趨避之途，皆此書之力。久欲刊行，因未成帙，尚未舉行。送爾抄閱，自知其妙。」予拜受領歸，靜中參悟，豁然有會於心，始知從前之驗與不驗皆書之得失也。閉戶兩載，隨將野鶴及予之占驗，質證古今卜筮諸書，驗者存之，不驗者刪之，內有不合於易理者辟之，另得其巧驗者增之，分門別類，輯理成部。內有煩門細事及諸占驗暨六壬占驗，未及編次，以俟再續。是書講解甚明，初學者不用投師即知占卜，知易者愈得其精，精易者愈得其

奧，不須半載工夫，得野鶴四十餘年之積學，從此寧有不驗之卦耶？有心覺世者，自不以余言為狂瞽。是為序。時康熙二十九年庚午孟夏朔日，湖南李文輝覺子敘於山樵精舍。

◎增刪卜易序：野鶴曰：卜易之道，乃伏羲、文王、周公、孔子四大聖人之心法也。得其精者可以參天量地；粗知其理亦可趨吉避凶。凡學卜者可以深求，亦可淺學。淺學者只要先學裝卦，知道動變及卦之六沖，卦變六沖看熟用神章中占何人占何事以何爻為用神；再看何為旬空、月破及春夏秋冬四時衰旺、生克沖刑即知決斷禍福。假令占功名者得旺官持世，或動爻作官星生合世爻，求名如拾芥耳。倘遇子孫持世，或子孫動於卦中，不拘占入場占升遷悉如水中撈月。占求財若得財星持世，或日月動爻作子孫生合世爻，或官鬼持世財動生之，或父母持世財動克之世，皆許求財之易如摘枝耳。若遇兄弟持世及兄弟爻動於卦中，或世臨旬空月破，何異緣木求魚。如占一年月令現任官者，宜官星持世，財動生之，皆許吉慶。若遇官鬼相克，日月動爻作子孫沖克世爻，或作官鬼沖克世爻，或世空世、官破官空，或世動化回頭克及子孫持世皆為凶兆。士民而占流年者，最喜財爻及子孫爻持世，管許一歲亨通。若遇官鬼持世，得日月動爻作財星生合世爻者，必見災非。倘世破世空及鬼動克世多見凶災。兄動克世，口舌破財。以上官府士民占流年者，合世之月則吉，沖世之月則凶。皆不宜世爻變鬼及化回頭之克定見凶危。又不宜財動化父，父化財爻，鬼化父母必有長上之災。弟兄變鬼，鬼變弟兄，防手足之厄。財化鬼，鬼化財，財化兄，兄化財，主傷克妻妾婢僕。子化鬼，鬼化子，父化子，子化父，小口有傷。青龍天喜持世生世而有喜。虎鬼發動主孝服。騰蛇朱雀臨兄，鬼動而克世者，須防口舌。玄武臨兄，鬼動而克世者，防賊盜及陰人。如占避訟防非、仇人為害及行江漂海、深入險地旅店孤眠，窮鄉僻壤，投寺宿廟，或營中貿易，錯買盜物，或見鄰家火起，或聞瘟疫流行，防虎狼，防盜寇，或夜行早起，或險偷關，或已入是非之場，心憂禍患，或欲管閒事，恐惹災非，或人病家以防沾染，或誤服毒物恐致傷生，或已定重罪而盼郝，或已得險病病而防危，或問此物此藥可以服否，或問歹人烈馬傷害我否，凡遇一切防火慮患者，但得子孫持世及子孫動於卦中，或世動變出子孫，或世動化回頭相生，或官鬼動以相生，即使身坐虎口，管許安如泰山，唯忌官鬼持世，憂疑不解。鬼克世災禍必侵。世動化鬼及化回頭克者，禍已及身，避之不及，唯世爻空者無憂，世爻破者不利。占病者如自占病，若得世爻

旺相或日月動爻生合世爻，或子孫持世，或子孫動於卦中，不拘久病近病，或求神或服藥，立保安康。近病者世值旬空或世動化空，或卦逢六沖及卦變六沖，不須服藥，即許安痊。久病者官鬼持世，遇休囚，或遇日月動爻克世，或值旬空月破，世動化空化破或卦逢六沖，卦變六沖，或世動化鬼及化回頭克者，速宜救治，遲者扁鵲難醫。占父母病以父母爻為用神。若得父爻旺相，或日月動爻生父母，或父動化旺，不拘久病近病，求神服藥立見安寧，近病者父爻值旬空，父動化空，或卦逢六沖，不藥而痊。久病者父爻值旬空月破，父動化空、化破，父動化財，財化父母，卦逢六沖，卦變六沖，或父爻休囚又出被日月動爻沖克，為子者須宜急急求醫，親嘗湯，勿遠離也。占兄弟病者，若得兄爻旺相，或臨日月動爻相生，或動化旺化生，不拘病之遠近，立許全安。近病者，兄爻值旬空及動而化空，卦逢六沖，服藥即愈。久病者兄爻值旬空月破及動而化空化破，卦逢六沖，卦變六沖，兄動化鬼，鬼動化兄，或兄爻休囚被日月動爻沖克，急急服藥求神，遲則難調理。占子孫病者，子孫爻旺相，或臨日月，或日月動爻生合，或子孫爻化回頭生，化旺，不拘病之新久，服藥求神即愈，近病者子孫爻值旬空及動而化空，卦逢六沖，卦變六沖，不藥而愈，出痘者不宜六沖，久病者子孫逢旬空月破及動而化空化破，卦逢六沖，卦變六沖，子孫動而化鬼，鬼化子孫，父化子，子化父及日月動爻沖克者，速宜服藥，心則難於治矣。占妻妾病者，以財爻為用神，財爻旺相或臨日月，或日月動爻相生，或財爻化子孫及化帝旺者，不拘久病近病，治之即愈，近病者妻財逢旬空及動而化空，或爻逢六沖，卦變六沖，何須服藥，即許災除。久病者財爻逢旬空月破及動而化空化破，卦逢六沖，卦變六沖，或財動化鬼，鬼化財爻，兄動化財，財化兄弟，名醫亦難取效。凡占三黨六親及官長、師生、婢僕諸人之病，皆於用神章內以取用神。占朋友、外人以應爻為用神，理之常也，往往多有不驗者何也？疑因不甚關切，不誠之故耳。野鶴曰：客有問於予曰：「據爾之言，占卜極易事也，即如占功名得旺官持世以成名，子孫持世而失望。占疾病近病逢沖逢空，不藥而愈；外病逢沖逢空靈丹莫救。如若得此，顯然者自是不難知矣。倘占疾病不逢六沖，用神不遇旬空，旺不旺而衰不衰，凶不凶而吉不吉。又如占功名，官與子孫皆不持世，六爻亂動，財父同興，何以決之？」予曰：爾若垂廉賣卜，每日數卜之占，未必盡得顯而易見之卦，凶中藏吉，吉處藏凶者有之，必須奧理深求，細心參悟，爾欲自知趨避者，必然卦不亂占，心無雜念，每遇一事，即刻卜之，神不欺人。如若間

有卦之恍惚，次早潔誠再卜，再遇恍惚，還可再卜，自然回應，只不可心懷兩事而占，一念至誠則應，若占兩三事者，則不靈也。又如占疾病更容易耳，一人有病，一家俱可代占，但有一卦爻逢六沖或卦變六沖，或用神值旬空或用神動而化空者即愈，久病逢此者難治。又如防災慮患，但得子孫持世，便與霹靂同居，管許安然無恙，有何難耶？客曰：「再佔有瀆之，不敢再三，何敢連占幾日？」予曰：因此一語，誤盡卜卦之人，豈不聞三人占聽二人之言，一事既可三處而占，何妨再占？然亦有不可再瀆者，以此一事一刻而再占也，須於次日再卜可也。又有連日亦不可再瀆者，如占功名，已得子孫持世，我心不悅，必欲求其官鬼持世而後已，此則謂之再三瀆也。然予亦有見其再三瀆者，未見神之不應也，予因少年復功名占過七次，竟有六次而得子孫持世，此乃神不厭我多問而屢報也。又有厭予多問者，如我問求財卦已明，現有財我心知矣，我再問之神不告矣，而又以我未占之事告我也。如一日占求財，旺財持世，是我明知辰日得財，次日再占一卦，果於辰日得財否？卦得申金兄動而不得，是何說耶？及到辰日得財，至申日因他事而破財。而悟辰日之得財，次日而再問之，神不告矣，報我申日而破財也。故知再三瀆者，神亦不見責而又報我未問之事也，此事極多。予著此書傳後賢之秘法者，無他法也，教學者凡遇卦之恍惚，心若未明，多占無礙，倘卦中已明現，不可再瀆。至於占病者，一人有病，一家俱可代占，自有顯然之卦，再者遇事即占，乘此心而未亂，不可多積事情於心，事多心亂即非一念之誠也。教其深學卜者，後有分占之法及予所辟諸書之謬，宜細味之，此皆予四十餘年須臾不離以得之也，實先賢之所未傳。須宜通前徹尾，細心詳悟，自然巧奪天工，參天地之化育，測鬼神之隱微而不難矣！

　　◎《續四庫總目》：《增刪卜易》四卷（光緒刻本），原題野鶴老人撰，李文輝增刪。野鶴不知何許人，文輝湖南人，號覺子。術家之言最好任意依託，亦毋庸如何為之考信也。惟考是書所述，為以後天八卦變六十四卦，其書自當在《火珠林》之後，必為明清以來術家所為無疑。書共四卷，分一百三十章，前二卷述八卦卦象、八宮、渾天甲子、六親歌、世應動變、用神、元神、忌神及四時旺相、五行相生相剋、相沖、相合、旬空月破、生旺墓絕等，由此而明占法。如點卦裝排及生克沖合之理。後二卷就一切事情分門別類述其占何事，以何法斷之。其意先明占法，繼求決斷。其法大抵以八卦分八宮，每宮分八卦，共六十四卦。用三錢擲之，一背為單、兩背為拆、三背三面則謂之

動，動則必變。三背為重、為陽而變陰，三面為交為陰而變陽，凡六爻而成卦，卦分內外，上三爻曰外，下三爻曰內，並依渾天甲子、六親歌及世應裝排其干支五行，卦既占得，於中觀其動變，求其用神，用神者即六親，占父母等事以父母爻為用神，占功名等事以官鬼爻為用神是也。又有元神、忌神、仇神，蓋由是以察其生扶克害與否。如占一事先有何爻為用神，既得用神，須有旺相否，有元神動而生扶否，有忌神動而克害否，由此即可決斷休咎如何矣。其法簡便易曉，故晚近以來垂簾賣卜者皆遵從之。考此術淵源於《京氏易傳》，其改為擲錢占卜者，求其便也。惟其占止於六十四卦，變化嫌少，民間疑難禍福固皆以此求所從違，欲考鏡斯道源流衍遞者，是書殆不可忽，存之以觀所尚焉。

葉德輝 古今夏時表 一卷 存

光緒二十九年（1903）觀古堂所著書本（附易通卦驗節候校文）

◎古今夏時表序：昔顏子問為邦，孔子曰：「行夏之時。」於是漢以來麻家因之。逮我朝聖祖仁皇帝，立欽天監遵行勿改，誠以敬授人時為帝王之首政，而人時必取准於天星之中氣。斗之建寅在正月，為人事所由起。自黃帝時容成造麻，迄於夏正，未之或易也。是故周正建子、商正建丑，不過以十一月、十二月為歲首，其於斗建之位，實不能有所推迻。閒嘗考之，有斗建而後有節氣，有節氣而後有物候。七十二候，節氣之至定者也。其文始見於《逸周書・時訓解》，《呂覽》《淮南》《禮》《月令》遞相承襲，漢儒多以《月令》為周公作者，此也。方今地形開通，麻法各異，遠習諸國以耶穌紀世，中國則以孔子授時。日本千載同文，初用唐麻，明治更始，參合西法，隨月置閏，頒行太陽麻，自謂於舊法加密。然於朔望盈縮，終不如中法之適中。乃知有夏時則斗建之節氣不至乖錯。又驗之於草木鳥獸，得氣之先之物，定為五日一候、三候一節、三候一氣。南北地氣雖稍有先後，要其源不出夏正以外也。夏正當時有大小之分，傳者惟《小正》文有脫簡，不盡足徵。今據以明表，崇聖也。首以時憲書，尊王也。次以禮月令，宗經也。北魏建都燕地，又遷洛陽，麻候與諸書不同。隋唐因循，未遑修改。自唐之大衍麻出，始上合周秦、下通宋元各麻，《新書》麻志本之，是大衍麻者，貫古今之律候而定夏正之一尊者也。然非聖祖仁皇帝天縱之聖，範圍古今，安知近日異說橫流，不有援星期之例以亂成憲者乎？余修此書以課家塾，友人索觀者眾。乃自序本意，授之

梓人。外有《易緯通卦驗》一書，所載節候多與表異，文既殘缺，句讀維艱。幸有隋杜臺卿《玉燭寶典》全引其文，取以校勘，乃得文從字順。其閒節候多寡同異無從測驗推求，附於末篇，俟精緯學者排比焉。余所見者僅知八風之不誤而已，是亦足備斯表之闕也。光緒二十九年癸卯歲十二月庚戌後二十日立春節，賜進士出身誥授中憲大夫四品銜禮部主事葉德輝撰。

◎葉德輝（1864～1927），字奐（煥）彬，一字漁水，號直山，又號郋園，自署朱亭山民、麗廔主人，人稱葉麻子。祖籍江蘇吳縣洞庭東山，後遷湖南湘潭，入讀嶽麓書院。光緒十一年（1885）舉人、十八年（1892）進士，授吏部主事。未幾乞養鄉居，並以提倡經學自任。精目錄版本之學。著有《說文讀若字考》七卷、《同聲假借字考》二卷、《經學通誥》一卷、《六書古微》十卷、《觀古堂詩錄》一卷、《郋園北遊文存》一卷、《郋園六十自敘》一卷、《觀古堂書目叢刻》、《書林清話》等。又彙編校刻《郋園叢書》、《觀古堂匯刻書》、《雙梅景暗叢書》、《麗廔叢書》，輯錄《翼教叢編》、《覺迷要錄》四卷等。

葉德輝 易通卦驗節候校文 一卷 存

光緒二十九年（1903）觀古堂所著書本

◎《古今夏時表》附。

葉圭綬 乾象易知錄 一卷 佚

◎民國《滄縣志》卷八《文獻志》：有《乾象易知錄》一卷、《習察編》四卷、《知非齋詩草》若干卷。其《滄州殉難錄》四卷則圭綬與同里王國均同纂也。

◎重修《天津府志》卷三十七《著述》：《乾象易知錄》一卷，葉圭綬撰。（《滄州志》）

◎葉圭綬，字子佩。河北滄州葉三撥村人。道光十五年（1835）舉人。博學多文，隨其兄圭書在山東任內，專研地理之學。著有《乾象易知錄》一卷、《礜紘圖考》五十卷圖二卷、《一統志辨誤》二卷、《續山東考古錄》三十二卷、《習察篇》四卷及《知非齋詩草》，又與王國均同纂《殉難錄》四卷。

葉矯然 繫辭 一卷 存

天津藏乾隆十三年（1748）李敬躋李履謙刻本

◎葉矯然（1614～1711），字子肅，別號思菴。福建閩縣人。少從宗老耆宿素菴先生學。順治九年進士。歷任工部主事、樂亭知縣，罷歸，遂不出。又著有《龍性堂詩集》《龍性堂詩話初／續集》《東溟集》《鶴唳編》《古今聞見錄》等。

葉矯然 易經匯參 佚

◎民國《閩侯縣志》卷四十七《藝文上》：《易經匯參》、《易史參錄》二卷、《四經學筆印》、《史學筆印》、《理學筆印》、《古文學筆印》、《龍性堂詩集》二卷、《東溟集》一卷、《燕唳篇》一卷、《不暇懶詩草》、《諧際詩文集》《龍性堂詩話》（葉矯然著）。

葉矯然 易史參錄 四卷 存

天津藏乾隆十三年（1748）李敬躋李履謙刻本

國圖、江西省圖藏乾隆三十三年（1768）刻本（二卷）

◎一名《龍性堂易史參錄》。

◎易史參錄序：《易史參錄》，吾鄉先正思菴葉先生所著也。先生湛深經術，志行純潔，巋然為海內名宿宗仰。自懸車後遊歷天下名勝，著述云富，然皆藏稿於家，不輕示人，人無從而窺之。向先生孫道東從先大夫遊，先大夫每指道東，稱先生績學力行，風流文采耄期弗勌，嘖嘖不去口。予時方卯角，竊心焉慕之。後予得先生《龍性堂詩》，想見其為人，愈拳拳弗失。道東聞，為予言：「吾祖已刻稿惟《龍性》二詩集，其餘尚有《易經匯參》、《易史參錄》、理學、史學、古文學、今文學、《古今聞見錄》等書凡十三種，卷帙既繁，剞劂靡易」，余又心焉識之，慫恿其並梓以傳。道東唯唯。既而余博求吾閩先正文集，前乎先生者若崇相、臺山、石倉、石齋諸公，與先生同時者若寧化李元仲、安溪李文貞、晉水丁問山，後乎先生若漳浦蔡文勤諸先生，類皆於身後其子若孫或門徒裒全書行世。先生生當其間，才名與埒，著書富詹，迺學士家不獲睹其全書，可惜也。迨乾隆壬午，道東舉於鄉，明年春訪余都中，寒暄畢，亟詢先生續刻奚若。道東曰：「然顧僅刻一《易史參錄》耳，且刊刻自蜀士李、鄭諸君之手，非余之力也。今僅得一部，敬為夫獻。」余欣然取而讀之，其書綜論史事，參之易理，上下千數百年聖哲愚妄脩悖休咎若指諸掌。惟易與史合而為一，則理與數不待煩言。從古談易家未有若斯之深切著明者也，宜七十餘年之後八千餘里而遙有愛而傳之者歟！夫天下可

愛可傳之物非一人所私，顧使人愛之，吾弗自愛之，則虛乎人之愛也甚矣
已。道東以是書既出，踵門求索者良多，而鋟版在蜀，愧無以應之，欲謀而
授之梓人，郵書於予。予既以喜夙昔慈恩并梓之心庶幾少慰，且以嘆潛德之
光必無不發。先生藏稿甚富，遠近流播，他日之謀梓以傳者蓋有其人，踵
門求索者更無虛日，則先生全書且將盡顯于世而不終隱焉。寧非斯文之幸
歟？余於道東之不虛人愛券之也。乾隆戊子仲冬，三山同里後學何逢僖頓首
拜譔。

◎易史參錄後序：吾友鄭君有章自閩入蜀，載書以行，寓成都踰年。余
數從鈔錄，目眵手繭，箱篋一光。今秋有章將歸，余過寓問復有藏書不，有章
出一編見示曰：「此吾鄉葉思菴先生《易史》也。閩中無別本，向鄭重不輕假
人。今以屬君，遇同好者傳之，先生不朽矣。」余讀之終夜忘倦，手錄數十
紙，將及半，忽自念曰：「與其筆之狹而難，曷若梓之廣而易乎？」會有章召
余共飯，吳君奇誠、奇源及家撝齋咸在，出前意相質，諸君譁然稱善，撝齋且
自任佐余。於是立徵剞劂、聚棗梨，不踰月告竣，蓋溯先生戊午著書之歲已
七十一年矣。嘗觀今世著述之士，朝方授簡，夕即殺青，以故緗帙之傳塞於
海內，其朋友生徒之互相標榜者，莫不以為其精華已索然盡矣。今先生之著
書也，閉戶纂述，不求人知，脫稿後即藏其宗人家，意當時之朋友生徒且有
不得寓目者。吾輩去先生各後數十年，而又海角天涯，居不一地，雖讀其書，
想其風概，究為不知誰某之人也。以朋友生徒所不得寓目者而顧望不知誰某
之人以傳，在先生必不作是想，然而此書沉晦數十年終於傳播，吾輩三數人
萍踪偶聚，莫不願竭心力以廣先生之傳。由是觀之，朋友生徒以為可傳者未
必傳，惟不知誰某之人傳之乃可貴耳。然則吾黨亦何能傳先生？即謂先生之
自梓之而自傳之可也。有章徵余序言，遂書其緣起於後。至大旨所在則見於
先生自敘，故不具詳。獨念是書之成矣，而有章戎裝待發，行篋復載而東，如
海上三山，可望而不可及，為之悵然。抑吾聞閩中多故家，石倉、幔亭諸前輩
藏書之富埒於四庫，至今尚有存焉者乎？有章將收羅益廣，無忘示余。余雖
魯鈍無文，尚思與同志諸君一續今茲盛舉也。乾隆戊辰季秋下浣，滇南後學
李敬躋謹序。

◎葉思菴先生小傳：罷官時年未四十，既放廢不用，則益游心墳籍。晚
著《易史參錄》。參錄者，參易於史，著聖人體用一源也。大署言易本隱以之
顯，《春秋》推見至隱，《易象》《春秋》其趣一而已；史，《春秋》類也。故綜

論史事，參之易理，以明履信思順者元吉，冥豫迷復者終凶，按事求之而從違得失之故約署可覩矣。其書上下數千年，為文四萬，浩瀚縱橫，而其大旨不外乎此。書成，授素菴先生子一山先生，以稿歸之，外人罕有窺其籍者。康熙辛卯再舉賓興，先生例得與宴，以病不赴，未幾卒，年九十餘。子某為邑諸生。邑後學鄭天錦敬撰。

壬子歲，余應試福州，館於舅氏。舅氏即素菴先生曾孫，盡發藏書使余讀之，得觀《易史》稿，乞以歸。入蜀，攜之篋中有年矣。戊辰仲秋，將東下，吾友馬龍李君翼茲數過余索觀。行篋出以示之，翼茲大好其書，為謀不朽，遂邀太原李君撝齋合貲付梓，計是書成五十餘年然後歸余，又十七年然後藉二君之力以傳於世。因歎果有揚子必不患無芭譚，而二君表章先哲垂示後人，其盛心為不可及也。竊考是書詳於上下經而《繫辭》以下稍署；又原稿每條後多留空幅，疑先生尚欲續增。而自序既不詳，則亦無從致疑焉。翼茲刻其書，必欲使余為傳。余鄉邦晚進，不及見先正典型，且寄跡蜀中，欲就老成人問之復不可得，亦何能措一詞。然先生與先曾祖同學友善，數相過從，先君少時猶及見之，嘗為余道其軼事。因撮為小傳，並敘《易史》授受之由，以見昔賢著作必得人而彰，而此書之幾沒終傳為尤可寶貴云。乾隆戊辰季秋二十一日，天錦倚裝載書。

◎易史參錄自序：孔子沒身於易，其徒七十子不言易，唯顏子，孔子謂其庶幾不遠復，而顏子未嘗言易也。曾子、子思亦不言易，廼康節稱孟子得易之用，而七篇中多援據它經以立說，獨於易文缺焉。由此觀之，孔門高弟其於易也，猶性天之不可得聞。則史稱魯人商瞿受孔子易沿六世至齊人田何者，何據哉？漢晉以還治易者，譚數則有京氏，而公明景純為顓家；譚理則有費氏，而康成輔嗣為傑出；周子主理，為太極、無極之說；邵子主數，為《皇極經世》之篇。故《程傳》本周專言義理、《本義》本邵多言卜筮，此其大較也，學士家類能言之。然吾按太史公云：「易本隱以之顯。」言易本隱微，出為人事乃顯著也。歐陽永叔云：「易之書則六經也，其文則聖人之言也，其事則天地萬物君臣父子夫婦人倫之大端也。大衍，占筮之一法耳，其小小者。」眉山蘇長公作《易傳》、《易論》文成數萬，大略云：「挾策布卦，以分陰陽，以辨吉凶，此日者事，非聖人道也；道存其爻之詞，不存其數；數非聖人所盡心也。」詎非以數窮變通，雖智猶迷；里本易簡，即愚與知者耶？間嘗流覽史書上下百世興衰善敗靡不指掌，而參之易理：履信思順者元吉，冥豫

迷復者終凶。其從違得失亦大略可覩矣。孔子之作《春秋》也,曰:「吾欲著之空言,不如見之行事親切著明。」史,《春秋》類也。《春秋》推見至隱,而義之深隱莫如易。《易象》《春秋》隱而之顯,其趣一而已。夫聖人不窮異以為神,不探幽以立教,況學者乎?善言天者驗於人,善言古者驗於今,是則予戔戔《參錄》之志也夫!康熙戊午春仲龍性氏自識。

◎盧文弨《抱經堂文集》卷十二《書易史後》(壬寅):《易史參錄》二冊,不分卷。皇朝康熙時閩葉矯然龍性之所著也。易者天人合一之理,聖人本天道以正人事,順之則吉悖之則凶。人事之變至於不可勝窮。而括之以象,雖質文淳薄之屢易,未見其有遺焉者也。宋誠齋楊氏著《易傳》二十卷,大抵以史事證合者居多。今葉氏之書不盡解經文,但觸於前代興亡成敗之跡與三聖人之言冥然合符者,類而書之,其言曰:「太史公言《易》本隱以之顯,《春秋》推見至隱,孔子之作《春秋》也,曰:『吾欲見之空言,不如見之行事深切著明。』史,《春秋》類也。善言天者驗於人,善言古者驗於今,是予戔戔《參錄》之志也。」龍性,順治十五年進士,曾任知縣,罷歸,遂不出,卒年八十餘。余同年友鄭明府有章(天錦)是其鄉後輩,得其稿,攜之入蜀。馬龍李敬躋、太原李履謙見之,欣然為之開雕,是為乾隆十三年,距龍性自序此書時七十年矣。噫,古今之事,何可勝言!善讀者自為隅反可也。

◎提要(題二卷):是書於每卦象爻各證以史事,蓋仿李光、楊萬里二家易傳之意,而所舉不免偏枯。夫易道廣大無所不包,而不膠滯於一二事。文王、箕子偶引以明卦義,無所不可,至於每象每爻必求其事以實之,則掛漏牽合固其所矣。

◎《皇朝通志》卷九十七《皇朝文獻通考》卷二百十一均著錄二卷。

葉良儀 說易 二卷 佚

◎葉良儀《餘年閒話》子葉士行《刻餘年閒話述》著錄。

◎葉良儀,字孚周,號簡崖。安徽休寧小東門人。歲貢。嘗曰:「士雖無恆產而有恆心,然治經不專,治生累之也。」因割腴田數十畝為子姓膏火之資,族中以是多知名士。又構書種堂貯書萬卷,終日危坐其中,怡然自樂。又著有《簡崖雜著》十卷、《雜編》十卷、《餘年閒話》四卷、《增定文章軌範》三卷、《山外閒抄》五卷、《課兒唐詩》四卷及詩文三十餘卷。

葉良儀 周易翼義 五卷 佚

◎道光《休寧縣志》卷之十四《人物志・續學》：著有《周易翼義》五卷及《餘年閒話》。

◎道光《徽州府志》卷十一之四《人物志・文苑》：著有《周易翼義》五卷及《餘年閒話》。

◎葉良儀《餘年閒話》子葉士行《刻餘年閒話述》：家大人語行曰：余二十年來精力盡用於《周易翼義》一書，自以為頗有裨於藝制舉者，恨家貧不克授梓，汝他日可以桔据開雕，就正當世，則無負余之苦心矣。

葉名澧 讀易叢記 二卷 存

道光刻本

國圖、南京、浙江、湖北、中科院藏同治五年（1866）刻本（男恩頤編）

四庫未收書輯刊影印同治五年（1866）刻本

◎條目：卷上易，利見大人，夕惕若厲，直方大，括囊，屯如邅如，女子貞不字，即鹿無虞，由孚窒惕中吉，貞丈人，師出以律否臧兇，輿尸，輿說輻，視履考祥，跛能履，拔茅茹以其彙，包荒，繫于苞桑，匪其彭，撝謙，介于石，朋盍簪，束帛戔戔，貫魚，無祇悔，口實，士夫，突如。卷下咸其脢，咸其輔頰舌，用拯馬壯，其牛掣，其人天且劓，十朋之龜，壯于，次且，繫于金柅，包有魚，其形渥，艮其限列其夤，日中見斗，日中見沬，繻有衣袽，以此毒天下而民從之，窒欲，承天寵也，自藏也，藏諸用，冶容誨淫，莫大乎蓍龜，何以守位曰人，益長浴而不設，確乎其不可拔，時舍也。

◎尚秉和《尚氏易學存稿校理・易說評議》（摘錄）：其說易不章解句釋，亦不甚申明易理，祇即易字之有異文及滯義者而訓詁之。雖多前人所已發，然攷訂詳明，引據繁博，望而知為精於攷據學者。

◎《古籍總目》著錄作葉名豐。

◎葉名澧（1811～1859），字潤臣，號翰源。湖北漢陽人，原籍江蘇溧水。葉志詵子、葉名琛兄。道光十七年（1837）舉人，歷任內閣中書、同文館、玉牒館幫辦，方略館校對、文淵閣檢閱、侍讀，至浙江候補道員。與潘德輿、湯鵬、王柏心、陳文述、姚燮、宗稷辰交善。喜藏書，構敦宿好齋、寶雲齋藏書十萬卷，以資纂述。著有《周易藝文疏證》、《讀易叢記》、《戰國策地名考》、《敦夙好齋詩》初編十二卷續編八卷、《敦夙好齋筆記》、《四聲疊韻譜》、《橋

西雜記》一卷及文集等。

葉名澧 周易藝文疏證 佚

◎李玉安、黃正雨《中國藏書家通典》著錄。

葉佩蓀 學易慎餘錄 四卷 存

南京藏清鈔本（錢大昕批。王鳴盛批並跋）

嘉慶二十五年（1820）五存齋刻本

續四庫影印南京藏清鈔本

◎目錄：卷一易原、易名說、周易加代字說、卦字義說、彖象字義說、爻字義說、重卦說、周公作爻辭說、十翼說。卷二卦體乾坤說、卦德說、卦象說、卦時說、卦位說、應爻說、近爻說、反復二卦說、六虛說、中四爻成卦說、辭例考。卷三古本周易說、傳辭不當稱彖象說、十二月卦說。卷四河圖洛書、先天圖、卦變、立象盡意論。

◎王鳴盛跋：予與葉大兄為同年數十年，而不知其深於易，沒後始從世兄讀《慎餘錄》，方呼駭為拔俗，但以針砭邵、朱之缺謬則有餘矣。仍痛闢焦、京卦爰及辟卦，則仍號得學。試思自田何受易，傳至施讐，源流井井，實出孔子及七十子餘派，豈可闢之？幸而惠定宇先生撰《易考》及《周易述》，現已流傳，想不至于亡滅。易道終有復明之日乎？吁，九原不可復作，而予又以望八之年，桑榆是迫，奈何奈何。年愚弟西莊王鳴盛拜讀並撰。

◎摘錄辭例考：雖單言隻義，而關于經訓者至鉅也。自昔談經家于《春秋》言辭例甚詳而不聞及于《易》。竊謂《易象》《春秋》皆傳自周公，其義例往往相表裏。然《春秋》紀錄時事，義類不一，先儒每執人爵月日之書法以定褒貶，而大義終多乖舛。若易辭之例則顯呈諸理象，率辭揆方，典常如見，斯誠易訓之契鑰，而墜緒之所以可尋者亦有賴于斯也，故撮其要者以自考焉。

◎孫殿起《販書偶記》卷一：無刻書年月，約嘉慶間刊。又名《易守》。

◎葉佩蓀（1731～1784），字丹穎，號辛麓，別號聞沚。浙江歸安（今湖州）人。年十六從邑諸生吳三錫學制藝。乾隆十九年（1754）進士。官至湖南布政使。又著有《慎餘齋詩鈔》四卷。

葉佩蓀 易卦總論 一卷 存

上海、復旦、遼寧、山東、中科院藏嘉慶十五年（1810）浙江慎餘齋刻易守本

山東藏清刻本

葉佩蓀 易守 三十二卷 存

浙江藏稿本（八卷）

南京、湖北、廣西師大藏乾隆五十七年（1792）刻本

北大藏嘉慶葉氏閩省刻本

上海、復旦、遼寧、山東、中科院藏嘉慶十五年（1810）慎餘齋刻本

國圖藏清鈔本

續四庫影印復旦藏嘉慶十五年（1810）慎餘齋刻本

◎卷末及三十二卷卷末題：姜承霈、承霖校字。

◎目錄：卷一乾、坤。卷二屯、蒙。卷三需、訟。卷四師、比。卷五小畜、履。卷六泰、否。卷七同人、大有。卷八謙、豫。卷九隨、蠱。卷十臨、觀。卷十一噬嗑、賁。卷十二剝、復。卷十三無妄、大畜。卷十四頤、大過。卷十五坎、離。卷十六咸、恒。卷十七遯、大壯。卷十八晉、明夷。卷十九家人、睽。卷二十蹇、解。卷二十一損、益。卷二十二夬、姤。卷二十三萃、升。卷二十四困、井。卷二十五革、鼎。卷二十六震、艮。卷二十七漸、歸妹。卷二十八豐、旅。卷二十九巽、兌。卷三十渙、節。卷三十一中孚、小過。卷三十二既濟、未濟。

◎張師誠序：漢魏以來說易者無慮千百家，其大旨則象數與義理二派而已。象數之學，自子夏《易傳》而下可攷者凡三十餘家，至於唐李鼎祚《集解》而其緒始顯。義理之學則始自王、韓之注，至於唐孔穎達之《正義》、郭京之《舉正》而其說乃盛行。有宋儒者從而暢之，於是乎漢學宋學之途分，雖未嘗如《尚書》之今古文、《毛詩》之小序紛然為門戶之爭，而其各守師承不能相假。閒有兼采兩派無所偏主者，如宋陳瓘之《了翁易說》、鄭剛中之《周易窺餘》、項安世之《周易玩詞》，元黃澤之《易學濫觴》、董真卿之《周易會通》，明陳祖念之《易用》、魏濬之《易已古象通》，代不數人焉。竊謂易者聖人所為，前民用以教天下，非理固無以生象，而非象亦無以寓理。惟夫泥於考象者不能得其宏通簡易之旨，迂于談理者不能適乎仁義中正之歸，于是以

廣大悉備之書而或流於術數或淪於空寂，此雖窮年說易而於易理愈隔，易教亦愈不可明，則其弊均也。余以嘉慶丁卯忝為閩撫，時督閩學者為同里葉筠潭太史。暇日過從，出示其尊人聞泚方伯所纂易說，且索敘言，余素聞方伯深於是書，今幸受而讀之，則條理貫通本末賅備，不疏於人事亦不遠于天道。苟屬附會，雖京、荀之古說所必辨也；如其未安，即程朱之《傳》《義》不敢從也。要使聖人所以立教之旨明，而說易之能事畢矣。古所稱夢吞三畫、閣束九師者，其在斯乎！昔此邦何元子撰《古周易訂詁》，余讀其書，每愛其網羅宏富而常惜其博而未精。今方伯是書實無其短而有其長，且聞太史已謀付梓人，此邦人士必將有先覩為快者。余固喜太史之能讀父書也，而因此見我朝經學昌明超軼前古，且使海濱鄒魯之俗亦樂得宗工利器以範其趨，則尤讀是書者所同欣頌者夫。嘉慶十五年二月，愚姪張師誠拜撰。

◎朱珪《知足齋文集》卷一《慎餘齋詩鈔序》：擢湖南方伯，以在山左不劾撫藩降調來京，不願外吏，請修書自效。盡心校勘，逾年得疾，甲辰秋，年五十有四卒于邸寓。未竟其用，可惜也。君精于易，著《易守》若干卷，言之有物。予嘗閱其稾本，實能發揮四聖之蘊。已而刪改精粹，惟《繫辭傳》下卷未成，藏於家。

◎朱珪《知足齋文集》卷三《湖南布政使司布政使葉君墓誌銘》：暇則治易，盡取漢唐宋以來諸家傳注及河洛、先天、月卦、卦氣、卦變、反對諸說，必索其所以然然後舉而空之曰：「易不在是也。乾坎艮震以主陰乎內，巽離坤兌以從陽乎外，天之本然也。易以乾坤為體而二氣以乾為元，聖道之異乎老釋者，乾德也。三聖人所言不可增損一字；三聖人所未言者，吾不敢加。」著《易守》四十卷……癸卯歲除，予自閩還，見君，語予曰：「某于易究心十五六年，若可自信矣。」他著錄《尚書》、《詩》《禮》經義及詩古文又數十卷。其沈思勤學，而心力亦瘁于是。

葉佩蓀 周易用九用六說 一卷 存

復旦藏錢竹汀鈔本

葉欽 易譜纂 二卷 佚

◎民國《順德縣志》卷十四《藝文略》：《易譜纂》二卷（國朝葉欽撰。《採訪冊》）。

◎葉欽，廣東順德人。著有《易譜纂》二卷。